SCHRIFTENREIHE DER FREIEN AKADEMIE · Band 25

Aufklärung, Vernunft, Religion – Kant und Feuerbach

FREIE AKADEMIE

Aufklärung, Vernunft, Religion – Kant und Feuerbach

VOLKER MUELLER
MANFRED KUGELSTADT
MARGIT RUFFING
BERNHARD BRAUN
REINHARD MARGREITER
MANUELA KÖPPE
FRIEDER OTTO WOLF
GIANLUCA BATTISTEL
FALKO SCHMIEDER
ALFRED SCHMIDT

HERAUSGEGEBEN VON JÖRG ALBERTZ

Band 25 der Schriftenreihe

Druck: Mercedes-Druck GmbH, Berlin

Geschäftsstelle der FREIEN AKADEMIE:
Rüdnitzer Chaussee 48-50, 16321 Bernau

ISBN 3-923834-23-3

INHALTSVERZEICHNIS

Vorwort des Herausgebers

Das Jahr 2004 war ein in der Philosophie – und nicht zuletzt auch in den Medien – viel beachtetes Jubiläumsjahr. Vor 200 Jahren, im Jahre 1804, starb der große Königsberger Philosoph IMMANUEL KANT. Im selben Jahr 1804 wurde LUDWIG FEUERBACH geboren, ein Jubiläum, das die Deutsche Post sogar zur Herausgabe einer Sonderbriefmarke veranlasste.

Auch die FREIE AKADEMIE hat in diesem Jahr in ihrer Arbeit ein Thema aufgegriffen, das sich mit diesen beiden Philosophen aus heutiger Sicht befasst, und zu einer Arbeitstagung unter dem Thema »*Aufklärung, Vernunft, Religion – Kant und Feuerbach*« eingeladen. Diese Tagung, die vom 3. bis 6. Juni 2004 in der Franken-Akademie Schloss Schney in Lichtenfels stattfand, wurde von Dr. REINHARD MARGREITER und Dr. VOLKER MUELLER gemeinsam vorbereitet und geleitet. In der Vorankündigung hieß es zur Zielsetzung der Veranstaltung:

> »Beide Philosophen sind bedeutsam als dezidierte Vertreter der Aufklärung und des klassischen philosophischen Denkens: KANT als Anwalt eines Vertrauens auf Vernunft sowie als Gründungsvater der modernen Philosophie und Wissenschaftstheorie, FEUERBACH hingegen – im Sinne eines Korrektivs dazu – als Anwalt des sinnlichen und »ganzen« Menschen, den er gegen ein bloß abstraktes Verständnis verteidigen will. Kaum je wurden die beiden Denker in ihren überaus interessanten Ähnlichkeiten und Unterschieden vergleichend rezipiert.
>
> Diese Lücke versuchen wir zu schließen. In der vergleichenden Betrachtung wollen wir auch die jeweils unterschiedliche Thematisierung von Religion näher beleuchten. Während KANT an der Verbindlichkeit von Religion festhält, sie dabei aber auf eine »bloße« Gestalt der moralischen Vernunft reduziert, dekodiert FEUERBACH sie als Projektion, als metaphorische Rede über fundamentale Ängste und Hoffnungen des Menschen. Bei KANT steht der kognitive Aspekt von Religion im Vordergrund, bei FEUERBACH ihr emotionaler Aspekt. KANT geht es um die »Rettung«, FEUERBACH um die Kritik der Religion.
>
> Ist eine dieser Konzeptionen – oder sind sie beide – geschichtlich überholt? Oder lassen sie uns jene persönlichen und kulturellen Erfahrungen

besser verstehen, die auch die Gegenwart über weite Strecken hinweg noch immer als von religiösen Strukturen grundiert, durchsetzt und mitbestimmt erscheinen lassen?«

Mit dem Band 25 der Schriftenreihe der FREIEN AKADEMIE »*Aufklärung, Vernunft, Religion – Kant und Feuerbach*« werden nunmehr die von den Vortragenden zum Druck ausgearbeiteten Referate der Tagung veröffentlicht. In aller Regel haben die Autoren Diskussionsbeiträge aus der Veranstaltung aufgegriffen und in die Texte eingearbeitet. Einer der Vorträge konnte nicht mit aufgenommen werden. Dafür bereichern aber zwei zusätzliche schriftliche Beiträge von GIANLUCA BATTISTEL und FALKO SCHMIEDER das Spektrum der Themen. Die FREIE AKADEMIE war schon vor mehreren Jahren in ihren Veröffentlichungen zur neuen Rechtschreibung übergegangen. Die zahlreich vorkommenden Zitate aus Originaltexten werden aber in der originalen Schreibweise wiedergegeben.

Den Vortragenden und den weiteren Autoren danke ich namens der FREIEN AKADEMIE für die schriftliche Ausarbeitung ihrer Beiträge. Vor allem aber möchte ich den Wissenschaftlichen Tagungsleitern Dr. MARGREITER und Dr. MUELLER für die Vorbereitung des Programms und die Leitung des Tagungsablaufs herzlichen Dank sagen.

Mögen die durch die Jubiläen der beiden Philosophen veranlassten Beiträge auch über das Jubiläumsjahr hinaus Beachtung finden.

Berlin, im Januar 2005

Prof. Dr.-Ing. JÖRG ALBERTZ
Präsident der Freien Akademie

VOLKER MUELLER

Aufklärung und freies Denken bei Kant und Feuerbach – Eine Einführung

In diesem Jahr 2004 gibt es zwei Jubiläen von Philosophen, die für die deutsche und auch internationale Geistesgeschichte von besonderer Bedeutung sind und jeweils 200 Jahre zurückliegen. Am 12. Februar 1804 stirbt der klassische und aufklärerische Philosoph IMMANUEL KANT in Königsberg. Und am 28. Juli 1804 wird der Philosoph und religionskritische Denker LUDWIG ANDREAS FEUERBACH in Landshut geboren. Beide Gedenktage sind Anlass, uns mit den Philosophien dieser Denker und ihren Wirkungen eingehender zu beschäftigen und sich ihrer fruchtbaren Ideenwelten zu versichern. Im 19. und 20. Jahrhundert gibt es vielfältige Debatten und Auseinandersetzungen um Werk und Wirkung dieser großen Denker.[1)] Gerade KANT gilt recht unbestritten als der Beginn eines neuen, eines sog. klassischen philosophischen Denkens in der deutschen Geistesgeschichte ab der 2. Hälfte des 18. Jahrhunderts. Bei aller Auseinandersetzung um seine transzendentalphilosophische Denkart, seine Lebens- und Weltsicht, seine Erkenntnis- und Vernunftkritik ist und bleibt KANT einer der großen deutschen Denker. Bei der Rezeption LUDWIG FEUERBACHs finden wir jedoch gelegentlich zu wenig seine eigenständige Leistung und seine philosophische Kraft im Bruch mit dem spekulativen Denken insbesondere in der 1. Hälfte des 19. Jahrhunderts gewürdigt. Auch hat ihn die Wirkungsgeschichte oft nur als Vorläufer oder Mittler zwischen philosophischen Traditionen gesehen. Doch gerade FEUERBACH erscheint uns mehr und mehr tatsächlich als ein gewisser Endpunkt der Phase der Philosophieentwicklung, die wir als klassisch bezeichnen und die KANT einleitet. Man kann die These wagen, dass KANT der Anfang und der Beginn der klassischen deutschen Philosophie und FEUERBACH sein Ausgang, die Vollendung und der Bruch mit ihr sind.

Von daher gesehen sind diese Jubiläen der 200 Jahre im engeren Sinne nicht der wahre Grund, sich mit KANT und mit FEUERBACH zu beschäftigen und ihre Philosophien nach ihrer Geschichtsmächtigkeit und ihrer Aktualität zu befragen. Dabei sind wir uns bewusst, dass ihre Philosophien nicht auf die Stichworte Aufklärung, Vernunft und Religion reduzierbar sind, sie aber zentrale Bedeutungen besitzen und ausstrahlen. In der gegenwärtigen Literatur werden diese und andere philosophische Gesichtspunkte, KANT und

FEUERBACH vergleichend und ihre Stellung in Philosophie und Lebenswirklichkeit analysierend, verstärkt aufgegriffen, wodurch die Debatten zunehmen und die Aktualität der beiden Philosophen wesentlich bestätigt werden.[2]

Nähern wir uns in einem einleitenden Zugriff zuerst KANT und dann auch FEUERBACH.

Die Maxime, *jederzeit selbst zu denken*, ist nach KANT die Aufklärung.[3] Kaum ein Periodenbegriff steht seit Beginn seiner Entstehung so im Mittelpunkt der Kontroverse wie der Begriff der Aufklärung in Deutschland. Während in Frankreich, England, Spanien, Italien und Nordamerika diese Epoche stets hoch im Ansehen steht, wird sie in Deutschland meistens abschätzig bewertet und mit negativen Vorurteilen betrachtet. NIETZSCHE hat die Situation klar erfasst, wenn er 1881 in *Morgenröte* von der »Feindschaft der Deutschen gegen die Aufklärung« spricht. Auf lange Zeit hin hat diese Feindschaft eine angemessene kritische Wertung und Würdigung dieser Epoche verhindert. Noch heute taucht in der wissenschaftlichen Diskussion das Gerede von der »flachen« oder »seichten« Aufklärung auf. Oft hat sich der reaktionäre Teil der bürgerlichen Gesellschaft durch die demokratisch-revolutionäre Tradition der Aufklärung bedroht gesehen und sei deshalb bemüht gewesen, die Aufklärung zugunsten der darauffolgenden reaktionären oder restaurativen Epochen herabzusetzen.[4]

Freilich ist eine Umwertung der Aufklärung eingetreten, verbunden mit den Namen GEORG LUKÁCS, THEODOR W. ADORNO, MAX HORKHEIMER, HERBERT MARCUSE u.a.m. Versuchen wir, einen Beitrag zum besseren Verständnis der Aufklärung zu leisten, indem wir uns die entscheidenden Aufsätze von IMMANUEL KANT sowie die Beiträge von MOSES MENDELSSOHN, JOHANN GEORG HAMANN, WIELAND, HERDER, LESSING, SCHILLER vor Augen halten. Sehen wir FEUERBACH im Lichte der Aufklärung, die mit der Spekulation, insbesondere mit der Identitätsphilosophie HEGELs bricht und SPINOZAS Philosophie letztlich vollendet.

KANTs aufklärerische Schriften sind wegen der großen Bedeutung seiner drei Kritiken vielfach vernachlässigt worden. Die hier nicht weiter erörterbare Frage sei gestattet, ob nicht gerade die vernunftkritischen Werke KANTs die kantspezifische Ausführung aufklärerischen freien Denkens ist. Es spiegelt sich hier der gleiche Vorgang wider, der für die Gesamtbewertung der Aufklärung in Deutschland so typisch ist. KANTs aufklärerische Schriften, deren Standpunkt er angeblich überwunden haben soll, werden oft seinen sog. vorkritischen Schriften zugerechnet. Dabei ist es der KANT der *Kritik der reinen Vernunft*, der sich 1784 auf die Beantwortung der Frage »Was ist Aufklärung?« einlässt und unmissverständlich erklärt, dass ihm die Aufklärung noch immer ein höchst persönliches inneres Anliegen bedeutet. Er sieht sich mit seinem neugewonnenen kritischen Bewusstsein keineswegs im Gegensatz, sondern im Einklang mit der Aufklärung.

Während über die Bedeutung von KANTs Gesamtwerk kein Zweifel besteht, liegt der Fall etwa beispielsweise bei MOSES MENDELSSOHN weitaus schwieriger. Dass er nicht der »seichte Popularphilosoph« ist, wie man ihn oft geringschätzig abgetan hat[5)], wird durch dessen Entwicklung von der allmählichen Loslösung von der Popularphilosophie der frühen Aufklärung bis zum Vorstoß zu neuen kritischen Positionen, wie sie dann von KANT und LESSING vertreten werden, deutlich. In vieler Hinsicht ist er ihr Vorläufer. In Einzelfragen nähert er sich ihren Positionen und leistet die Vorarbeit, aus der sie dann die letzten entscheidenden Schlussfolgerungen ziehen.

Was ist nun Aufklärung? Der Systematiker KANT gibt 1784 eine bündige Antwort: »Aufklärung ist der Ausgang des Menschen aus seiner selbstverschuldeten Unmündigkeit. Unmündigkeit ist das Unvermögen, sich seines Verstandes ohne Leitung eines anderen zu bedienen.«[6)] Selbstverschuldet ist die Unmündigkeit, wenn nicht ein Mangel an Klugheit, sondern an Mut ihr zu Grunde liegt. KANT ist ein freier Geist, der keine Autorität anerkennt, außer die des Arguments. Er plädiert für das Selber-Denken. KANT ist ein entschiedener Anhänger eines freien philosophischen Individualismus, der seine Grenzen nur an der Einsichtigkeit und lebenspraktischen Nachvollziehbarkeit findet. Für KANT ist gewiss: wer einmal Kritik gekostet hat, den ekelt auf immer alles dogmatische Gewäsch.

KANT behandelt die Aufklärung des Einzelnen im Gegensatz zur Aufklärung der Gesamtöffentlichkeit. Als Vorbedingung dafür fordert er Freiheit, vor allem die Freiheit des Denkens, die Freiheit der Vernunft. Unter dieser Voraussetzung erscheint ihm die Aufklärung der Öffentlichkeit »beinahe unausbleiblich«. Die entscheidende Rolle wird dabei den Minderheiten der »Selbstdenkenden« zugewiesen. Unübertroffen bis heute sind KANTs Einsichten in den Mechanismus der Vorurteile und in deren Rückwirkung auf ihre Urheber.

Schließlich greift KANT auch das Thema der Revolution auf, die von ihm im Wesentlichen abgelehnt wird, da sie keine »wahre Reform der Denkungsart« zu bewirken vermag. Anstelle der Revolution stellt KANT nicht etwa die Evolution, sondern die *Reform*. Daraus ist aber nicht auf eine Ablehnung der Französischen Revolution durch KANT zu schließen. Im Gegenteil, in der Praxis hat KANT seine Zustimmung zu den Ideen der Französischen Revolution öffentlich bekundet, auch zu einer Zeit, als so etwas nicht mehr opportun war und man in Gefahr geraten konnte, »unter dem Namen eines *Jakobiners* ins schwarze Register zu kommen«.[7)] Im »*Streit der Fakultäten*« von 1798 hat sich KANT später unmissverständlich ausgesprochen: »Die Revolution eines geistreichen Volkes, die wir in unseren Tagen haben vor sich gehen sehen, mag gelingen oder scheitern; sie mag mit Elend und Gräueltaten dermaßen angefüllt sein, dass ein wohldenkender Mensch sie, wenn er sie, zum zweiten Male unternehmend, glücklich auszuführen hoffen könnte, doch das Experiment auf solche Kosten zu machen nie beschließen würde – diese Revolution, sage ich, findet doch in den Gemütern aller Zuschauer (die nicht selbst in diesem Spiele mit verwickelt sind) eine *Teilnahme* dem Wunsche nach, die nahe an Enthusiasmus grenzt, und deren Äußerung selbst mit Gefahr verbunden war, die also keine andere als eine moralische Anlage im Menschengeschlecht zur Ursache haben kann.«[8)]

Die Freiheit, die KANT als notwendige Voraussetzung der Aufklärung fordert, ist die Denk- und Redefreiheit, das Recht der freien Meinungsäußerung in Rede und Schrift. Dabei ist wichtig festzuhalten, dass KANT seinen Anspruch auf die »unschädlichste« unter allen Freiheiten beschränkt, nämlich: den *öffentlichen Gebrauch* der Vernunft. Mit der Definition dieses Begriffes konzentriert KANT die Redefreiheit auf die akademische Freiheit: den öffentlichen Gebrauch der Vernunft, wie sie von einem Gelehrten aus der Welt seiner zeitgenössischen Leser vertreten wird. KANT scheint sich hier auf die »List« der Vernunft zu verlassen. Während er beschwichtigend die Freiheit, die er verlangt, als »unschädlichste« unter allen Freiheiten bezeichnet, vertraut er auf den listigen Mechanismus der Vernunft, der diejenigen, die jetzt vielleicht nur durch Überredung diese »unschädlichste« unter allen Freiheiten zugestehen, zu Einsicht und damit zu Gewährung größerer (und schädlichster) Freiheiten führt.

Als korrelativen Begriff zum *öffentlichen* Gebrauch der Vernunft führt KANT den *Privatgebrauch* der Vernunft ein – nach GRIMMS »Deutschem Wörterbuch« wird dieser Begriff von KANT geprägt –, der im Gegensatz zur üblichen Bedeutung des Wortes auf den Bereich des Berufs- und Staatsdienstes angewandt wird. Als Beispiel werden der Offizier, der Steuerzahler und der Geistliche angeführt, die *nur* als Gelehrte Kritik üben dürfen, aber im Bereich ihres Amtes und ihrer staatsbürgerlichen Pflichten zu Gehorsam verpflichtet sind, um Ordnung und Sicherheit des Staates und seiner Institutionen zu gewährleisten. Dieser Gegensatz von Person und Amt lässt sich einerseits bis auf LUTHER zurückführen, wie HERBERT MARCUSE es in seinen »*Studien über Autorität und Familie*« (1936) getan hat, andererseits findet er seine Entsprechung in dem Gegensatz von »homme« und »citoyen« bei ROUSSEAU und anderen französischen Aufklärern.

Die Möglichkeit der Reform ist bei KANT lediglich durch die öffentliche Diskussion gegeben, die den Monarchen zu Einsicht und Änderung der Verhältnisse bewegen kann, falls er aufgeklärt und bereit ist, »den gesamten Volkswillen in dem seinigen« zu vereinigen. Es wird hier also eine Art theoretisierenden Plebiszits ins Auge gefasst, das der Herrscher zur eigenen Willensentscheidung umwandelt.

Entsprechend der historischen Situation des 18. Jahrhunderts widmet sich auch KANT den »Religionssachen«. Die Unmündigkeit auf dem Gebiet der Religion wird von KANT als »schädlichste... (und) auch ...entehrendste unter allen« bezeichnet. Seine Sprache nimmt hier den Ton einer Unabhängigkeitserklärung an. Er spricht von der Bestimmung des Menschen, die darin besteht, »in der Aufklärung fortzuschreiten«; ferner von »Verbrechen wider die menschliche Natur« und den »heiligen Rechten der Menschheit«. Die Hauptschwierigkeiten der deutschen Aufklärung liegen damals auf diesem Gebiet, während die Wissenschaften und Künste noch nicht der Zensur und Gedankenkontrolle unterworfen sind – wie in späteren Jahrhunderten. LESSINGs theologische Auseinandersetzung mit dem Hamburger Hauptpastor JOHANN MELCHIOR GOEZE, die dann durch das Drama *»Nathan der Weise«* fortgesetzt wird, beleuchtet schlagartig die Situation. LESSINGs theoretische Schriften werden der Zensurpflicht unterworfen, während das Drama als Kunstwerk zensurfrei ist. Das Bild, das KANT entwirft, spiegelt die Kirchenpolitik unter einem Monarchen wider, der überzeugt ist, dass jeder nach seiner eigenen Fasson selig werden solle. Deshalb wird von KANT das Zeitalter der Aufklärung auch als das »Jahrhundert Friedrichs« bezeichnet. Mit dem Tode FRIEDRICHs II. ändert sich die Situation in kurzer Zeit, so dass KANT 1794 mit den preußischen Behörden in Konflikt gerät.

Wie die Herausgeber der *»Berlinischen Monatsschrift«* bereits 1790 erkannt haben, wird der Begriff der Aufklärung in ihrer Zeitschrift »richtiger und bestimmter, als in irgendeinem deutschen Buche, durch zwei große Philosophen entwickelt: durch Kant und durch Moses Mendelssohn«.[9)] Zur Aufklärung gehören die Probleme der Wahrheit, der Humanität, der Toleranz und der Emanzipation nichtchristlicher Weltanschauungen, vor allem der jüdischen Religion und freigeistiger und atheistischer Auffassungen. Die kennzeichnende erkenntnistheoretische Haltung der Aufklärung mündet in die Frage nach dem Selbstverständnis der Aufklärung, wie schon die Überschriften der Aufsätze von MENDELSSOHN und KANT zeigen. Was ist Wahrheit, was ist Humanität, wo sind die Grenzen der Vernunft, wie sind die einzelnen Religionen zu rechtfertigen? Mit diesen Fragen haben sich HERDER, LESSING, SCHILLER, WIELAND und andere immer wieder auseinandergesetzt.

Was sind das Befreiende und Freigeistige des Wirkens von Kant und Feuerbach? Mit Mut treten sowohl KANT als auch FEUERBACH für das freie Philosophieren und ein sozial gerechteres Zusammenleben ein. KANT begrüßt die Französische Revolution, FEUERBACH sympathisiert mit der demokratischen Bewegung in Deutschland 1848/49 und engagiert sich für sie. Beide stehen in der klassischen und aufklärerischen Philosophie zwischen der Mitte des 18. Jahrhunderts und der Mitte des 19. Jahrhunderts und befruchten das freie Denken bis in unsere Tage. KANT vollzieht mit seinen drei Hauptwerken, den drei Kritiken, und auch mit seinen wichtigen anderen Schriften eine sog. Kopernikanische Wende in der Philosophie mit grundlegenden erkenntnistheoretischen, vernunftkritischen, naturphilosophischen, religionsphilosophischen und ethischen Erkenntnissen. Er entwickelt die großen Fragen der Philosophie, die in der Frage gipfeln »Was ist der Mensch?«, das Ding an sich, das Sittengesetz mit dem kategorischen Imperativ und vieles mehr. Er führt philosophisches Denken aus metaphysischer Dunkelheit zu neuen wissenschaftlichen (logischen) Gewissheiten, die durch kühne Darstellung des Gesamtzusammenhangs spekulativ werden.

FEUERBACH verbindet dann neu – nach der Fortführung Kantschen Denkens etwa durch FICHTE, SCHELLING und HEGEL – einen philosophischen Materialismus mit der Emanzipation der Naturwissenschaften von Theologie und Glaube. Mit seinem Hauptwerk »*Das Wesen des Christentums*« (1841) sowie seinen »*Vorläufigen Thesen zur Reformation der Philosophie*« (1842) und seinen „»*Grundsätzen der Philosophie der Zukunft*« (1843) wird FEUERBACH zu einem der bedeutendsten Vertreter der demokratischen Bewegung des Vormärz in Deutschland. FEUERBACHs große historische Leistung besteht darin, die Philosophie nach einer mehr als 100jährigen Herrschaft der spekulativen, idealistischen Philosophie in Deutschland wieder auf den Boden der Realität gestellt und auf ein bis dahin nicht da gewesenes Niveau gehoben zu haben. Er enthüllt den theologischen Kern einer jeden idealistischen Philosophie und treibt eine wissenschaftlich begründete Religionskritik voran. Die Zeitgenossen FEUERBACHs sind sich ob seiner Wirkung im Wesentlichen völlig einig. Zum Beispiel schreibt WEIGELT 1855 in seiner »*Geschichte der neueren Philosophie*«: »Es bedarf wohl keines Nachweises im Einzelnen, dass sowohl das praktische Leben, das sociale wie politische, als auch die Wissenschaft mit dem Christenthum und dem religiösen Glauben überhaupt in argen Widerspruch geraten ist.«[10)] Und WEIGELT weiter: »Feuerbach hat ... ein richtiges und tiefes Verständniß der religiösen Anschauungen, weil er in den geheimnißvollen Grund zurückgegangen ist, wo sie ihren Ursprung haben. Die Theologie ist Anthropologie; das Wesen der Religion ist das Wesen des Menschen, ihre Götter sind die offenbaren Geheimnisse und Wünsche seines Herzens.«[11)]

LUDWIG FEUERBACHs Philosophie gilt schon im 19. Jahrhundert als Ausgang und Ausklang eines ganzen philosophiegeschichtlichen Abschnitts, der bürgerlichen klassischen deutschen Philosophie. Sie gilt auch KARL MARX und FRIEDRICH ENGELS sowie dem späteren Marxismus als eine wesentliche Quelle eigener philosophischer Anschauungen. FEUERBACHs Philosophie ist für den Marxismus vor allem in Bezug auf deren Kritik an der Religion, der Theologie und dem philosophischen Idealismus bedeutsam. ENGELS' Schrift »*Ludwig Feuerbach und der Ausgang der klassischen deutschen Philosophie*«, die erstmals 1886 in der Zeitschrift »*Die Neue Zeit*« der deutschen

Sozialdemokratie veröffentlicht wird und dann 1888 als Sonderdruck mit MARX' berühmten Feuerbach-Thesen erscheint, geht auf den Bruch in der Philosophie dezidiert ein: ENGELS gibt eine kurze Darlegung des Verhältnisses zur Hegelschen Philosophie, ihres Ausgangs und der Trennung von ihr, betont aber zugleich »die volle Anerkennung des Einflusses, den vor allen anderen nachhegelschen Philosophen Feuerbach, während unsrer Sturm- und Drangperiode, auf uns hatte«.[12] Die materialistische Geschichtsauffassung wird – mit seinen philosophischen Quellen – in Grundzügen dargestellt. KANT, FICHTE, HEGEL und FEUERBACH werden gewürdigt.

ENGELS schreibt weiter, eine – wie er sagt – Ehrenschuld abtragend: »Da kam Feuerbachs ‚Wesen des Christenthums'. Mit einem Schlag zerstäubte es den Widerspruch, indem es den Materialismus ohne Umschweife wieder auf den Thron erhob. Die Natur existiert unabhängig von aller Philosophie; sie ist die Grundlage, auf der wir Menschen, selbst Naturprodukte, erwachsen sind; außer der Natur und den Menschen existiert nichts, und die höhern Wesen, die unsere religiöse Phantasie erschuf, sind nur die phantastische Rückspiegelung unseres eignen Wesens. Der Bann war gebrochen; das ‚System' war gesprengt und beiseite geworfen, der Widerspruch war, als nur in der Einbildung vorhanden, aufgelöst. – Man muß die befreiende Wirkung dieses Buches selbst erlebt haben, um sich eine Vorstellung davon zu machen. Die Begeisterung war allgemein: Wir waren alle momentan Feuerbachianer.«[13]

Der philosophische Materialismus wird zur erneuten Grundlage des wissenschaftlichen und weltanschaulichen Denkens, eine philosophische Grundrichtung, die zunächst davon ausgeht, dass die Wirklichkeit so zu nehmen, zu sehen, zu interpretieren ist, wie sie sich real gibt und wie sie außerhalb und unabhängig vom menschlichen Bewusstsein existiert.

ENGELS weist im weiteren auf eine wichtige Frage hin, die die weitere Philosophieentwicklung beschäftigt: »Vom Feuerbachschen abstrakten Menschen kommt man aber nur zu den wirklichen lebendigen Menschen, wenn man sie in der Geschichte handelnd betrachtet. ... Der Kultus des abstrakten Menschen, der den Kern der Feuerbachschen neuen Religion bildete, musste ersetzt werden durch die Wissenschaft von den wirklichen Menschen und ihrer geschichtlichen Entwicklung.«[14]

Der sozialdemokratische Theoretiker MAX ADLER schreibt 1914 in seinen »*Studien zur Geistesgeschichte des Sozialismus*« über den tiefen Widerstreit von Philosophie und Theologie, einer Theologie, die für die kühnsten und besten Denker Schierlingsbecher und Scheiterhaufen bereitgehalten hatte.[15] FEUERBACH hat für ihn Unvergängliches im Freiheitskampfe des Denkens geleistet und die innere Befreiung des Menschen als Voraussetzung für dessen äußere Freiheit ermöglicht.[16]

Gegenstand der philosophischen Kritik FEUERBACHs sind das Wesen des Christentums, d.h. die christliche Religion und – als Konsequenz ihres Wesens – die christliche Theologie und Philosophie mit dem Hauptakzent auf der spekulativen Identitätsphilosophie Hegels. Das Prinzip, das seiner philosophischen Kritik zugrunde liegt und dieselbe leitet, ist der Materialismus – ein philosophisches Denken, das seine Gedanken mittels der Sinnentätigkeit auf Materialien und Gegenstände gründet, die außerhalb vom menschlichen Bewusstsein existieren. Das Ergebnis seiner philosophischen Kritik ist die Erkenntnis, dass nicht Gott oder nichts Göttliches das höchste Wesen für den Menschen ist, sondern der Mensch selbst. Namentlich durch seine Entschlüsselung der Wurzeln der Religion hat FEUERBACH den Kern der Theologie freigelegt. FEUERBACHs Religionskritik repräsentiert in der neueren Geschichte der Philosophie und Wissenschaft wohl die radikalste Absage an das Christentum und die sie rechtfertigende Theologie und Philosophie.

Die im Rahmen der philosophischen Kritik von FEUERBACH vorgetragenen Argumentationen über das Verhältnis von Philosophie und Naturwissenschaft – besonders gegen theologische Interpretationen weltanschaulicher Fragen der modernen Naturwissenschaften – sowie gegen eine Vermischung von Glaube und Wissenschaft sind von bleibender Aktualität.

Es ist also die Tradition der Kritik, zunächst des negativen Standpunktes, die FEUERBACH fortsetzt und die durch Stationen wie BACON, DESCARTES, ROUSSEAU, aber auch KANT gekennzeichnet ist. Denn die Philosophie KANTs gewinnt nach FEUERBACH ihre entscheidende Bedeutung nicht dadurch, dass sie die Linienführung der rationalistischen Argumentationsmethodik idealistisch fortschreibt. In Wirklichkeit, so auch FEUERBACH, negiere KANT nicht den Standpunkt der Wahrheit der Sinnlichkeit. Insofern KANT die Sinne gewissermaßen wieder in ihre Rechte einsetzt, als er Erkenntnis innerhalb der Grenzen der Erfahrung festlegt, statt spekulativ auszulagern, steht er aus erkenntnistheoretischer Sicht ebenso im Prozess einer kritisch sich begrenzenden aufgeklärten Vernunft. Entsprechend richten sich FEUERBACHs Hauptangriffspunkte nicht gegen KANTs Erkenntnistheorie, sondern gegen seine praktische Philosophie, der ein entsinnlichter, vom lebenswirklichen Menschen abstrahierter Pflichtbegriff zugrunde liegt. In der Fortführung des erkenntnistheoretischen Standpunktes der Wahrheit der Sinnlichkeit zum lebenspraktischen Standpunkt einer sinnlichen oder materiellen Moral sieht FEUERBACH die Hauptaufgabe der Neuen Philosophie. Sicher ist, dass durch FEUERBACHs Kritik der Religion und die darin eingeschlossene Kritik der spekulativen Vernunft und des ideologischen Überbaus der bürgerlichen Gesellschaft die Tradition der spekulativen Philosophie an ihr Ende gekommen ist.

Seine philosophische Kritik am Christentum und deren Theologie ist für FEUERBACH untrennbar mit seinem Kampf für Recht und Wahrheit verbunden. Er zeigt Unbeugsamkeit vor den Kräften der Reaktion, unerschütterliches Eintreten für die Wissenschaft, gegen Scheinwissenschaft und Aberglaube, Verbundenheit mit den einfachen Menschen und Glauben an die Kraft des Volkes. Hierin ist er wie KANT. FEUERBACHs persönliche und praktische Annäherung an die organisierten sozialdemokratischen und freigeistigen Bewegungen in seinen letzten Lebensjahren spricht für sich. FEUERBACH selbst wird zwar nicht Teil der freigeistig/freireligiösen Bewegung seiner Zeit, aber diese Bewegung gründet sich auf FEUERBACHs, dem Menschen und der Welt zugewandten Philosophie. Tausende Arbeiter umstehen das Grab LUDWIG FEUERBACHs, als dieser nach seinem Tode am 13. September 1872 auf dem Nürnberger Johannisfriedhof zur letzten Ruhe gebettet wird. Sie bekennen sich zu ihm als Humanisten und Philosophen.[17)]

Welche Bedeutung hat Feuerbach in der Philosophie? Die Bedeutung der Feuerbachschen Philosophie liegt zunächst im Selbstverständnis der Philosophie selbst. Philosophische Fragen und Auseinandersetzungen werden aus dem »Elfenbeinturm« hinausgeführt. Philosophie wendet sich gesellschaftlichen Fragen hin und erarbeitet neue Antworten z.B. zu den philosophischen Grundfragen nach dem Platz des Menschen in der Welt und nach dem Primat im Verhältnis von Materie und Bewusstsein. »Die neue Philosophie ist keine *abstrakte Qualität* mehr, keine *besondere Fakultät* – sie ist der *denkende Mensch* selbst – der Mensch, der *ist* und *sich weiß* als das selbstbewusste Wesen der Natur, als das Wesen der Geschichte, als das Wesen der Staaten, als das Wesen der Religion – der Mensch, der *ist* und *sich weiß* als die *wirkliche* (nicht imaginäre) *absolute Identität* aller Gegensätze und Widersprüche ....«[18)]

Durch FEUERBACH endet die idealistische Klassik insbesondere mit ihren transzendentalphilosophischen und metaphysischen Ansätzen durch den Bruch mit KANT und HEGEL, ja, sein Werk markiert einen Bruch im Denken des 19. Jahrhunderts überhaupt. FEUERBACHs Aufarbeitung der Philosophiegeschichte führt zu einem Programm für die Zukunft. Er verändert das Selbstverständnis der Philosophie selbst und die Nicht-Philosophie wird ihm die »wahre Philosophie« mit dem Blick auf den Übergang von der Theologie zur Philosophie (des Menschen) und auf die Veränderungen der Denkformen und Lebensweisen seiner Zeit. »Philosophie, die den Menschen und seine Natur, und zwar nicht als gedachte, sondern als geschichtlich reale in den Mittelpunkt stellt, ist neu, weil sie menschliche Existenz und Lebenspraxis zum Ausgangspunkt von Erkenntnisinteressen macht und nicht umgekehrt, die Existenz des Menschen und damit seine in Geschichte fallende Natur zum Ergebnis logischer Schlußfolgerungen. Bringt Logik nichts anderes als sich selbst heraus und ist ihr weder Natur noch Geschichte vorausgesetzt, wodurch sie am Ende wie die eingeborenen Ideen nur auf einen göttlichen Ursprung, auf einen Ursprung aus dem Nichts zurückgeführt werden kann, dann steht sie weder im Verhältnis zur unmittelbaren Existenz des Menschen noch zu dessen geschichtlicher Praxis. Der Ursprung der Logik aus dem Nichts beweist nach Feuerbach die ebenso theologische wie spekulative Wurzel der Hegelschen Logik, die folgerichtig den Hauptangriffspunkt einer von der praktischen Existenzweise des Menschen ausgehenden Anthropologie bildet.«[19]

FEUERBACH trägt zu einem erneuerten Gesellschafts- und Naturverständnis bei. Jedoch erinnern wir uns hier auch an die zukunftsweisenden Schriften KANTs zur Naturgeschichte, zum ewigen Frieden, zum Völkerbund und zum weltbürgerlichen Bewusstsein. Eine freie bürgerliche Gesellschaft, soziale Gerechtigkeit und humanistische Grundforderungen sind auch FEUERBACHs Grundlage für das von ihm entwickelte Gottes- und Religionsverständnis und für das positive atheistische Menschenbild. »Der Name ‚Mensch' bedeutet insgemein nur den Menschen mit seinen Bedürfnissen, Empfindungen, Gesinnungen – den Menschen als Person, im Unterschied von seinem Geiste, überhaupt seinen allgemeinen öffentlichen Qualitäten.«[20] Die Wissenschaftsentwicklung seiner Zeit verbindet FEUERBACH bewusst damit. Geistesfreiheit entsteht nun klar und deutlich bei FEUERBACH mittels eines anthropologischen Materialismus und einer freien humanistischen Weltanschauung.

Und FEUERBACH an anderer Stelle: »Die Notwendigkeit einer wesentlich anderen Philosophie geht auch daraus hervor, dass wir den Typus der bisherigen Philosophie schon vollkommen vor uns haben. ... Der persönliche Gott mag, so oder so gefasst, begründet werden – wir haben darüber genug gehört. Wir wollen davon nichts mehr wissen, wir wollen keine Theologie mehr.

Wesentliche Unterschiede der Philosophie sind wesentliche Unterschiede der Menschheit. An die Stelle des Glaubens ist der Unglaube getreten, an die Stelle der Bibel die Vernunft, an die Stelle der Religion und der Kirche die Politik, an die Stelle des Himmels die Erde, des Gebets die Arbeit, der Hölle die materielle Not, an die Stelle des Christen der Mensch. Menschen, die nicht mehr zerspalten sind in einen Herrn im Himmel und einen Herrn auf Erden, die sich mit ungeteilter Seele auf die Wirklichkeit werfen, sind andere Menschen als die im Zwiespalt lebenden. Was der Philosophie Resultat des Denkens war, ist für uns *unmittelbare* Gewissheit. Wir bedürfen also ein dieser Unmittelbarkeit gemäßes Prinzip. ... Dieses Prinzip ist kein anderes – negativ ausgedrückt – als der *Atheismus*, d.i. das Aufgeben eines vom Menschen verschiedenen Gottes.«[21]

FEUERBACH bricht mit dem spekulativen Denken der klassischen Philosophie und vollendet SPINOZAs Philosophie, KANTs Vernunftkritik und die aufklärerische Religionskritik. Seine Einflüsse auf die Kultur und insbesondere Literatur des 19. Jahrhunderts sind erheblich. FEUERBACH gilt mit Recht den Junghegelianern, vielen Dichtern, Schriftstellern, MARX und ENGELS sowie

LUDWIG BÜCHNER und anderen materialistisch denkenden Philosophen als wesentliche Quelle. FEUERBACH hat intensiv auf die freireligiöse, freigeistige Bewegung seiner Zeit gewirkt und er war mit bedeutenden Köpfen der Geistesfreiheit verbunden.[22)]

Welches Anliegen verfolgen wir nun bei der Beschäftigung mit Kant und Feuerbach? Wir würdigen Werk und Wirkung von IMMANUEL KANT und LUDWIG FEUERBACH. Es geht vorrangig nicht nur um eine vergleichende Rekonstruktion des Kantischen und des Feuerbachschen Denkens, sondern auch um die gegenwartsbezogene Auseinandersetzung mit ihren philosophischen und vernunft- und religionskritischen Grundaussagen. Beide Denker behandeln das bürgerliche liberale Gesellschafts- und Menschenbild mit seinen Grund- und Menschenrechten und wenden sich philosophisch der Wirklichkeit zu. Und vor allem FEUERBACH überwindet das Spekulative, Mystische, Irrationale und stellt die Philosophie wieder vom Kopf auf die Füße.

KANT bleibt letztlich in der Antinomie von Gott und Welt stecken. FEUERBACH versucht, den *Humanismus ohne einen Gott* zu begründen. Die Auswirkungen dieses Versuches sind immer noch nicht überschaubar. FEUERBACHs Entwicklung des anthropologischen Materialismus geht einher mit der Ersetzung der Spekulation durch die Empirie, der »Unmittelbarkeit« des wirklichen Menschen.

LUDWIG FEUERBACH ist zweifellos einer der bedeutendsten Religionskritiker der Geschichte.[23)] Schwerpunkt einer Religionsbewertung ist seine Projektionsthese und die Erkenntnis, dass Mythen sinnentleert sind, wenn der Hintergrund, auf dem sie entstanden sind, nicht mehr existiert oder nicht mehr transparent gemacht werden kann. Also, wenn sich die Mythen ohne erkennbaren realen Hintergrund selbstständig gemacht haben und so zu Tautologien geworden sind.

Die Projektionsthese »Der Mensch erschuf Gott nach seinem Bilde« besagt, dass die Menschen ihre Wünsche und Phantasien auf einen »Götterhimmel« projizieren. Für FEUERBACH gilt jedoch, sie wieder auf die Erde zurückzuholen: Gott ist nicht die Liebe, sondern die Liebe ist ‚göttlich'! Der Inhalt der Religion wird demnach, wie FEUERBACH feststellt, vom Menschen gemacht. Er widerspricht auch der vielfach geäußerten Ansicht, dass wir Menschen angeborene Ideen von Gottesvorstellungen hätten und versucht, dies auch zu beweisen. Darauf folgt die Feststellung, dass der Mensch das Zentrum der Welt ist und wir uns unsere Weltbilder und Gottesvorstellungen selbst machen. Das Gottesbild hängt von dem jeweiligen Selbstbewusstsein ab und dieses so entstandene Selbstbildnis wird in eine größere Welt, den Kosmos projiziert. Damit grenzen wir uns von anderen Menschen ab.

Religion ist für FEUERBACH auch die menschliche Sehnsucht nach Glück. Diese Glücksvorstellungen werden in einen größeren Raum, also in den

Kosmos geworfen, poetisch als Götterhimmel bezeichnet. Er sieht damit in der Religion das große Bündel der Wünsche, aber auch gleichzeitig die Erfahrung des Todes als Auslöser für die Entstehung von Religion überhaupt. So kommt er zu der Behauptung, dass, wenn der Tod nicht wäre, es keine Religion gäbe, und bezeichnet das Grab des Menschen als die Geburtsstätte Gottes.

Seine Kritik setzt ein, wenn er darauf hinweist, dass Gottesverehrung zuviel Lebensenergie vergeudet, und er statt Gottesliebe Menschenliebe fordert, was jedoch im Grunde dasselbe ist, wenn man Gott symbolisch als die gesamte Menschheit betrachtet. Es ist das Verhalten des Menschen zu sich selbst. Wenn aber die Metapher Gott symbolisch nicht so gesehen wird und gar ein persönlicher Gott daraus wird, entzweit er den Menschen mit sich selbst, was in der christlichen Religion geschieht. Dem Christentum wird darüber hinaus vorgeworfen, dass seine Moral lebensfeindlich ist und es damit das Leben abwertet. Deshalb fordert FEUERBACH einen humanistischen Atheismus, der die Dinge vom Himmel wieder auf die Erde zurückholt.

Ebenfalls werden die Folgen der Religion im Zusammenleben der Menschen untereinander negativ von ihm bewertet. Der Glaube ist im Wesentlichen intolerant und kann in Hass übergehen. Wenn FEUERBACH dabei auch darauf hinweist, dass der Glaube nur gut ist für die Gläubigen, aber schlecht für die Ungläubigen, ist mithin davon abzuleiten, dass ein Unterschied darin besteht, ob jemand selbst glaubt oder jemand davon profitiert, dass andere glauben. Für FEUERBACH ist es eindeutig, dass Gläubige dazu neigen, nach oben zu buckeln und nach unten zu treten: nach oben heilig – nach unten Tyrann.

Zu den stichwortartigen Bemerkungen Feuerbachscher Religionsbewertung ist ergänzend darauf hinzuweisen, dass FEUERBACH die Religion nicht aufheben will, sondern nur fordert, die Religion rational zu durchleuchten und den wirklichen Menschen in den Mittelpunkt der Betrachtungen zu stellen. So kommt er sinngemäß zu der Aussage, dass die Philosophie nicht gegen den Glauben kämpft, sondern lediglich gegen dogmatisierende Glaubensvorstellungen und theologische Vorurteile. Er stellt fest, dass nur derjenige als sittlich gelten kann, welcher seine religiösen Gefühle auch durchschaue.

Im Mittelpunkt stehen neben der philosophisch begründeten Vernunft- und Religionskritik KANTs und FEUERBACHs die Entwicklung ihres aufklärerischen Denkens, ihre gesellschaftstheoretischen Wirkungen und ihre verschiedenartigen philosophischen Ansatzpunkte am Beginn und am Ausgang des klassischen deutschen Denkens.

Anmerkungen

1) Vgl. ALFRED SCHMIDT: Emanzipatorische Sinnlichkeit. Ludwig Feuerbachs anthropologischer Materialismus. München 1988; WALTER JAESCHKE und FRANCESCO TOMASONI (Hrsg.): Ludwig Feuerbach und die Geschichte der Philosophie. Berlin 1998; WALTER JAESCHKE und WERNER SCHUFFENHAUER: Einleitung der Herausgeber. In: Ludwig Feuerbach: Entwürfe zu einer Neuen Philosophie. Hamburg 1996.

Vgl. zu IMMANUEL KANT den sehr umfangreichen und profunden Bibliographischen Informationsdienst aus Mainz, den die Kant-Gesellschaft e.V. Bonn herausgibt und ständig aktualisiert unter: www.uni-mainz.de/~kant/kfs

2) Vgl. u.a. UWE SCHULTZ: Immanuel Kant. Reinbek 2003; STEFFEN DIETZSCH: Immanuel Kant. Leipzig 2003; FERRUCCIO ANDOLFI: Feuerbach und die Kantische Ethik. In: HANS-JÜRG BRAUN, HANS MARTIN SASS, WERNER SCHUFFENHAUER, FRANCESCO TOMASONI (Hrsg.): Ludwig Feuerbach und die Philosophie der Zukunft. Berlin 1992; JOCHEN FAHRENBERG: Kant und das neue Bild vom Menschen. In: Psychologie Heute. Mai 2004. S. 46-53; CHRISTINE WECKWERTH: Ludwig Feuerbach zur Einführung. Hamburg 2002; GEORG BIEDERMANN: Der anthropologische Materialismus Ludwig Feuerbachs. Neustadt 2004; FALKO SCHMIEDER: Ludwig Feuerbach und der Eingang der klassischen Fotografie. Zum Verhältnis von anthropologischem und Historischem Materialismus. Berlin 2004; VOLKER MUELLER (Hrsg.): Ludwig Feuerbach – Religionskritik und Geistesfreiheit. Neustadt 2004.

3) Vgl. im weiteren EHRHARD BAHR: Nachwort. In: Was ist Aufklärung? Thesen und Definitionen. Stuttgart 2002. Insb. S. 73-75, S. 78 - 83.

4) Siehe z.B. GEORG LUKÁCS: Goethe und seine Zeit. Berlin 1950. S. 17 ff.

5) Vgl. u.a. ALEXANDER ALTMANN: Moses Mendelssohns Frühschriften zur Metaphysik. 1969.

6) IMMANUEL KANT: Was ist Aufklärung? In: Ders.: Ausgewählte kleine Schriften. Leipzig 1914. S. 1.

7) KARL VORLÄNDER: Immanuel Kant. Der Mann und das Werk. Bd. 2. Leipzig 1924. S.221.

8) IMMANUEL KANT: Der Streit der Fakultäten. Königsberg 1798.

9) Berlinische Monatsschrift 15 (1790), S. 365.

10) G. WEIGELT: Zur Geschichte der neueren Philosophie. Populäre Vorträge. Hamburg 1855. S. 318.

11) Ebd. S. 319.

12) FRIEDRICH ENGELS: Ludwig Feuerbach und der Ausgang der klassischen deutschen Philosophie. Berlin. In: MEW. Bd. 21. 1975. S. 264.

13) Ebd. S. 272.

14) Ebd. S. 290.

15) Vgl. MAX ADLER: Wegweiser. Studien zur Geistesgeschichte des Sozialismus. Stuttgart 1919. S. 156.

16) Vgl. ebd. S. 157.

17) HELMUT STEUERWALD: Frank/e und frei: Ludwig Feuerbach. Umfeld – Leben – Wirken – Resonanz. In: VOLKER MUELLER (Hrsg.): Ludwig Feuerbach – Religionskritik und Geistesfreiheit. Neustadt 2004. Insb. S. 13 f., S. 16 - 18, S. 20 f., S. 22 f., S. 25 f.

[18] LUDWIG FEUERBACH: Vorläufige Thesen zur Reformation der Philosophie. In: Ders.: Entwürfe zu einer Neuen Philosophie. Hrsg. v. WALTER JAESCHKE und WERNER SCHUFFENHAUER. Hamburg 1996. S. 19.

[19] URSULA REITEMEYER: Feuerbach und die Aufklärung. In.: WALTER JAESCHKE und FRANCESCO TOMASONI (Hrsg.): Ludwig Feuerbach und die Geschichte der Philosophie. A.a.O. S. 273.

[20] LUDWIG FEUERBACH: Vorläufige Thesen ... A.a.O. S. 21.

[21] LUDWIG FEUERBACH: Notwendigkeit einer Reform der Philosophie. In: NIKOLAUS KNOEPFFLER (Hrsg.): Von Kant bis Nietzsche. Schlüsseltexte. München 2000. S. 156 f.

[22] Vgl. WERNER SCHUFFENHAUER: Feuerbach und die freireligiöse Bewegung seiner Zeit. In VOLKER MUELLER (Hrsg.): Ludwig Feuerbach – Religionskritik und Geistesfreiheit. A.a.O. S. 33 f., S. 38, S. 40 f. – Vgl. a. FRANZ BOHL (Hrsg.): Hundert Jahre Kampf um Ludwig Feuerbach. Nürnberg 1955.

[23] Vgl. u.a. ERICH SATTER: Aspekte einer kritischen Religionsbewertung um und nach Feuerbach. In: VOLKER MUELLER (Hrsg.): Ludwig Feuerbach – Religionskritik und Geistesfreiheit. A.a.O. S. 212 - 214.

MANFRED KUGELSTADT

Kants Vernunftbegriff und einige seiner Wirkungen – Eine einführende Darstellung

Wenn man bei KANT eine theoretische von einer praktischen Vernunft strikt unterscheidet und wenn man sie trotzdem schließlich unter dem Primat dieser praktischen Vernunft zu einer höheren systematischen Einheit verbindet, so ist dies völlig richtig. In der folgenden allgemeinen Einführung in einige der Hauptgedanken der Kantischen Philosophie soll nach einer kurzen Beleuchtung der theoretischen Vernunft, wie sie in der »*Kritik der reinen Vernunft*« – Scheinwissen einer falschen Metaphysik entlarvend – ihre eher bloß negativ-disziplinierende Rolle spielt, vor allem die praktische Vernunft einer etwas näheren Betrachtung unterzogen werden. Denn im Unterschied zur theoretischen ist diese praktische Vernunft konstitutiver, d.h. a priori objektiv gültiger Prinzipien fähig, nämlich auf dem für den Menschen letztlich einzig interessierenden (nicht allenfalls subjektiv interessanten) Gebiet des Moralischen. Wenigstens wird diese allgemeine und notwendige objektive Gültigkeit dasjenige bedeuten, was KANT, ansonsten im Vergleich mit dem mögliche Erfahrungsobjekte konstituierenden und theoretisch erkennenden *Verstand* wiederum durchaus einschränkend, die bloß *praktische* »Realität« dieser Prinzipien nennt. Praktische Vernunft, im tiefsten Grunde mit dem reinen Willen als einem durch sinnliche Triebfedern nicht bestimmbaren (oberen) Begehrungsvermögen gänzlich identisch,[1)] ist aber nichts anderes als reine, freie Selbsttätigkeit und absolute Spontaneität. Ihre Kausalität durch Freiheit soll sich auszeichnen durch Unabhängigkeit von schlechterdings allem Empirischen negativ sowie durch völlige Autonomie als Selbstgesetzgebung positiv. Da sich hier aber gleich anfangs der Verdacht eines doch allzu idealistischen Menschenbildes und von Träumerei geradezu aufdrängt, so wird im Anschluss noch zu zeigen sein, dass KANT in anderen Zusammenhängen ganz im Gegenteil ein überaus realistisches Bild des Menschen zeichnet. Es wird Aufgabe eines Postulats aufs Neue der praktischen Vernunft sein, diesen Widerspruch zwischen praktischer Idee und theoretischer Naturerkenntnis des Menschen aufzulösen oder vielmehr ihre bloße (wie auch immer große) Kluft in *einem* System zu überbrücken. Schließlich seien zum Abschluss in aller Kürze einige Wirkungen des Vernunftbegriffs KANTs angesprochen, die wenigstens in Ansätzen die nach wie vor ungebrochene Aktualität seines Denkens in einiges Licht rücken können.

Zunächst aber, wie gesagt, einige Worte zur *theoretischen* Vernunft.

Zwar versteht KANT in seiner ersten *Kritik* ganz allgemein einmal »unter Vernunft das ganze obere Erkenntnisvermögen«, indem er das Apriorische, »Rationale dem Empirischen«, also der durch Gegenstände affizierten Sinnlichkeit, entgegensetzt (B 863). In der Regel machen jedoch Verstand, Urteilskraft und Vernunft nur zusammen jenes spontane, obere Erkenntnisvermögen durch Begriffe aus, während sich die Anschauungen des unteren (passiven) Vermögens Sinnlichkeit, jedenfalls den empfangenen Eindrücken nach, dessen Rezeptivität verdanken.

Von der Urteilskraft müssen wir im gegebenen Rahmen nicht eigens reden, aber Verstand und Vernunft unterscheiden sich doch wesentlich. Zum einen kann der Verstand, in einer notwendigen Beziehung seiner reinen Begriffe (der Kategorien) auf die Anschauungen der Sinnlichkeit, mögliche Erfahrungsgegenstände wirklich *erkennen*. Er erkennt sie aber nur so – was wohlgemerkt mit Schein nichts zu tun hat –, wie sie uns in unseren ureigenen Anschauungsformen *Raum und Zeit* gegeben werden und »*erscheinen*«, nicht wie sie unabhängig von unserer subjektiven Wahrnehmungsart *an sich selbst* sein mögen. Dagegen kann und muss die Vernunft gewisse Gegenstände als Dinge an sich zwar denken, ohne sie mangels möglicher sinnlicher Anschauung jedoch erkennen zu können. Den notwendigen Anschauungsbezug der Verstandesbegriffe bei der Erfahrungserkenntnis fasst KANT in folgende berühmte Worte: »Ohne Sinnlichkeit würde uns kein Gegenstand gegeben und ohne Verstand keiner gedacht werden. Gedanken ohne Inhalt sind leer, Anschauungen ohne Begriffe sind blind. ... Nur daraus, daß sie sich vereinigen, kann Erkenntniß entspringen« (B 75 f.). »Eine Vernunftidee« auf der anderen Seite, so bestimmt KANT in der *Kritik der Urteilskraft* einmal, »kann nie Erkenntniß werden, weil sie einen Begriff (vom Übersinnlichen) enthält [sie ist dieser Begriff, MK], dem niemals eine Anschauung angemessen gegeben werden kann« (V 342). Die Vernunftideen sind also eben solche leeren »Gedanken ohne Inhalt« und, jedenfalls theoretisch, wo sie eine nur heuristische und »regulative« Funktion in der subjektiven Leitung der genuinen Verstandeserkenntnis auf (wenigstens gesuchte) höchste Einheit hin erfüllen, ohne objektive Realität. Ihre gedachten Gegenstände sind solche ohne mögliche Erkennbarkeit. Es lässt sich an dieser Stelle bereits erraten, dass diese Ideen es wohl sein werden, oder doch einige von ihnen, denen die praktische Vernunft wenigstens jene oben erwähnte »praktische« Realität und *moralische* objektive Gültigkeit sichern soll. Bloß denkbare Gegenstände dieser Vernunftideen sind etwa die menschliche Seele (Problem der Unsterblichkeit), ein absoluter Weltanfang, ein schlechthin kleinstes Element der Materie, Freiheit oder auch Gott. – Ein zweiter Unterschied zwischen Verstand und Vernunft besteht darin, dass die Verstandeserkenntnis jederzeit nur eine bedingte ist, wohingegen es gerade »das Unbedingte« ist, »welches die Vernunft in den Dingen an sich selbst nothwendig und mit allem Recht zu allem Bedingten und dadurch die Reihe der Bedingungen als vollendet verlangt« (B XX). So erkennt und bestimmt der Verstand einen Gegenstand, wenn er etwa mittels seiner Kausalitätskategorie einer subjektiv wahrgenommenen Veränderung (dann erst als Wirkung) eine in der Zeit vorangegangene Ursache bestimmt, aus der sie sich, als aus ihrer Bedingung, erklären lässt. Da aber diese Ursache wieder unter der Bedingung einer anderen Ursache steht, in Ansehung deren sie Wirkung und selbst nur bedingt ist; da sich des weiteren ein schlechthin erster Zustand der Dinge in der Zeit nicht denken lässt: so bleibt die Verstandeserkenntnis immer eine bedingte und bloß relative. Die Kette der Bedingungen hängt auf diese Weise sozusagen immer in der Luft. Hier ist es eben die Vernunft, als das Vermögen der *Prinzipien schlechthin* und nicht einfach nur der (sei es auch notwendigen) *Regeln*, die nach einem unumgänglichen Bedürfnis ihrer Natur, »zu dem bedingten Erkenntnisse des Verstandes das Unbedingte zu finden, womit die Einheit desselben vollendet wird« (B 364),[2)] ein Gegebenes nicht nur aus einer bloß relativen Bedingung *verstehen* und *erklären*, sondern die es aus einem absolut ersten, nicht weiter hinterfragbaren Ableitungsgrund vollständig *begreifen* will. Um beim Fall der Kausalität zu bleiben, so sucht die Vernunft eine solche Ursache, die nicht ihrerseits wieder – wie in der Erfahrung nach KANT immer – von einer weiteren Ursache abhängen würde. Gesucht ist vielmehr eine Ursache, die positiv als ein Vermögen zu denken wäre, »einen Zustand ... schlechthin anzufangen« (B 473), d.h. allgemein in Gestalt »einer absoluten Spontaneität der Ursachen, eine Reihe von Erscheinungen, die nach Naturgesetzen läuft, von selbst anzufangen« (B 474). Diese *transzendentale*, in der durchgängig kausal determinierten Natur der Erscheinungen *empirisch* nicht mögliche und denkbare *Freiheit* wäre aber gerade dasjenige Vermögen, das wir späterhin für eine denkbare Moralität unserer Handlungen als eine unbedingte Kausalität unumgänglich müssten ansetzen können. Denn nur eine solche »absolute *Spontaneität* der Handlung«, so KANT, ließe sich »als der eigentliche Grund der *Imputabilität* derselben« (B 476), also der Zurechenbarkeit als unserer Handlung und auch überhaupt als *unserer* Handlung und nicht als bloßen Naturgeschehens,[3)] überhaupt denken.

Aber noch befinden wir uns nur in der theoretischen Philosophie IMMANUEL KANTs. Hier ist es nun das paradoxe und nachgerade auch tragische Resultat der Untersuchungen der *Kritik der reinen Vernunft*, dass ausgerechnet die Gegenstände der reinen Vernunft, denen vornehmlich das menschliche praktische Interesse gelten wird (Existenz Gottes, Freiheit des Willens, Unsterblichkeit der Seele), den Bereich der Erscheinungen und möglicher Erfahrung transzendieren, dass sie nicht erkennbar sind. Sie lassen sich jedoch, da ein potentieller Leugner dieser Gegenstände davon seinerseits kein Wissen vorgeben kann, ohne Widerspruch im Bereich der Dinge an sich noch immer *denken*, nämlich als sogenannte Intelligibilia und bloße Gedanken- oder Verstandeswesen. Wollten wir uns etwa, unbeschadet unserer durchgängigen Determiniertheit als Naturwesen, dennoch in einigen unserer Handlungen (im weiteren Sinne) als frei denken, als wirklich *Täter* unserer Taten, so würden wir uns, dann als Bürger *zweier* Welten, dadurch zugleich in eine ganz andere Ordnung der Dinge versetzen (etwa IV 452 f.). Und deren bloßer theoretischer Denkbarkeit, bei aller Nichterkennbarkeit, soll nun also die Moralphilosophie mit ihrem praktischen Interesse jene (freilich wieder nur praktische) objektive Realität verschaffen, die ihr die theoretische Vernunft nicht zu geben vermochte.

Diese praktische Philosophie KANTs wollen wir jetzt mitsamt ihren von ihm teils eingestandenen, teils stillschweigend übergangenen Dunkelheiten und Schwierigkeiten etwas näher erörtern, wobei wir im Großen in drei Schritten vorgehen werden. Zunächst folgen einige Ausführungen zu demjenigen, was KANT bereits in der *Kritik der reinen Vernunft* zu seiner Moralphilosophie voranschickt. Als Zweites findet sich eine eingehendere Betrachtung des Gedankengangs der *Grundlegung zur Metaphysik der Sitten*, die sich durch ein Höchstmaß an Problembewusstsein auszeichnet und die jenen Schwierigkeiten folglich an kaum einer Stelle aus dem Weg geht. Dagegen wird die spätere *Kritik der praktischen Vernunft*, die jedenfalls eine ganz gewichtige dieser Schwierigkeiten gleichsam im Handstreich kassiert, nur kurz anzusprechen sein, und dies vor allem deshalb noch, weil wir die vornehmlich in ihr ausgeführte Kantische Postulatenlehre für das später noch Anzusprechende benötigen werden.

Bereits im Kapitel vom »Kanon der reinen Vernunft« ihrer »Methodenlehre«, aber auch an einigen weiteren Stellen der *Kritik der reinen Vernunft*, umreißt KANT in groben Zügen seine praktische oder Moralphilosophie. Zu Imperativen, Gesetzen und Maximen, letzten Zwecken sowie zum Endzweck, aber auch zu jener angehängten Postulatenlehre mitsamt der sich ergebenden Kantischen Moraltheologie, müssen wir hier nichts weiter ausführen, da davon weiter unten noch eigens die Rede sein wird. Aber betreffs der Freiheitsfrage wirft die erste *Kritik* bereits ein beträchtliches Begründungsproblem auf, dem wir in veränderter Form auch in der *Grundlegung zur Metaphysik der Sitten* begegnen werden und das nicht einfach außer Acht gelassen werden kann.

Zunächst: Was heißt überhaupt Moralphilosophie im Unterschied zur theoretischen? Die »theoretische Erkenntnis«, liest man, ist eine solche, »wodurch ich erkenne, was da ist, die praktische aber, dadurch ich mir vorstelle, was dasein soll« (B 661). Es hat bloß theoretisch betrachtet keinerlei Sinn, von etwas, das nach Erfahrungsgesetzen einer Natur schlicht da ist, z.B. meiner Gehirntätigkeit,[4] wie sie nun einmal abläuft, zu sagen, dass es anders sein *solle*. Es ist, wie es ist, und ein Sollen kommt in der ganzen Natur als einer bloß solchen nicht vor. Umgekehrt, so wieder KANT, ist »in Ansehung der sittlichen Gesetze«, und zwar nicht etwa nur was ihre ideale Reinheit betrifft, »Erfahrung (leider!) die Mutter des Scheins, und es ist höchst verwerflich, die Gesetze über das, was ich thun soll, von demjenigen herzunehmen, oder dadurch einschränken zu wollen, was gethan wird« (B 375). Dieses *Sollen*, wie es im verpflichtenden moralischen Gesetz als gedachte »Nothwendigkeit einer freien Handlung« *unter* diesem (VI 222) seinen Niederschlag findet, darf aber weder mit einer äußeren, gleichsam despotischen Verpflichtung durch andere Menschen verwechselt werden, noch ist es etwa mit bloß anerzogenen, innerlich treibenden (gefühlten) Neigungen oder Abneigungen oder gar mit einer Art Neurosen des kranken Tiers Mensch, etwa mit NIETZSCHE, zu identifizieren. (Freilich wird dann in Gestalt der *Achtung* fürs Gesetz jene wesentlich zunächst *gedachte* Notwendigkeit zu einer auch *gefühlten*, aber anders als beim »Handeln« aus Neigung nur *nach* der Bestimmung durch das Gesetz.) Vielmehr ist die Verpflichtung hier nur derart zu denken, daß die Vernunft als praktische in gänzlicher Freiheit, nämlich nur ihrem eigenen Gesetz gehorchend und schlechterdings nichts ihr Äußerlichem (wozu auch die vielleicht widerstrebenden sinnlichen Neigungen des Menschen zählen), selbst das Gesetz gibt. Und auch nur dadurch, daß sich das verpflichtende Gesetz eben freier (deshalb nicht etwa willkürlicher[5]) Selbstgesetzgebung verdankt, kann ihm ein teils vernünftiges Wesen gleichfalls in gänzlicher Freiheit Folge leisten. In diesem Sinne kann KANT in der späteren Vorrede zur zweiten Auflage der *Kritik der reinen Vernunft* sagen, »die Moral setze nothwendig Freiheit (im strengsten Sinne) als Eigenschaft unseres Willens voraus, indem sie praktische in unserer Vernunft liegende, ursprüngliche Grundsätze als Data derselben a priori anführt, die ohne Voraussetzung der Freiheit schlechterdings unmöglich wären« (B XXVIII f.).

Wir sehen auf diesem frühen Standpunkt unserer Untersuchung des Praktischen noch ganz davon ab, dass hier in Wahrheit ja bereits aus dem unbezweifelten Vorhandensein dieser ursprünglichen moralischen Grundsätze und ihrer Natur auf die Wirklichkeit dieser Freiheit »im strengsten Sinne«, als auf die notwendige Bedingung ihrer Möglichkeit, zurückgeschlossen wird. Diese gleichsam faktische Berufung »auf das sittliche Urtheil eines jeden Menschen« (B 835), das dabei der eigentliche erste, praktische Erkenntnisgrund der theoretisch transzendenten und unerkennbaren Idee der Freiheit ist, findet sich in der ersten *Kritik* durchaus ebenfalls schon. Bis jetzt können und wollen wir unser Augenmerk nur auf diese absolute »transscendentale Freiheit« richten, von der wir vorläufig nicht wissen, ob wir sie uns beilegen dürfen oder vielleicht sogar müssen. Resultat der bloß theoretischen Überlegungen war ja ihre bloße widerspruchsfreie Denkbarkeit. Erschwerend kommt hinzu, daß KANT von der transzendentalen Freiheit, dem Grund der Zurechenbarkeit unserer Handlungen, in der *Kritik der reinen Vernunft* eine sogenannte »praktische Freiheit« unterscheidet. Diese bestehe im Unterschied von der tierischen, durch sinnliche Triebfedern *genötigten* Willkür in einer menschlichen *freien* Willkür, »welche unabhängig von sinnlichen Antrieben, mithin durch Bewegursachen, welche nur von der Vernunft vorgestellt werden, bestimmt werden« könne (B 830). Von dieser praktischen Freiheit heißt es nun zwar einerseits, sie *gründe* sich auf die »transscendentale Idee der Freiheit« (B 561). Und »die Aufhebung der transscendentalen Freiheit« würde »zugleich alle praktische Freiheit vertilgen« (B 562). Aber andererseits soll sie dann auf einmal für den moralischen Gebrauch *für sich* hinreichend sein, indem sich die transzendentale dabei gänzlich »bei Seite setzen« lasse (B 829 f.). Denn ob die Vernunft in ihrer Gesetzgebung »nicht wiederum durch anderweitige Einflüsse *bestimmt* sei«, gehe uns im Praktischen (»da wir nur die Vernunft um die Vorschrift des Verhaltens zunächst befragen«) nichts an (B 831). Außerdem kann angeblich die praktische Freiheit »durch Erfahrung bewiesen werden« (B 830). – Aber erstens lässt sich die transzendentale Freiheit gerade nicht »bei Seite setzen«, will man nicht die für die Moralität der Handlungen wesentliche und unerlässliche Zurechnungsfähigkeit derselben verlieren, und zweitens lässt sich durch Erfahrung prinzipiell nicht beweisen, dass nicht in Wahrheit vielleicht unbemerkte sinnliche Antriebe und nicht vermeintliche oder bloß vorgeschützte Vernunftgründe als eigentliche Motive einer Handlung fungieren. In diesem Sinne sagt KANT an anderer Stelle ja selbst einmal, »die eigentliche Moralität der Handlungen (Verdienst und Schuld)« bleibe uns, »selbst die unseres eigenen Verhaltens, gänzlich verborgen« (B 579 Anm.). Jedenfalls scheidet diese bloß »praktische Freiheit« als ein potentieller Kandidat der Ermöglichung konsequent zu denkender moralischer Handlungen aus. Es kann hier wirklich nur, wie von KANT später ja auch hinzugesetzt wurde, mit jener Freiheit »im strengsten Sinne« gedient sein. In der zweiten *Kritik* wird die »transscendentale Freiheit« mit derjenigen Freiheit, »die allein a priori *praktisch* ist« und der Grund eben auch der »Zurechnung«, ohnehin dann identifiziert werden (V 96 f.).

Wir kommen zur Betrachtung der *Grundlegung zur Metaphysik der Sitten*, deren Gedankengang in geraffter Form nachgezeichnet sei, soweit dies im gegebenen beschränkten Rahmen tunlich sein mag. KANT nimmt in der *Grundlegung* seinen Ausgang von einer »Entwickelung des einmal allgemein im Schwange gehenden Begriffs der Sittlichkeit« (IV 445) und arbeitet sich allmählich zum Begriff der Freiheit empor. Diese wird sich zwar als eine notwendige *Voraussetzung* einsehen, aber sie wird sich nicht selbst wieder begreifen lassen.

KANT beginnt mit der Behauptung, es sei nichts denkbar, »was ohne Einschränkung für gut könnte gehalten werden, als allein ein guter Wille« (IV

393) – der im Übrigen, heiße er nun ein guter »Charakter« oder eine gute »Gesinnung« und »Denkungsart«, seinerseits bereits als erworben und »durch *freie* Willkür *angenommen*« (VI 25) gedacht werden muss, da er, etwa nach den späteren Ausführungen in der *Kritik der praktischen Vernunft* und in der *Metaphysik der Sitten*, wiederum soll zugerechnet werden können (vgl. etwa V 98 oder VI 44 ff.). (KANT wird dabei in der letzteren Schrift von einer unbegreiflichen »intelligiblen That« ohne Zeitbedingungen sprechen (VI 31 u. 39 Anm.), die für den sogenannten intelligiblen Charakter, in dem jede weitere Verantwortlichkeit für ansonsten in der Erscheinung durchgängig kausal determinierte Handlungen zu suchen ist, verantwortlich zeichnet. Diese Handlungen können bzw. müssen dann dennoch »so betrachtet werden, als ob der Mensch unmittelbar aus dem Stande der Unschuld in sie gerathen wäre« (VI 41).) Ein guter Wille, der »seinen vollen Werth in sich selbst hat« (IV 394) und nicht wie jedes erdenkliche Mittel immer auch zu verwerflichen Zwecken gebraucht werden kann, ist ein solcher, dessen Kausalität die ausführenden Vermögen im Zweifelsfalle auch gegen widerstrebende sinnliche Neigung zu einer Handlung nur *aus Pflicht* bestimmt, nämlich aus bloßer »Achtung fürs Gesetz« (IV 400). Eine Handlung dagegen, deren Resultat zwar *pflichtmäßig* ist, d.h. zufällig mit dem durch das Gesetz Geforderten übereinstimmt, hat keinerlei moralischen Wert, sofern sie nicht aus jener Pflichtgesinnung, sondern aus (prinzipiell letztlich nämlich immer selbstsüchtigen) Neigungen der Sinnlichkeit entspringt.[6]) Eine »Handlung aus Pflicht« hat also »ihren moralischen Werth nicht in der Absicht, welche dadurch erreicht werden soll«, nämlich dem aus gewissen Motiven angestrebten Zweck, »sondern in der *Maxime*, nach der sie beschlossen wird« (IV 399). Diese Maxime ist aber nichts anderes als ein jedes mir selbst gegebene »*subjective* Princip des Wollens«, mit dem ich dem *objektiven*, dem praktischen Gesetz der reinen Vernunft und des reinen Willens selbst, frei gehorche. Warum bleibt jetzt aber für alle meine Handlungsmaximen »nichts als die allgemeine Gesetzmäßigkeit der Handlungen überhaupt übrig«, wonach ich nämlich »niemals anders verfahren« soll »als so, daß ich auch wollen könne, meine Maxime solle ein allgemeines Gesetz werden« (IV 402)? Diese allgemeine Gesetzmäßigkeit bleibt deshalb als Einziges übrig, weil gerade soeben der *moralische* »Wille aller Antriebe« und Zwecke »beraubt« wurde, »die ihm aus der Befolgung irgend eines Gesetzes *entspringen* könnten« (IV 402). (Dies gäbe immer nur Heteronomie und Fremdbestimmung durch diese nur empirisch zu gebenden, auf zufällige subjektive Neigungen bezüglichen Zwecke.) Nun wirkt zwar nach KANTs theoretischer Philosophie ein jedes Naturding nach Gesetzen, aber »nur ein vernünftiges Wesen hat das Vermögen, nach der Vorstellung der Gesetze, d.i. nach Principien, zu handeln, oder einen Willen«, der, wie oben schon einmal gesagt, als ein *reiner* Wille »nichts anders als praktische Vernunft« selbst ist (IV 412). Diese Vorstellung der

Gesetze kann aber der Mensch immer nur als ein *Sollen*, als eine *Nötigung* erfahren, da er zwar einen guten, niemals aber einen *durchaus* guten als heiligen oder gar göttlichen Willen haben kann. (Nur bei *durchaus* gutem Willen eines *bloß* vernünftigen Wesens, der nicht durch widerstreitende Neigungen und Triebfedern der Sinnlichkeit verleitet werden könnte und der sich nicht gegen sie durchsetzen müsste, wäre dieses Sollen automatisch ein Wollen.) Ein vorgestelltes Gesetz wiederum, das derart nur mit einer Nötigung des Sollens verbunden denkbar ist, kann seinen Ausdruck nur in der Formel eines *Imperativs* finden. Nun war oben aber das einzig denkbare *moralische* Gesetz bereits aller bedingenden, fremdbestimmenden Zwecke und zu bewirkenden Gegenstände »beraubt« worden, d.h., dieses Gesetz muss daher unbedingt gelten. Sein Sollen muss *kategorisch* und nicht hypothetisch unter einer weiteren Bedingung gebieten. Denn in einem *hypothetischen* Imperativ »Wenn du X willst, dann musst du Y tun« bleibt die Frage gänzlich offen, ob ich denn wieder X wollen soll oder darf. Es bleibt also, wenn man das oben zum einzig möglichen rein *formalen Inhalt* eines möglichen moralischen Gesetzes Gesagte mit hinzunimmt, als alleiniges überhaupt denkbares moralisches Gesetz eines teils vernünftigen Wesens überhaupt und damit auch des Menschen nur der folgende *kategorische Imperativ* übrig: »handle nur nach derjenigen Maxime, durch die du zugleich wollen kannst, daß sie ein allgemeines Gesetz werde« (IV 421).

Dieser kategorische Imperativ betrifft also »nicht die Materie der Handlung und das, was *aus ihr* erfolgen soll, sondern die Form und das Princip, woraus sie *selbst* folgt, und das Wesentlich-Gute derselben besteht in der *Gesinnung*, der Erfolg mag sein, welcher er wolle« (IV 416).[7)] Das Problem ist nur, dass Pflicht kein »Erfahrungsbegriff« ist und dass man auch nach KANT »gerechte Klagen« antrifft, »daß man von der Gesinnung, aus reiner Pflicht zu handeln, so gar keine sichere[n] Beispiele anführen könne« – bei aller sonstigen Pflichtmäßigkeit der Handlungen vielleicht –, so dass »es zu aller Zeit Philosophen gegeben hat, welche die Wirklichkeit dieser Gesinnung in den menschlichen Handlungen schlechterdings abgeleugnet und alles der mehr oder weniger verfeinerten Selbstliebe zugeschrieben haben« (IV 406). Ja, KANT führt an dieser Stelle sogar ganz grundsätzlich aus, inwiefern »es durch kein Beispiel, mithin empirisch, auszumachen sei«, ob ein vermeintlich kategorischer Imperativ nicht »doch versteckter Weise hypothetisch sein« möge oder ob vielmehr wirklich »der Wille hier *ohne* andere Triebfeder, bloß durchs Gesetz, bestimmt werde«. Denn »wer kann das Nichtsein einer Ursache durch Erfahrung beweisen, da diese nichts weiter lehrt, als daß wir jene [eine versteckte *andere* Triebfeder, MK] nicht wahrnehmen?« (IV 419). Wenn also bisher aus jener »Entwickelung des einmal allgemein im Schwange gehenden Begriffs der Sittlichkeit« gezeigt werden konnte, dass nur so ein moralisches Gesetz eines vernünftigen Wesens aussehen *könnte*, bleibt die Frage: *Gibt* es überhaupt ein solches Gesetz?

Die »Möglichkeit eines kategorischen Imperativs« wird also, da Erfahrung hier keine Stimme hat, »gänzlich *a priori* zu untersuchen« sein (IV 419). Wie geht KANT zu diesem Behufe aber weiter vor, um die Vernunft als »Selbsthalterin ihrer Gesetze« zu erweisen, wobei »nun die Philosophie in der That auf einen mißlichen Standpunkt gestellt« sei, »der fest sein soll, unerachtet er weder im Himmel, noch auf der Erde an etwas gehängt oder woran gestützt wird« (IV 425)? KANT treibt seine Analyse wie folgt weiter: Kann ein Gesetz des Handelns, als kategorisch gebietend, nicht von fremdbestimmenden Bedingungen und Zwecken abhängen, so kann es nur in etwas gründen, dessen Dasein seinerseits »an sich selbst einen absoluten Werth hat, was als Zweck an sich selbst ein Grund« dieses Gesetzes sein könnte. »Nun sage ich«, so KANT weiter, »der Mensch und überhaupt jedes vernünftige Wesen existirt als Zweck an sich selbst, nicht bloß als Mittel zum beliebigen Gebrauche für diesen oder jenen Willen« (IV 428). Hierdurch allein ist der Mensch, der sich wie jedes vernünftige Wesen nicht anders denken kann und der auch als einziges Wesen auf der Erde überhaupt einen *Begriff* von Zwecken hat, *Person* und hat *Würde* als einen *absoluten* Wert. Widrigenfalls wäre er, wie alle anderen Naturwesen, moralisch und so dann auch rechtlich eine bloße *Sache*,[8] über die ein anderer Wille verfügen und die auch immer nur einen *relativen* Wert (einen *Preis*) haben kann. *Wenn* es also einen kategorischen Imperativ geben soll, so muss gesagt werden: »Der Grund dieses Princips ist: die vernünftige Natur existirt als Zweck an sich selbst« (IV 429).

Dieser Begriff des Zwecks an sich selbst führt aber unausweichlich wiederum auf denjenigen der *Autonomie*. Ein Wesen, das seinen absoluten Wert einzig in sich selbst hat, kann seine moralische Gesetzgebung niemals von fremden Bedingungen äußerlich empfangen. »Die oberste einschränkende Bedingung der Freiheit der Handlungen eines jeden Menschen« (IV 431) kann nur in unbedingter *Selbstgesetzgebung* gründen. Darin dann, nur dem eigenen Gesetze zu gehorchen, *äußert* der Mensch seine Würde (denn in »der *Idee* der Würde eines vernünftigen Wesens, das keinem Gesetze gehorcht als dem, das es zugleich selbst giebt«, *gründet* eben die Verbindlichkeit dieses Gesetzes (IV 434)). Und er erhebt sich damit zugleich, freilich bloß in Gedanken, zum Bürger eines Reichs der Zwecke, das ein Reich der Natur werden und in ihr, diese kontinuierlich nach dessen bloßer Idee moralisch verbessernd, realisiert werden soll.

Es kann nunmehr also rein analytisch die »Autonomie des Willens als oberstes Princip der Sittlichkeit« (IV 440) aufgewiesen werden, aber ob der ganze gedachte notwendige Zusammenhang etwas Wirkliches und nicht etwas bloß Erträumtes ist, wissen wir noch immer nicht. Um die objektive

Gültigkeit und die praktische Realität des kategorischen Imperativs zu beweisen, unternimmt KANT in Gestalt eines »Übergangs« in die Kritik der praktischen Vernunft einen letzten Anlauf, in dessen Verlauf er den »Begriff der *Freiheit*« als »Schlüssel zur Erklärung der Autonomie des Willens« (IV 446) aufzuweisen gedenkt. Freiheit ist zunächst negativ bestimmt als die Unabhängigkeit einer Kausalität von fremden sie bestimmenden Ursachen. Der Wille wieder ist eine besondere Kausalität lebender *vernünftiger* Wesen – denn Tiere *fühlen* nur *Begierden* –, die als Kausalität aber nicht gesetzlos sein kann. Nun ist Autonomie die Eigenschaft des Willens, sich unabhängig von fremden bestimmenden Ursachen selbst Gesetz zu sein, und diese Autonomie konnte sich einzig in Form jenes kategorischen Imperativs äußern. »Also«, so KANT, »ist ein *freier* Wille und ein Wille *unter sittlichen Gesetzen* einerlei. *Wenn* also Freiheit des Willens vorausgesetzt wird, so folgt die Sittlichkeit sammt ihrem Princip daraus durch bloße Zergliederung ihres Begriffs« (IV 447).

Damit sind wir aber schon fast am Ende unserer Weisheit. Denn neben einem Verweis auf die bloße widerspruchsfreie Denkmöglichkeit von Freiheit, die ja die *Kritik der reinen Vernunft* bereits sichergestellt hatte, und neben der Auflösung eines sich scheinbar ergebenden Zirkels (vom Sittengesetz auf die Freiheit als seine Bedingung zu schließen und dann wieder jenes durch diese zu begründen (vgl. IV 450 ff.)) folgt im Wesentlichen nur noch KANTs appellierende Behauptung, Freiheit müsse »als Eigenschaft des Willens aller vernünftigen Wesen vorausgesetzt« (IV 447) und praktisch notwendig postuliert werden. KANT gesteht die *Unbegreiflichkeit* der Freiheit und damit des Sittengesetzes ganz am Ende zwar unumwunden ein (vgl. IV 463), die als aus einer weiteren Bedingung begreiflich Freiheit, etwas schlechterdings *Unbedingtes*, freilich auch gar nicht sein könnte. Er sagt aber, »ein jedes Wesen, das nicht anders als unter der Idee der Freiheit handeln« könne, d.h. ein jedes vernünftige Wesen, sei »eben darum in praktischer Rücksicht wirklich frei« (IV 448), und der kategorische Imperativ gelte hier auch ohne jeden einsehbaren Beweis. Denn die Vernunft, wenn sie denn Vernunft sein soll, »muß sich selbst als Urheberin ihrer Principien ansehen unabhängig von fremden Einflüssen, folglich muß sie als praktische Vernunft, oder als Wille eines vernünftigen Wesens *von ihr selbst* als frei angesehen werden; d.i. der Wille desselben kann nur unter der Idee der Freiheit ein *eigener* Wille sein und muß also in praktischer Rücksicht allen vernünftigen Wesen beigelegt werden« (IV 448). Der »Rechtsanspruch« besteht hier im Appell an das sittliche Urteil selbst der »gemeinen Menschenvernunft« (IV 457) und jedes vernünftigen Wesens, das sich eines Begehrungsvermögens unabhängig von sinnlichen Antrieben, d.h. »eines Willens«, »bewußt ist« (IV 461) – oder jedenfalls doch wieder »bewußt zu sein *glaubt*« (IV 459). Daß aber nur unter *Voraussetzung* der Freiheit und damit jenes Sittengesetzes Personalität und menschliche Würde als solche denkbar werden, dass ich nur so überhaupt von *meinem Handeln* (überhaupt von *mir*) und nicht von bloßem Naturgeschehen jenseits von Gut und Böse überhaupt reden kann, das lässt sich, wie ich meine, am Ende als praktisch alternativlos dennoch positiv einsehen, soll nicht im ersten Ansatz eine gänzliche Verantwortungslosigkeit allen menschlichen »Handelns« überhaupt eingestanden werden müssen.

Zwei kurze Bemerkungen noch zur *Kritik der praktischen Vernunft*. – Wenn KANT es 1781 in der *Kritik der reinen Vernunft* erstens noch selbst als etwas »Bedenkliches« empfindet, daß sich ein Vernunftglaube »auf die Voraussetzung moralischer Gesinnungen« gründe, die ihrerseits wieder voraussetzten, dass man »vorher wenigstens auf dem halben Wege gute Menschen« *mache* (B 857 f.); wenn gerade eben in der *Grundlegung* von 1785 noch etwas zaghaft von einem Wesen die Rede war, das sich eines Willens »bewußt zu sein« nur »*glaubt*«: so hören wir nunmehr 1788 angesichts des Bewusstseins des kategorischen Imperativs kurzentschlossen und wiederholt als von einem (nichtempirischen) »*Factum* der reinen Vernunft«, welches schlicht »unleugbar« sei (V 31 f.). Wie vorher im Grunde immer schon, wird hier endgültig das konkrete menschliche Pflicht- und Verantwortungsbewusstsein im Sittengesetz zum festen archimedischen Punkt und zum subjektiv Ersten. Es ist Erkenntnisgrund (ratio cognoscendi) der Wirklichkeit der also notwendigerweise zu postulierenden Freiheit, denn diese ist wiederum alleiniger Seinsgrund (ratio essendi) der Möglichkeit dieses unleugbaren Sittengesetzes selbst (V 4). Es finden sich in der *Kritik der praktischen Vernunft* aber zweitens, von einem Großteil der Kantforschung als allzu aufgesetzt immer mit einem gewissen Kopfschütteln aufgenommen, noch zwei weitere Postulate der praktischen Vernunft, durch die Ideen der theoretischen Vernunft praktische Realität verschafft werden soll, indem sie ebenfalls an den feststehenden Pflichtbegriff und an das Sittengesetz angehängt werden. Zunächst wird die *Unsterblichkeit der Seele* postuliert, da es uns als moralischen Wesen aufgegeben sei, kontinuierlich an der Verwirklichung des höchsten Guts zu arbeiten. Dieses höchste Gut besteht in der letztlichen größtmöglichen Glückseligkeit aller, die wir als mit Neigungen der Sinnlichkeit begabte Naturwesen gleichfalls verwirklicht sehen wollen und sogar sollen (dürfen), die aber zur moralischen Pflichterfüllung des Menschen, zu seiner *Würdigkeit*, glücklich zu sein, in genau proportioniertem Verhältnis stehen soll. Um es etwas spöttisch zu sagen: Um einen solchen idealen Zustand herbeizuführen, der in Wahrheit natürlich aber auch nur eine regulative Leitlinie unseres Handelns auf dieser Erde in diesem Leben ist, den wir nämlich praktisch für unser Handeln nur so betrachten müssen, *als ob* er möglich sei, braucht man sozusagen viel, viel Zeit – mehr jedenfalls, als das kurz bemessene menschliche Leben erhoffen lässt. Und aus eben diesem Grund wird denn auch unsere Unsterblichkeit postuliert (vgl. V 122 ff.). Da wir jedoch wegen widriger Naturbedingungen in uns und außer uns sowie wegen des notwendigen Mitagierens anderer Menschen dieses moralisch aufgegebene Ziel einer besten Welt aus eigener Kraft ohnehin nicht realisieren können, wird ein übernatürlicher Garant und Mithelfer als praktisch notwendig gleich mit postuliert, der nämlich als weiser Urheber die Welt so eingerichtet hat, dass die schließliche Verwirklichung jenes aufgegebenen Ziels am Ende doch möglich wird. »Folglich ist das Postulat der Möglichkeit des höchsten abgeleiteten Guts (der besten Welt) zugleich das Postulat der Wirklichkeit eines höchsten ursprünglichen Guts, nämlich der Existenz Gottes«, die anzunehmen also gleichfalls Pflicht ist (V 125). Wenn dann in einer solchen auf dem Pflichtbegriff erst begründeten Moraltheologie wiederholt wiederum *Religion* definiert wird als der Inbegriff »aller unserer Pflichten überhaupt als göttlicher Gebote« (VII 36), so bleibt einiger in der Tat vielleicht anderslautender Stellen[9)] ungeachtet im Großen doch immer klar, dass die sittlichen Pflichtgebote uns nicht etwa verbinden, weil sie göttlich sind und weil auch ihr möglicher Erfolg nur göttlich verbürgt werden kann, sondern dass wir sie nur deshalb als »göttlich« betrachten, weil sie im Handeln vernünftig und einem gänzlich autonomen, vernünftigen Wesen ohnehin *für sich selbst* verbindlich sind (etwa bereits B 847). Der Kantische »reine Vernunftglaube« (V 126) an Gott bleibt im letzten Grunde ein moralisch notwendiger Glaube der Vernunft *an* die Vernunft, und auch gewiss nur *um der Vernunft und der möglichen Vernünftigkeit (der Welt) willen*. Aber auch ohne die letztere behielten die moralischen Gesetze ihre bedingungslose Verbindlichkeit.

Nach so viel »Idealismus« wird man sich vielleicht wundern, noch in aller Kürze zu hören, daß KANTs Bild von den Menschen nichtsdestoweniger als realistisch und sogar kaum anders als nachgerade pessimistisch zu bezeichnen ist. Denn »man kann sich eines gewissen Unwillens nicht erwehren, wenn man ihr Thun und Lassen auf der großen Weltbühne aufgestellt sieht und bei hin und wieder anscheinender Weisheit im Einzelnen doch endlich alles im Großen aus Thorheit, kindischer Eitelkeit, oft auch aus kindischer Bosheit und Zerstörungssucht zusammengewebt findet: wobei man am Ende nicht weiß, was man sich von unserer auf ihre Vorzüge so eingebildeten Gattung für einen Begriff machen soll« (VIII 17 f.). In einem rationaltheologischen Kontext, in seiner *Religion innerhalb der Grenzen der bloßen Vernunft*, beleuchtet KANT einen fraglichen »natürlichen Hang zum Bösen« in der menschlichen Natur – der nichtsdestoweniger zugleich wieder als »*von uns selbst zugezogenes*« radikales Böses gedacht werden muss. »Daß nun ein solcher verderbter Hang im Menschen gewurzelt sein müsse, darüber können wir uns bei der Menge schreiender Beispiele, welche uns die Erfahrung an den

Thaten der Menschen vor Augen stellt, den förmlichen Beweis ersparen« (VI 32 f.).

Das Bild von dem »so krummen Holze«, aus dem »nichts ganz Gerades gezimmert« werden kann, findet sich gleich an mehreren Stellen seines Werks (VIII 23, vgl. VI 100). Und bei aller jener idealen Autonomie des Vernunftwesens Mensch, zu der er im Übrigen aber auch erst »*erzogen* werden muß« (IX 441), was wohl nur selten so recht gelingt, ist der Mensch doch »ein Thier, das, wenn es unter andern seiner Gattung lebt, einen Herrn nöthig hat« (VIII 23). Ein überwiegender Großteil der Menschheit zeichnet sich aus durch »Faulheit und Feigheit« (VIII 35), und die »Südsee-Einwohner« gar, die ihr »Talent rosten« lassen und ihr »Leben bloß auf Müßiggang, Ergötzlichkeit, Fortpflanzung, mit einem Wort auf Genuß zu verwenden bedacht« sind (IV 423), stehen noch nicht einmal an der ersten Schwelle zur Menschheit – zumal der Wert des Lebens, wenn man ihn nach dem bemisst, was ein Mensch wirklich genießen kann, »unter Null« sinkt (V 434).

So kann es am Ende nicht einmal mehr verwundern, dass KANTs teleologische Geschichtskonzeption, in einem regulativen Brückenschlag von der dabei federführenden praktischen zurück zur theoretischen Philosophie, jene moralisch geforderte Verbesserung der Welt einzig von einer unterstellten »*Naturabsicht*« erhofft, d.h. in Wahrheit von jener oben als praktisch notwendig postulierten allweisen »*Vorsehung*« dahinter (VIII 18, 30). In seiner *Idee zu einer allgemeinen Geschichte in weltbürgerlicher Absicht* (VIII 15 ff.) sowie in der politischen Schrift *Zum ewigen Frieden* (VIII 341 ff.) führt er aus, wie es nicht etwa die Vernunft ist, sondern wie es die niedrigsten sinnlichen Triebe der tierischen Menschheit sind, die den Menschen aus seinem kriegerischen Naturzustand heraustreiben. Es sind Neid, Habsucht, Ehrsucht und Eitelkeit und überhaupt allgemeine Feindseligkeit, die ihn zwingen, durch einen ursprünglichen Vertrag einen bürgerlich verfassten Staat zu begründen, in dem die Freiheit des Einzelnen unter allgemeinen Gesetzen mit der Freiheit des Anderen gerecht zusammen bestehen kann, was an dem fortwirkenden »*Antagonismus*« der Menschen, ihrer »ungeselligen Geselligkeit« (VIII 20), übrigens nichts ändert. Aber ein solches permanentes Konkurrenzverhältnis stachelt ja auch zu beständigem weiterem Fortschritt an. Da die allgemeine Feindseligkeit aber auch zwischen einzelnen Staaten äußerlich herrscht, wird die Menschheit schließlich in einen allgemeinen *Völkerbund* gleichberechtigter Staaten gezwungen werden und ganz am Ende sogar in einen allgemeinen *weltbürgerlichen Zustand* – was alles als praktisch notwendig der Menschheit »die Vernunft«, wenn sie denn erst einmal aus ihren Keimen entwickelt wäre, »auch ohne so viel traurige Erfahrung hätte sagen können« (VIII 24). Dass aber auch diese *Erfahrung*, wo überhaupt, so doch allenfalls »etwas *Weniges*« (VIII 27) der Entwicklung zum Besseren bereits aufweist, tut der moralisch sinnvollen Notwendigkeit zur allgemeinen Aufklärung und Vernunftentwicklung sowie der unbedingten Gültigkeit jener idealen Sittengesetze, so gleichwohl KANT, keinerlei Abbruch.

Zum Abschluss noch einige kurze, bloß hingeworfene Bemerkungen zu einigen der vielfältigen Wirkungen des Kantischen Vernunftbegriffs. – Von KANTs theoretischer Philosophie haben wir hier ja nicht viel gehört. Es lässt sich aber sagen, dass nicht nur seine Erkenntniskonzeption im Allgemeinen nach wie vor stark diskutiert wird, sondern dass hier auch einzelne Elemente derselben nach wie vor von Aktualität sind. So wird die Kantische intuitionistische Mathematikauffassung von einigen Seiten noch immer ernstlich diskutiert, und auch der dynamistische Materiebegriff, wie er sich vor allem in KANTs sogenanntem *Opus postumum* findet, lässt sich gerade für die moderne Physik, was aber den gegebenen Rahmen sprengt, besonders fruchtbar machen. Dass seit KANTs Widerlegung sämtlicher theoretischer Gottesbeweise in der *Kritik der reinen Vernunft* keine weiteren Beweise ernstlich auch nur versucht wurden, sei hier nur am Rande erwähnt. Überhaupt gibt es so gut wie keine philosophische Theorie, die es nicht wenigstens nötig findet, sich immer wieder mit KANT auseinanderzusetzen und sich von ihr abzugrenzen. Eine Theorie aber, die schon so oft widerlegt wurde und die immer von neuem widerlegt wird, kann vielleicht nicht so ganz bedeutungslos sein.

In der praktischen Philosophie gibt es ganz aktuelle, konkrete Versuche, etwa die amerikanische Irakpolitik an den Maßstäben der Kantischen politischen oder überhaupt praktischen Philosophie zu messen.[10)] Aber auch ganz allgemein haben die Kantischen Konzeptionen und Ausführungen zur Menschenwürde, zur Staatstheorie mit ihrer Forderung einer republikanischen Verfassung innerlich und eines allgemeinen Völkerbunds unter bestimmten Gesetzen äußerlich, zur Notwendigkeit eines ewigen Friedens, zur Rechtsphilosophie usw. ihre kaum zu überschätzende Bedeutung bereits bewiesen. Schließlich muss nicht noch einmal wiederholt werden, inwiefern es wohl wirklich nur jene idealistische Vernunftkonzeption absolut freier Selbsttätigkeit und Selbstgesetzgebung ist, die dem Menschen seine ihm eigentümliche Würde einzig konsequent verbürgen kann – auch wenn sie (vielleicht gerade *weil* sie?) nur in der Idee existiert. So *muss* sich jeder Mensch in seinem Handeln betrachten, und so *betrachtet* er sich praktisch auch – er mag eine bloße, damit nicht zusammenstimmende *Theorie* vom Menschen propagieren, welche auch immer er wolle.

Anmerkungen

1) Vgl. etwa *Grundlegung zur Metaphysik der Sitten*, IV 412, oder *Die Metaphysik der Sitten*, VI 213. – Kants Werke im Allgemeinen werden nach der Akademieausgabe (siehe Literaturverzeichnis) unter Angabe von Band- und Seitenzahl zitiert, die *Kritik der reinen Vernunft* aber findet sich nach der Originalpaginierung der zweiten Auflage von 1787 angeführt (B ...). Die Hervorhebungen KANTS sowie der übrigen zitierten Autoren sind gesperrt, meine hingegen sind *kursiv* gekennzeichnet.

2) KANT drückt sich so aus, die Spontaneität des Verstandes bewirke beim Erkennen *synthetische Einheit*, sofern numerisch verschiedene (»mannigfaltige«) Wahrnehmungen etwa von A und B in *einem* intellektuellen Bewusstsein (eines Urteils) *verbunden* würden, z.B. »A *bewirkt* B«. Ein bloß *subjektiv* wahrgenommenes *Folgen auf* in der Zeit (mithin noch ohne bestimmten Gegenstandsbezug) werde dergestalt erst ein objektiv erkanntes *Folgen aus*. Dieses *bestimmte* Hinzudenken eines notwendigen Folgen aus gehört dabei mit dem durch die übrigen Kategorien des Verstandes Bezeichneten und Gemeinten zu demjenigen, was in der bloßen sinnlichen Anschauung und Wahrnehmung auf schlechterdings keine Weise angetroffen werden kann (wie etwa noch *Eines* und also auch *Vieles*, ein für sich bestehender *Gegenstand* als solcher, etwas *Mögliches* oder *Notwendiges* usw.).

3) In der späten *Metaphysik der Sitten* spricht KANT bei einer solchen *Handlung* des Näheren von der »That« der »moralischen Persönlichkeit« (VI 223), welche »That« aber auch nur »unter *Gesetzen*« (VI 227) der Freiheit eine solche heißen kann, wozu später noch. Die »*psychologische*« Persönlichkeit als das »Vermögen« des bloßen *Verstandes*, »sich der *Identität* seiner selbst in den verschiedenen Zuständen seines Daseins bewußt zu werden« (VI 223, vgl. VII 127 6f.), und *dessen* korrespondierende Spontaneität (die sich als eine absolute, oder gar überhaupt bloß als eine wirklich solche, nur theoretisch doch gar nicht in Strenge erkennen lässt) reichen zu jener menschliche *Würde* begründenden Personalität unter gedachten Zweckbegriffen (vom moralischen Endzweck oder Zweck an sich selbst) für sich nicht zu. »*Ich* bin nicht und ich *handle* nicht« ohne Voraussetzung jener transzendentalen Freiheit, an der »meine ganze Würde« hängt, »sondern in mir handelt die *Natur*« – so bringt J. G. FICHTE diesen Kantischen Zusammenhang in seiner *Bestimmung des Menschen* auf den Punkt. Der »Gedanke« aber hätte dann »überall nur das Zusehen« (FICHTE II 189, 195 f., 198). Daran ändert sich übrigens nicht das Geringste, ob man nun mit KANT eine streng deterministische oder ob man später eine sogenannte bloß *statistische* »Kausalität« der Natur ansetzt.

4) Wenn auch für unsere Begriffe eher spekulativ und ohnehin nur beiläufig, so hat sich KANT durchaus mit dem Problem des Zusammenhangs von Hirnphysiologie und Bewusstseinsphänomenen auseinandergesetzt. In einer kurzen Stellungnahme zu SAMUEL THOMAS SOEMMERINGS *Über das Organ der Seele* (Königsberg 1796), die dort als Anhang abgedruckt ist, ergänzt KANT SOEMMERINGS physiologische Überlegungen durch eine dynamistische (chemische) Hypothese, nach der vielleicht ein permanentes Sich-Zersetzen und Wieder-Verbinden der Bestandteile des wohl ins Unendliche als heterogen zu denkenden Gehirnwassers SOEMMERINGS, das die einzelnen »Nervenbündel« sondert und zugleich doch in Gemeinschaft setzt, »die Vereinigung aller [einzelnen und dabei auch unterschie-

den bleibenden, MK] Sinnen-Vorstellungen im Gemüth möglich« mache. In unserem obigen Zusammenhang bezeichnend ist dabei der Umstand, dass hier nur die Vereinigung *sinnlicher* Vorstellungen nach bloßen *Assoziationsgesetzen* (mithin allenfalls der Einbildungskraft, sofern sie also selbst noch zur bloßen *Sinnlichkeit* zu rechnen ist) ein physiologisches Gegenstück überhaupt haben kann. Dagegen stellt es dort für KANT im ersten Ansatz einen Widerspruch dar, die in die Metaphysik gehörige Spontaneität des Verstandes und unser *reines* Denken, damit aber doch wohl auch *dasjenige* empirische Denken schon wirklich *nach seiner Maßgabe*, im Gehirn lokal und nicht nur »virtuell« (nur denkbar, wiederum »bloß *für* den Verstand«) verorten und naturwissenschaftlich behandeln zu wollen (vgl. XII 31-35). (Siehe aber durchaus auch VII 113, wo sogar für das »Denken« des Verstandes, vielleicht aber auch wieder nur im Sinne jener *virtuellen* »Verortung«, einmal etwas Gegenteiliges behauptet zu sein scheint.) Die *moralischen* Gesetze der praktischen *Vernunft* jedenfalls – und in *diesem* Zusammenhang definitiv auch die spontanen Äußerungen des Selbstbewusstseins nur des *Verstandes* gleich mit (IV 450 ff.) – sollen in KANTs Idealismus »ein von der Thierheit« in uns, bei der Materie nur für »eine kurze Zeit (man weiß nicht wie) mit Lebenskraft« versehen ist, und »selbst von der ganzen Sinnenwelt«, zu der ja auch unser Gehirn zu zählen ist, ganz »*unabhängiges* Leben« offenbaren (V 162). Und »*dieses* Lebensprincip« nunmehr der *Vernunft* und des *Geistes* des Menschen »gründet sich nicht auf Begriffen des Sinnlichen, ... sondern es geht zunächst und unmittelbar von einer Idee des Übersinnlichen aus, nämlich der Freiheit, und vom moralischen kategorischen Imperativ, welcher diese uns allererst kund macht« (VIII 417). Von diesem kategorischen Imperativ als dem Erkenntnisgrund der Freiheit werden wir aber gleich in der Folge noch hören.

5) Eben hierin liegt der Grund, weshalb in gewissem pointierten Sinne in der ganz späten *Metaphysik der Sitten* vom reinen *Willen* einmal gesagt wird, er könne eigentlich »*weder* frei *noch* unfrei genannt werden«. Denn in Gestalt der reinen praktischen Vernunft selbst, die »nicht auf Handlungen«, sondern zunächst nur auf ihr eigenes *Gesetz* der dann erst *freien* Bestimmung (Wahl) derselben durch die *Willkür* geht, ist er »schlechterdings nothwendig *und* selbst keiner Nöthigung fähig« (VI 226).

6) Der alte Vorwurf des *Rigorismus* an KANTs Ethik, »als ob sie eine kartäuserartige Gemüthsstimmung bei sich führe« – welchen »Tadel« ihrer »strengen Denkungsart« er selbst ihr aber durchaus als ein »Lob« zugute hält (VI 22 u. 23 Anm.) –, findet bekanntlich seine klassische, launige Formulierung bereits in SCHILLERs (und GOETHEs) *Xenien*: »Gerne dien ich den Freunden, doch tu ich es leider mit Neigung, / Und so wurmt es mir oft, daß ich nicht tugendhaft bin.« Und also: »Da ist kein anderer Rat, du mußt suchen, sie zu verachten, / Und mit Abscheu alsdann tun, wie die Pflicht dir gebeut« (Schiller I, 299 f.). Die »natürlichen Neigungen« der Sinnlichkeit sind aber für KANT, »an sich selbst betrachtet, gut, d.i. unverwerflich, und es ist nicht allein vergeblich, sondern es wäre auch schädlich und tadelhaft, sie ausrotten zu wollen«. Das »eigentliche Böse« besteht einzig in der frei angenommenen Maxime, »daß man jenen Neigungen, wenn sie zur Übertretung anreizen, nicht widerstehen will, und diese Gesinnung ist eigentlich der wahre Feind« (VI 58). Ansonsten ist es klug (VI 58) und sogar indirekt Pflicht, den Neigungen ihr Recht zu lassen – nämlich im letzteren Fall zur Beförderung der Mittel zur Pflichterfüllung, etwa in Gestalt von Reichtum oder Gesundheit, einerseits oder zur Verhütung unnötiger Versuchun-

gen zur Pflichtübertretung andererseits (vgl. V 93). Der eigentliche Grund der *Ausschließung* gleichwohl aller scheinbar noch so selbstlosen Neigungen von der *moralischen, unmittelbaren Willensbestimmung* (übrigens nicht von den zu erwartenden »anmuthigen *Folgen*« allseitiger Pflicht*befolgung* in den Handlungen (VI 23 f. Anm.)) ist aber in Folgendem zu suchen: Da diese Neigungen »insgesammt empirisch sind, als solche also zum Glückseligkeitsprincip gehören«, zum Prinzip der *Selbstliebe*, so würde ihre Hineinmischung in das Prinzip jener Willensbestimmung diesem »allen sittlichen Werth« rauben (V 93). Die Beweggründe zu vermeintlich guten Handlungen wären ganz derselben Art wie die verleitenden zu bösen. Ja, sofern man dabei einfach nur »nach Belieben« (IV 427) handelt, »dem Naturgesetze seines Bedürfnisses unterworfen« (IV 439), und sofern dann nicht vielmehr »selbst das *Belieben* in der Vernunft des Subjects angetroffen wird«, d.h. im reinen *Willen* (VI 213), der »nur unter der Idee der Freiheit«, wie wir sehen werden, überhaupt »ein *eigener* Wille sein« kann (IV 448), so kann von *Handlung* als einer (freien, zuschreibbaren) *Tat* aufs Neue eigentlich keine Rede sein. Denn auf diese Weise »kommt jederzeit Heteronomie heraus« (IV 441). Will sagen, es »gäbe eigentlich die *Natur* das Gesetz« (IV 444), niemals aber ich selbst. Oder wie FICHTE dies wieder ausdrücken würde: Ich *bin* dann gar nicht *Ich*, sondern »Ich bin *nicht* Ich« (Fichte I, 61). – Zu den übrigen gängigen Vorwürfen gegen KANTs Ethik vgl. etwa HÖFFEs kurz zusammenfassende Darstellung 170 ff.

7) Dies ist eine der in der Tat etwas verfänglich formulierten Stellen, die MAX WEBER dazu bewogen haben mögen, im Kontext der Diskussion der speziellen »Beziehung zwischen Ethik und Politik« (Weber 549) eine verantwortungslose »Gesinnungsethik«, die sich nur um »die Flamme der reinen Gesinnung« (552) kümmere und bei der es nachgerade bloß darum gehe, dass man »sich an romantischen Sensationen berauschen« (559) könne, gegen eine statt ihrer zu propagierende »Verantwortungsethik«, nach der »man für die (voraussehbaren) Folgen seines Handelns aufzukommen« habe (552) und nach der dann sogar ein guter Zweck »sittlich bedenkliche« Mittel heilige (552 ff.), auszuspielen (vgl. 551-559). Aber diese Unterscheidung beruht wesentlich auf einem falschen Verständnis der Kantischen Position (siehe insgesamt zum hier Ausgeführten auch HÖFFE 179 ff.). Gegen KANTs »Gesinnungsethik« ließe sich nämlich *zweierlei* einwenden, wobei das erste mögliche Missverständnis von KANT selbst gesehen und ausgeräumt wird; die obigen Zitate WEBERs zeigen jedoch, daß auch dieses Missverständnis bei ihm mitschwingt. Der zweite mögliche Vorwurf ist dann MAX WEBERs eigentliche Stoßrichtung. – *Zum Ersten* ließe sich die Kantische Ethik so missverstehen, als ob es bei der guten Gesinnung als einem bloß innerlichen Gemütszustand (guten Gewissens) *bleiben* dürfte, ohne dass man sich ernstlich um die entsprechenden geforderten *Handlungen* überhaupt *bemühen* müsste. Hier sagt aber KANT selbst über den guten Willen, dieser sei »nicht etwa als ein bloßer Wunsch« zu verstehen, sondern es gehe hier um »die Aufbietung aller Mittel, so weit sie in unserer Gewalt sind« (IV 394). Das heißt, die »Erfüllung der Pflicht besteht in der Form des *ernstlichen* Willens«, nämlich »so viel« dabei »in unserem Vermögen ist«, wenn sich uns auch die »Mittelursachen des Gelingens« entziehen mögen (V 451). Hier geht es also zunächst nur um die *überhaupt* mögliche *Zurechenbarkeit* unserer wirklich geforderten *Handlungen* (damit eo ipso auch ihrer vorhersehbaren *Folgen*), für die wir auch nur auf diese Weise *überhaupt verantwortlich* sein können. Was dabei aber erst gar nicht in unserer Gewalt und unserem Vermögen liegt, kann auch niemand (auch ich selbst

nicht) von mir erwarten – in welchen Fällen ja auch der Volksmund ganz zu Recht sagt, der gute Wille zähle. *Zum Zweiten* behauptet MAX WEBER jedoch vornehmlich, der »Gesinnungsethiker« sehe einzig auf die durch die gute (reine, »heilige«) Gesinnung *unbedingt* geforderte *Handlung* selbst, ohne sich um ihre möglichen und gar vorhersehbaren *Folgen* überhaupt zu *kümmern* (als ob diese ihn nichts angingen). Wie die Kantischen Beispiele zeigen, gehören aber die *vorhersehbaren Folgen* unserer Handlungen, die sich von diesen nämlich gar nicht wirklich trennen lassen, durchaus in den Inbegriff des zu Beurteilenden, wenn es auszumachen gilt, ob die *Maximen* zu solchen Handlungen zur allgemeinen Gesetzgebung dienen könnten (vgl. HÖFFE 189 f.). Denn nur die »Besorgniß *der nachtheiligen Folgen*« (IV 402), im Sinne bloßen auf die Neigungen eines Individuums bedachten *Eigennutzes*, kann hierbei *kein* Kriterium sein. Dagegen wäre etwa ein vermeintliches »allgemeines Gesetz zu lügen« *deshalb* keine moralisch mögliche Handlungsmaxime, sofern es ja nach einem solchen »eigentlich gar kein Versprechen geben« würde, »*weil es vergeblich wäre*, meinen Willen in Ansehung meiner künftigen Handlungen andern vorzugeben, die diesem Vorgeben doch nicht glauben, oder, wenn sie es übereilter Weise thäten, mich doch mit gleicher Münze bezahlen würden, *mithin* meine Maxime, so bald sie zum allgemeinen Gesetz gemacht würde, *sich selbst zerstören müsse*« (IV 403, vgl. 422 34) – von denkbaren noch weit *schlimmeren* Folgen *anderer* Handlungen erst gar nicht zu reden. (Eine *böse* Folge als böse *Folge* lässt sich nicht einmal denken.) Wenn es also bei KANT wirklich einmal heißt, die »schlimmen Folgen einer schuldigen Handlung« könnten »dem Subject nicht zugerechnet werden« (VI 228), so können hier nur *nicht vorherzusehende* Folgen gemeint sein, die als solche *nicht in der Gewalt* des Subjekts sind, oder allenfalls auch solche, die in der Beurteilung eines komplizierten *Gesamtkomplexes* von Folgen bewusst in Kauf genommene *kleinere* Übel im Verhältnis zum bewirkten Guten sind. (Hierdurch sind auch MAX WEBERS geheiligte »sittlich bedenkliche« *Mittel* bei KANT durchaus abgedeckt.) Jedenfalls betrifft WEBERS Vorwurf eigentlich nur ein *Anwendungs- und Abwägungsproblem* im konkreten, komplexen Einzelfall, nicht aber eine *grundsätzliche* moralische Frage. Und vielleicht ist es eigentlich dies, was ihm wenigstens dunkel vorschwebt, wenn er am Ende das Zugeständnis macht, eine »Gesinnungs-« und eine »Verantwortungsethik« seien »nicht absolute Gegensätze, sondern Ergänzungen« im Beruf des Politikers.

8) So gibt es keine *unmittelbare* Pflicht des Menschen »*gegen*« Tiere, sofern sie als keine Personen nämlich ja nicht rechtsfähig sind und also auch kein Recht geltend machen können (man kann sie besitzen usw.). Es gibt nur eine Pflicht des Menschen »*gegen sich selbst*«, die sich »*in Ansehung*« der Tiere nur mittelbar *äußert*. Ein Mensch quält oder tötet nicht deshalb kein Tier unnötigerweise, weil das Tier dies beanspruchen dürfte, sondern weil ein Mensch so etwas nicht tun kann, ohne die *Idee* der Menschheit in diesen Handlungen zu verletzen: Ein *Mensch* als ein *vernünftiges* Wesen darf so etwas nicht tun – von seiner zu befürchtenden *emotionalen* Verrohung, etwa durch »zu verabscheuende« *unnötige* Tierversuche zum bloßen Erkenntnisgewinn, nicht zu reden (vgl. VI 442 f.).

9) Nach 1784 finden sich solche Stellen allerdings gar nicht mehr, denn die entsprechenden Passagen der zweiten Auflage der ersten *Kritik* (von 1787) sind ja seit 1781 nur nicht geändert worden. In dieser *Kritik der reinen Vernunft* heißt es einmal, wir müssten »die moralischen Gesetze als leere Hirngespinste ansehen«, wenn »der nothwendige Erfolg derselben«, der einen moralischen, weisen Welturheber erforderlich machte, nicht als möglich postuliert werden dürfte (B 839).

Das heißt, *ohne* einen moralischen Glauben würden »meine sittliche[n] Grundsätze *selbst* umgestürzt werden« (B 856). Auch in der *Idee zu einer allgemeinen Geschichte in weltbürgerlicher Absicht* von 1784 liest man noch, die Voraussetzung einer gänzlichen Zwecklosigkeit des Naturlaufs im Großen (mithin ohne waltende Vorsehung gedacht) würde selbst »alle praktische[n] Principien aufheben« (VIII 19). – Ab der Zeit der *Grundlegung zur Metaphysik der Sitten* (1785) wird sich dann nur noch finden, dass auch widrigenfalls das moralische Gesetz »in seiner vollen Kraft« bliebe, »weil es kategorisch gebietend ist« (IV 439). Vgl. etwa V 129 oder V 450 ff. in der zweiten und in der dritten *Kritik*.

10) Es sei nur kurz auf die beiden im Literaturverzeichnis genannten, noch nicht erschienenen Vorträge von MCBRIDE und DÖRFLINGER aus dem Frühjahr 2004 verwiesen. DÖRFLINGER etwa rechnet den auf beiden Seiten des Konflikts »vermeintlich göttlich inspirierten Politikern« nach Kantischen Grundsätzen vor, inwiefern sie »auf keine Weise« beanspruchen können, »nicht die eigenen, sondern Initiativen Gottes auszuführen«. Denn nach KANT sei Gott »kein moralischer Akteur, auf den Handlungen zurückgeführt werden könnten, die die wahren und alleinigen moralischen Akteure, die Menschen, in der Welt zu vollziehen haben. Wer nun entgegen dieser Einsicht doch seine Handlungen zu Ausführungen göttlicher Absichten erklärt, der beweist damit einerseits ein anthropomorphistisches und damit irrationales Gottesverständnis, und andererseits ein Verständnis vom Menschen, das diesem seine Autonomie, seinen Status als Subjekt der Zuschreibung seiner Taten und in eins seine Fähigkeit zu Schuld oder Verdienst entzieht.«

Literatur

DÖRFLINGER, BERND: Kant über Vernunft und Unvernunft in Religionen. (vorgetragen auf dem Kant-Kongress »Recht – Geschichte – Religion. Die Bedeutung Kants für die Philosophie der Gegenwart« vom 4.-7. März 2004 in Wien; im Erscheinen in den Kongressakten, voraussichtlich im Akademie-Verlag Berlin, Herbst 2004, als Sonderband der Deutschen Zeitschrift für Philosophie)

FICHTE, JOHANN GOTTLIEB: Werke. Hrsg. von IMMANUEL HERMANN FICHTE. Berlin 1971. (Nachdruck der Ausgabe von 1845/1846)

HÖFFE, OTFRIED: Immanuel Kant. München 1983.

KANT, IMMANUEL: Gesammelte Schriften. Hrsg. von der Königlich Preußischen Akademie der Wissenschaften u. a. Berlin u. a. 1900 ff.

MCBRIDE, WILLIAM: Kant's Moral Philosophy and the Question of Pre-Emptive War. (vorgetragen auf dem »Beijing International Symposium on Kant's Moral Philosophy in Contemporary Perspectives«, 17.-19. Mai 2004 in Peking; im Erscheinen in den Kongressakten)

SCHILLER, FRIEDRICH: Sämtliche Werke. Hrsg. von GERHARD FRICKE und HERBERT G. GÖPFERT. 6. Aufl. München 1980.

WEBER, MAX: Politik als Beruf. In: ders.: Gesammelte politische Schriften. Hrsg. von JOHANNES WINCKELMANN. 3. Aufl. Tübingen 1971. S. 505-560.

MARGIT RUFFING

Die Bedeutung des Gefühls in Kants Religionsphilosophie

Die Kantische Religionsphilosophie ist aus gutem Grund dafür bekannt, dass sich gerade in ihr der Anspruch des Aufklärers ausdrückt, einen rationalen, »vernünftigen« Zugang zum Glauben aufzuzeigen und eine Religiosität zu beschreiben, in der »Schwärmerey« und Aberglauben keinen Platz haben. Das kann leicht missverstanden werden, und zwar als Anmaßung des obersten Erkenntnisvermögens Vernunft, sich in einen Bereich des geistigen Lebens des Menschen zu drängen, der sich von der Sache her, oder von Natur aus, dem Wissen entzieht. Auch der Vorwurf, KANTs Philosophie, vornehmlich die praktische, »entsinnliche« den Menschen, werde seiner natürlichen Emotionalität nicht gerecht und leugne jegliches moralisches und religiöses Gefühl, muss als Ausdruck eines Missverstehens gewertet werden. Die Auseinandersetzung zwischen Wissen und Glauben ist so alt wie die Menschheit, oder vielleicht besser wie die Philosophie, und soll hier nicht Gegenstand der Betrachtung sein. Dass aber, und wie, KANTs philosophischer Entwurf einer Religion innerhalb der Grenzen der reinen Vernunft auf etwas grundlegend zu verzichten in der Lage zu sein scheint, was üblicherweise als mit dem Glauben eng verwoben betrachtet wird – nennen wir es ruhig: religiöses Gefühl – dürfte einer näheren Untersuchung wert sein. Dabei dürfte sich zeigen, dass durch die spezifische Rationalität der Kantischen Auffassung von Religiosität das Gefühl für die Religion keineswegs bedeutungslos wird.

Es ist zu differenzieren: »Gefühl« ist KANT zufolge zwar in epistemologischer Hinsicht nicht konstruktiv, bestenfalls irrelevant, aber von unbezweifelter Bedeutung als psychologische und anthropologische Komponente des menschlichen Selbstverständnisses. Zunächst soll daher der Begriff »Gefühl« und die Funktion desselben von KANTs Philosophie her und für sie näher betrachtet werden; nach einer kurzen Einführung in die Religionsphilosophie des Aufklärers – die nur von seiner Moralphilosophie her verständlich wird – sind die Gefühle näher zu bestimmen, die für unser Thema relevant sind: zu nennen sind Achtung, Dankbarkeit und (Nächsten-)Liebe, wobei insbesondere das Gefühl der Achtung eine besondere Rolle spielt, zumal es in direktem Zusammenhang steht zu dem von Kant selbst postulierten Kausalverhältnis zwischen Moralität und Religiosität.

Zum Gefühlsbegriff in der Kantischen Philosophie

Der Mensch ist nach KANT Sinnen- und Verstandeswesen zugleich, und er weiß auch darum, weil er, wie es in der »*Grundlegung zur Metaphysik der Sitten*« heißt, in sich ein Vermögen findet, »dadurch er sich von allen andern Dingen, *ja von sich selbst, sofern er durch Gegenstände affiziert wird, unterscheidet*, und das ist die *Vernunft*«.[1] Wenn man von Dingen affiziert ist, bedeutet das, man ist rezeptiv – »leidend« im Sinne von passiv; der aktive Part des Bewusstseins dagegen kommt der Vernunft zu: ihre Aktivität, KANT spricht von Spontaneität der Vernunft, zeigt sich nicht nur im Hervorbringen von Ideen, sondern liegt auch und gerade darin, Sinnenwelt und Verstandeswelt zu unterscheiden. Als vernünftige Wesen müssen wir uns selbst als Intelligenz, d.h. als zur intelligiblen Welt gehöriges Wesen betrachten, ein anderes Selbstverständnis lässt KANT zufolge die Vernunft gar nicht zu.[2]

Faktisch aber gehören wir auch zur Sinnenwelt und sind insofern auch immer bestimmt durch deren Gesetze, was den Gebrauch unserer Kräfte und unser Handeln betrifft. Es ist also ein Standpunkt des Selbst-Missverständnisses möglich, von dem aus wir uns in erster Linie als Sinnenwesen betrachten. In diesem Falle sehen wir unsere Neigungen quasi als Mittelpunkt der Welt an und lassen unser Bewusstsein von ihnen einnehmen. »Neigung« definiert KANT in der »*Anthropologie in pragmatischer Hinsicht*« als »habituelle sinnliche Begierde«[3] oder »dem Subjekt zur Regel (Gewohnheit) dienende sinnliche Begierde«.[4] Neben den Sinnen selbst, die – sog. ästhetische – Gefühle verursachen, sind es die selbst sinnlich affizierten Neigungen, die als Gefühle auftreten oder sie hervorbringen. Ein besonders starkes Gefühl der Lust oder Unlust, eine das Subjekt überraschende Empfindung, die seine Gemütsverfassung aufhebt, wird Affekt genannt; das Gefühl ist im Affekt so heftig, dass in diesem Zustand keinerlei Überlegungen stattfinden können. Leidenschaften dagegen sind derart gesteigerte Neigungen, dass sie »die Herrschaft über sich selbst« ausschließen[5]; zudem sind sie mit der Vernunft verbunden: in ihrer Dauer liegt ein Moment der Überlegung, wie das Begehrte zu erreichen sei, in Kantischen Worten: Leidenschaft setzt eine Maxime für ein regelhaftes Handeln zur Erreichung des Zweckes voraus, auf den sich das Begehren, die Neigung richtet.[6]

Derartige von Emotionen begleitete oder sie bewirkende Gemütsbewegungen und die entsprechenden Gefühle selbst nennt KANT pathologisch. Durch ihre Gebundenheit an Sinne und das sinnliche Begehrungsvermögen haben sie den passiven Charakter des Wahrnehmungsvermögens; sie binden das Subjekt an seine sinnliche Existenz und vermitteln ihm das Bewusstsein, zur Sinnenwelt zu gehören: Neigungen, Affekte, Leidenschaften und die dazugehörigen Gefühle im Einzelnen machen das Subjekt zu einem, das geschehen lässt, das erleidet, oder gar dauerhaft zum Suchen der Erfüllung des

Begehrten angetrieben ist (was man auch Sucht nennen kann). Die Grenze zwischen Passivität des Subjekts in Bezug auf den Einsatz seiner Vermögen – moderner ausgedrückt: Bewusstseinsfunktionen – und dem Behindertwerden am freien Gebrauch derselben ist fließend. Der Begriff »pathologisch« kann in diesem Zusammenhang daher auch begründet mit »krankhaft« übersetzt werden. Denn – vorausgesetzt man stimmt mit KANT darin überein, dass die Identifikation mit der Sinnenwelt eine dem vernünftigen Wesen unangemessene Einschränkung bedeutet – ein von neigungs- und affektbedingten Gefühlen bestimmtes Bewusstsein bietet dem Subjekt keine Möglichkeit, sich von sich selbst zu distanzieren, oder, wie oben gesagt, hindert die Vernunft daran, Sinnen- und Verstandeswelt zu unterscheiden. Dadurch ist dem vernünftigen Wesen zugleich die Möglichkeit genommen, sich anders als abhängig von der äußeren, der Sinnenwelt zu denken, positiv ausgedrückt: sich als frei im Sinne eines autonomen, selbstbestimmten, selbstgesetzgebenden Willens zu denken. Vom Standpunkt der Natur aus ist das »krank«: Denn zur menschlichen Natur gehören auch und gerade differenzierte Erkenntnisvermögen, deren »oberstes«, die Vernunft, zur Selbstreflexion fähig ist, und deren Tätigkeit nicht unterdrückt werden kann oder darf, ohne dem Menschen als ganzem Gewalt anzutun.

Aus dem bisher Dargelegten erhellt, dass in KANTs Auffassung von der Aufgabe und Methode jeglicher Philosophie, die letztlich über den Weg der Wissenschaft auf Weisheit zielt, und insofern als »Wissenschaft von den letzten Zwecken der menschlichen Vernunft«[7)] bezeichnet werden kann, der Begriff des Gefühls keine kognitive und somit systematisch-konstitutive Funktion haben kann. Gefühle pathologischer Natur, wie die meisten, stehen dem Philosophieren sogar entgegen, indem sie die Vernunft behindern: und zwar an der Ausübung ihres »vornehmsten Geschäftes«, der Unterscheidung von Sinnen- und Verstandeswelt. Diese Unterscheidung hat für KANT nicht nur Konsequenzen für das allgemein-menschliche Selbstverständnis, sondern ist grundlegend für die Prinzipien der Philosophie selbst.[8)] Reine Philosophie kann keine Elemente enthalten, die empirisch sind. Das heißt: was nur in der Erfahrung, im Vollzug das ist, was es ist, lässt sich zwar möglicherweise benennen, aber nicht nicht a priori, unabhängig von der Erfahrung, in einem Begriff fassen. Es bleibt subjektiv und willkürlich und entzieht sich dadurch der philosophischen Betrachtung, die Allgemeinheit und Notwendigkeit gewährleisten muss, um dem Anspruch auf Wissenschaftlichkeit zu genügen, und – in praktischer Hinsicht – sich auf das gattungshaft Menschliche richten zu können. Zu einer Philosophie verstanden als »System von Vernunfterkenntnissen aus Begriffen« können der Vernunft fremde oder sie gar am Erkennen hindernde Elemente des Bewusstseins nichts beitragen; sie können bestenfalls als Phänomen Gegenstand einer empirischen Anthropologie sein.

Für die praktische Philosophie ergibt sich unmittelbar aus dem Selbstverständnis des Menschen als Intelligenz ein inhaltliches Argument gegen ein Gefühls*prinzip*: Denn nur das Bewusstsein, den eigenen Willen gegen alle subjektive Neigung auf einen objektiv als gut erkannten Zweck richten zu *können*, ermöglicht es, ein beliebiges menschliches Gegenüber ohne Berücksichtigung äußerer Umstände als wesenhaft gleich, nämlich als Teil der Menschheit, anzusehen und zu behandeln. Diese Haltung der Wertschätzung des Menschseins als Zweck an sich – das Bewusstsein der Menschenwürde – nennt KANT moralisch; sie ist von der Vernunft geboten und letztere dadurch Bedingung von Moralität überhaupt. Zudem ist es allein reine Vernunft, und zwar in praktischer Hinsicht, die Maximen für moralisches Handeln überhaupt erst angeben kann. Wir sind also erst durch unsere Vernunft und ihren möglichst vollkommenen Gebrauch das, was wir als Menschen (im Unterschied zum Tier) sein können: zu moralischem Handeln, d.h. der Zurechnung ihrer Taten fähige Lebewesen: Persönlichkeiten.[9)]

Nun lässt sich zu Recht einwenden, dass auch von KANT die Existenz anders beschaffener Gefühle nicht geleugnet wird, die zumindest in Bezug auf das Selbstverständnis des Menschen eine konstruktive Bedeutung zu haben scheinen, und die daher möglicherweise doch von einiger Relevanz für die praktische Philosophie sein könnten. Man könnte hier bestimmte Gefühle anführen, wie Nächstenliebe und Dankbarkeit, oder auch eher unbestimmte wie ein moralisches oder religiöses Gefühl. Auch hier ist zu differenzieren: Selbst solche »allgemeinen«, den Anderen in mein Bewusstsein einbeziehenden Gefühle können per se keine *prinzipielle* Bedeutung für die Philosophie haben, da eben deren Prinzipien nach KANT nicht aus der Erfahrung entnommen sein, bzw. empirische Momente enthalten dürfen, was aber durch die Sinnlichkeit des Fühlens immer gegeben ist. Als »Bestimmungsgrund des Willens«, Motiv für eine Gesinnung, eine Haltung, eine Handlung, die als moralisch oder religiös beurteilt werden kann, taugt kein wie auch immer geartetes Gefühl, da es zum einen an äußere Bedingungen geknüpft, also nicht *unbedingt* gültig ist, zum anderen keine allgemeine *Verbindlichkeit* gewährleistet: Im Gegensatz zu moralischen Gesetzen lassen sich Gefühle nicht gebieten, man kann sie nicht von jemandem verlangen, oft nicht einmal selbst willentlich hervorbringen, wie die Maximen, subjektive Grundsätze, nach denen das Handeln sich ausrichtet.

Anders ausgedrückt: Nur dann, wenn es ein Gefühl gäbe, das nicht sinnlich affiziert, sondern von einem apriorischen Vernunftbegriff hervorgerufen würde, und nur dann, könnte KANT zufolge von einem moralischen, vielleicht auch religiösen Gefühl gesprochen werden. Das wäre dann in dem Sinne zu verstehen, dass es sich gewissermaßen als positive Resonanz unseres Gemüts auf die uns zur Moralität bewegende Vernunft auftritt, und unsere reflektierte Motivation von innen her verstärkt. Dieses Gefühl existiert nach

KANT in der Tat, es ist die Achtung – genauer: die Achtung für das Moralgesetz, für das Menschsein an sich. Von ihr heißt es: »Wenn die Moral an der Heiligkeit ihres Gesetzes einen Gegenstand der größten Achtung erkennt, so stellt sie auf der Stufe der Religion an der höchsten, jene Gesetze vollziehenden Ursache einen Gegenstand der Anbetung vor und erscheint in ihrer Majestät.«[10] Wenden wir uns nun KANTs Religionsphilosophie zu.

Religion als Erscheinung der Moral »in ihrer Majestät«

In der Vorrede der Religionsschrift findet sich die bekannte Aussage, Moral führe unumgänglich oder unausbleiblich zur Religion, was bedeuten würde, dass die Religion aus recht verstandener Moral *notwendig* hervorgehe. Über die Richtigkeit dieser Aussage soll an dieser Stelle nicht geurteilt werden; sie lässt sich begründet in Frage stellen, wie neuere Untersuchungen nachzuweisen versuchen.[11] Unbezweifelbar scheint jedoch zu sein, dass KANT einen unmittelbaren Zusammenhang zwischen Moralität und Religiosität sieht und dieser infolgedessen auch zwischen seiner Moralphilosophie und Religionsphilosophie besteht.

In der »*Grundlegung zur Metaphysik der Sitten*« versucht KANT, ausgehend von der »gemeinen sittlichen Vernunfterkenntnis«, aus den Begriffen der Pflicht und des Willens das Verhältnis des menschlichen Begehrungsvermögens zu der das objektiv Gute erkennenden praktischen Vernunft zu bestimmen. Es muss davon ausgegangen werden, dass wir nicht immer tun, was die Vernunft als objektiv gut erkennt – da unser Wille auch, und vor allem, Maximen, d.h. Grundsätzen folgt, die von unseren Neigungen bestimmt sind. Da wir also nicht notwendig das Gute wollen, obwohl wir darum wissen, lässt sich dieses Verhältnis der Spannung zwischen Vernunft und Wille als »Sollen« bezeichnen: Wir finden uns aufgefordert, ohne Rücksicht auf unsere Neigungen *aus Pflicht* zu handeln, d.h. unseren Willen durch Grundsätze zu bestimmen, die nicht im Widerspruch stehen zu dem, was die Vernunft kategorisch gebietet.[12] Nur dann handeln wir moralisch. Diesen Sachverhalt fasst KANT im Begriff des praktischen Gesetzes zusammen, das sich von allen anderen Prinzipien des Willens unterscheidet, denn es gewährleistet Moralität. Das Gesetz, das Gebot der Vernunft selbst, kann als un-bedingtes Sollen, als »kategorischer Imperativ« bezeichnet werden, aus dessen Begriff sich wiederum seine Formel ableiten lässt: »Handle nur nach derjenigen Maxime, durch die du zugleich wollen kannst, dass sie ein allgemeines Gesetz werde«[13], d.h. die eigene Maxime muss tauglich sein, allen vernünftigen Wesen zum allgemeinen Gesetz zu dienen.[14] Im Unterschied zu Handlungsanweisungen, die die Mittel zur Erreichung beliebiger Zwecke angeben, berücksichtigt der kategorische Imperativ die Tatsache, dass unser

Handeln immer das von Personen ist, d.h. von einzelnen vernünftigen Wesen, denen nichts Gleichwertiges entspricht, die keinen Preis, sondern Würde haben, die Endzweck sind, oder, mit anderen Worten ausgedrückt, deren Existenz Zweck an sich ist (und niemals Mittel zu einem anderen Zweck). Das wird in der sogenannten »Menschheitsformel« des kategorischen Imperativs besonders deutlich: »Handle so, daß du die Menschheit sowohl in deiner Person, als in der Person eines jeden andern zugleich als Zweck, niemals bloß als Mittel brauchst.«[15)]

KANT kommt am Ende der Grundlegungsschrift zu dem Ergebnis, dass wir den kategorischen Imperativ in uns auffinden bzw. herleiten, zudem die Voraussetzung angeben können, unter der ein unbedingtes Moralgesetz überhaupt denkbar ist – nämlich die Idee der Freiheit, aber keines von beiden bewiesen werden kann. Denkt man sich den Willen nicht als autonomen, als einen, der fähig ist, sich selbst Gesetze zu geben, ergibt ein moralisches Prinzip von der Art des kategorischen Imperativs als auf eine Formel gebrachtes unbedingte Sollen keinen Sinn, insofern muss Freiheit angenommen – oder: postuliert – werden. Trotz aller Bemühungen des Denkens bleibt es aber dabei: Wir können nicht erklären, »*wie* reine Vernunft praktisch sein könne«.[16)] Die Möglichkeit von Moralität zu begreifen, übersteigt unser Vermögen; dazu müssten wir einsehen können, wie eine bloße Idee, oder ein Ideal, uns überhaupt zum Handeln bewegen kann, ohne uns zu affizieren wie andere »Triebfedern«. KANT merkt bereits am Ende der »*Grundlegung zur Metaphysik der Sitten*« an, dass wir hier zwar an die »oberste Grenze aller moralischen Nachforschung«[17)] geraten, ihre Ergebnisse aber nicht in jeder Hinsicht unbefriedigend sind; es heißt ganz pragmatisch: »Übrigens bleibt die Idee einer reinen Verstandeswelt, als eines Ganzen aller Intelligenzen, wozu wir selbst als vernünftige Wesen (obgleich andererseits zugleich Glieder der Sinnenwelt) gehören, immer eine brauchbare und erlaubte Idee zum Behufe eines vernünftigen Glaubens, wenngleich alles Wissen an der Grenze derselben ein Ende hat [...]«[18)]. Glaube bezeichnet nach KANT eine subjektive Überzeugung – im Gegensatz zum Wissen, das objektiv ist –, die aber mitteilbar, durch die Vernunft anderer überprüfbar sein muss; wie das moralische Gesetz möglich ist, bleibt also unbegriffen; um aber zu verstehen, was es uns vorschreibt, entspringt aus der reinen Vernunft ihr spezifischer Glaube: der Vernunftglaube.

Was das moralische Gesetz uns aufgibt, sein eigentlicher Gegenstand, ist die Pflicht zur Beförderung des höchsten Guts in der Welt. Zum höchsten Gut gehört nun aber nicht nur die Sittlichkeit selbst, sondern auch die Glückseligkeit der Person, gedacht als »Zustand eines vernünftigen Wesens in der Welt, dem es, im Ganzen seiner Existenz, alles nach Wunsch und Willen geht«.[19)] Das macht eine Übereinstimmung von Natur und Sittlichkeit erforderlich, denn zum Ganzen der Existenz gehört beides; die Bestimmung des Willens aus Freiheit zur Sittlichkeit folgt der ihr eigenen Kausalität, nicht der der Natur, und ist demnach nicht eine Wirkung derselben, und die Natur nicht ihre Ursache. KANT schließt: »Also ist das höchste Gut in der Welt nur möglich, so fern eine oberste Ursache der Natur angenommen wird, die eine der moralischen Gesinnung gemäße Kausalität hat.«[20] Es muss die Wirklichkeit eines höchsten ursprünglichen Guts angenommen werden, das die Annahme eines höchsten Guts in der Welt erst ermöglicht. Deshalb ist es KANT zufolge »moralisch notwendig, das Dasein Gottes anzunehmen«, als Bedingung der Möglichkeit des höchsten Gutes, zu dessen Beförderung wir verpflichtet sind.[21] Kurz: Wir müssen auch wollen können, was wir sollen.[22]

In der Vorrede zur ersten Auflage der Religionsschrift kommentiert KANT die Aussage »Moral also führt unumgänglich zur Religion, wodurch sie sich zur Idee eines machthabenden moralischen Gesetzgebers außer dem Menschen erweitert«[23] mit einer längeren Anmerkung. Dort heißt es zusammenfassend: »Wenn nun aber die strengste Beobachtung der moralischen Gesetze als Ursache der Herbeiführung des höchsten Guts (als Zwecks) gedacht werden soll: so muß, weil das Menschenvermögen dazu nicht hinreicht, die Glückseligkeit in der Welt einstimmig mit der Würdigkeit glücklich zu sein, zu bewirken, ein allvermögendes moralisches Wesen als Weltherrscher angenommen werden, unter dessen Vorsorge dieses geschieht [...]«.[24] Soweit also die theoretische Begründung des Zusammenhanges von Moral und Religion; KANT besteht übrigens gegenüber Kritikern in der Vorrede zur 2. Auflage der Religionsschrift ausdrücklich darauf, dass seine dortigen Ausführungen aus sich heraus verständlich seien und weder die Kenntnis der Kritik der theoretischen noch der praktischen Vernunft voraussetzten.

Was für den einzelnen daraus folgt, dass er »die praktische Idee [...] von einem allgemeinen moralischen Gesetzgeber für alle unsere Pflichten, als Urheber des uns inwohnenden moralischen Gesetzes« gefasst hat, beschreibt KANT im »*Streit der Fakultäten*«[25]: Selbst- und Weltverständnis ändern sich auf eine umfassende Weise, die sich auch als Gefühl äußert: »Diese Idee bietet dem Menschen eine ganz neue Welt dar. Er fühlt sich für ein anderes Reich geschaffen, als für das Reich der Sinne und des Verstandes, – nämlich für ein moralisches Reich, für ein Reich Gottes. Er erkennt nun seine Pflichten zugleich als göttliche Gebote, und es entsteht in ihm ein neues Erkenntniß, ein neues Gefühl, nämlich Religion.«[26]

Religion stellt sich gewissermaßen als Ausdruck eines ganzheitlichen Bewusstseins dar, das die Sinnes- und Verstandeswelt als je eigene umfasst und das Moralische als Erkenntnis und auf die Weise des Gefühls beinhaltet.

Gleichwohl trägt das religiöse Gefühl nichts, wie anfangs bereits dargelegt, zur »Vernunftreligion« bei, es kommt als Phänomen der Religiosität vor, nicht etwa als ihre Ursache – weder epistemologisch noch ontologisch.

Das wird besonders deutlich im Zusammenhang mit KANTs Ausführungen »über die Gründung eines Reichs Gottes auf Erden« im 3. Abschnitt der Religionsschrift; für die empirisch vorgefundene Religion, die auf Kirchenglauben, d.i. historisch zufälliger Offenbarungsglaube, beruht, muss gelten: wenn etwas Wahres an ihr ist, dann nur deshalb, weil, und nur dann, wenn sie sich auf moralischen Vernunftglauben gründet. Der Weg zu einer Religion innerhalb der Grenzen der bloßen Vernunft nimmt ihren Ausgang vom Kirchenglauben, der eine Schrift als göttliche Offenbarung annimmt, und sie entsprechend auslegt. Unter historischem Gesichtspunkt bedarf diese Auslegung der Schriftgelehrsamkeit; in sachlicher Hinsicht kann allein die reine Vernunftreligion authentische und allgemeingültige Auslegung gewährleisten. An dieser Stelle argumentiert KANT erneut gegen das Gefühl als Grundlage des Verstehens: »Aber so wenig, wie aus irgend einem Gefühl, Erkenntnis der Gesetze, eben so wenig und noch weniger, kann durch ein Gefühl das sichere Merkmal eines unmittelbaren göttlichen Einflusses gefolgert und ausgemittelt werden; weil zu derselben Wirkung mehr, als eine Ursache statt finden kann«[27] – die Vernunft hat aber die Moralität des Gesetzes als einzige Ursache göttlichen Einflusses erkannt. Es wird von KANT nicht etwa in Zweifel gezogen, dass die Erkenntnis und darauf gründende Echtheit der Schriftauslegung ein spezifisches inneres Gefühl hervorrufen oder von ihm begleitet werden kann, doch dieses, so heißt es, »wenn das Gesetz, woraus, oder auch, wonach es erfolgt, vorher bekannt ist, hat jeder nur für sich, und kann es andern nicht zumuten, [...], denn es lehrt schlechterdings nichts«[28]; es ist nicht mitteilbar und kann keinesfalls einer Erkenntnis zugrundegelegt werden.

Ein Gefühl allerdings existiert, das kennzeichnend für das moralisch-religiöse Bewusstsein ist; es erfüllt uns nicht nur nach der Erkenntnis des Moralgesetzes, sondern es ist zugleich etwas wie die motivierende Kraft der Sittlichkeit selbst, Ausdruck des Zusammenwirkens von Sinnlichkeit und Rationalität auf der Basis der Vernunft, nicht der Neigung. Es geht um die Achtung für das Moralgesetz, von KANT als einzig wahres »moralische[s] Gefühl« bezeichnet, ein »Gefühl der Lust oder des Wohlgefallens«, das nicht pathologisch ist, weil es aus der Lust an der Erfüllung der Pflicht hervorgeht.[29] Ich erinnere an die Passage aus der Vorrede der Religionsschrift:

> »Wenn die Moral an der Heiligkeit ihres Gesetzes einen Gegenstand der größten Achtung erkennt, so stellt sie auf der Stufe der Religion an der höchsten, jene Gesetze vollziehenden Ursache einen Gegenstand der Anbetung vor und erscheint in ihrer Majestät.«

Achtung, Liebe, Dankbarkeit

Als moralisches Gefühl ist die Achtung auch für eine auf Moral basierende Vernunftreligion bedeutsam; im religiösen Bereich wird dieses Gefühl mit besonderer Intensität wirksam, von der Art her bleibt es sich aber gleich.

KANT sagt von der Achtung für das moralische Gesetz in der »*Kritik der praktischen Vernunft*«, dass es sich um ein positives Gefühl handle, das nicht empirischen Ursprungs ist. Das kommt daher, dass es vom moralischen Gesetz selbst hervorgerufen wird: dieses schwächt nämlich als »Form einer intellectuellen Causalität«, wie KANT es ausdrückt, in uns den Eigendünkel, es demütigt uns als Sinnenwesen, weil es aus Freiheit besteht. Dadurch ist das moralische Gesetz in unserer Erkenntnis »Gegenstand der größten Achtung«, und es ist zugleich der »intellectuelle Grund«, der dieses Gefühl »wirkt«, als das einzige, das »wir völlig a priori erkennen, und dessen Nothwendigkeit wir einsehen können«.[30)] Es handelt sich demnach um ein Gefühl, ein Gestimmtsein, eine Gemütsverfassung, die den Charakter einer Einsicht hat und das man kennt, ohne es erlebt haben zu müssen. Trotzdem ist und bleibt es etwas »blos Subjectives, ein Gefühl eigener Art«[31)]; es ist die Weise, wie wir uns selbst wahrnehmen als Wesen, das kraft der Vernunft als Teil der Menschheit die gattungshafte Diskrepanz zwischen seiner bedürftigen, neigungsbestimmten Natur und der Freiheit des Gesetzes, oder dem Reich Gottes, in seinem individuellen Dasein realisiert.

Die Achtung ist unsere gefühlsmäßige Bindung an das Moralgesetz; sie sorgt dafür, dass wir gegenüber den Geboten der reinen Vernunft nicht gleichgültig sind, und zwar in doppeltem Wortsinn: Zum einen: die Zwecke der Vernunft gelten uns etwas, sind für uns wertvoll; ohne aus Interesse, d.i. aus Neigung zu handeln, »nehmen« wir ein »Interesse« am moralisch von der Vernunft Gebotenen – Achtung ist so betrachtet die uns bewegende Sittlichkeit selbst. Zum anderen: wir selbst sind dem rein vernünftigen Wesen, dessen Wille nicht zum Guten genötigt werden muss, weil es gut ist, nicht gleichgültig. Die Konsequenz aus dem Bewusstsein dieses in seiner Ambiguität verstandenen »Nicht-gleichgültig-Seins«, das sich im Gefühl der Achtung äußert, ist ein dem Menschen angemessenes Selbstverständnis der Beschränkung, das Fühlen der »Unangemessenenheit unseres Vermögens zur Erreichung einer Idee, die für uns Gesetz ist«[32)], wie KANT in § 27 der »*Kritik der Urteilskraft*« »Achtung« definiert; – dort im Kontext des Gefühls des Erhabenen (das für KANT gewissermaßen aufgrund einer Verwechslung einem Objekt der Natur statt unserer eigenen übersinnlichen Bestimmung zugeschrieben wird).

Wir können also zusammenfassen: Die Achtung verbindet als intellektuell begründetes moralisches Gefühl Sinnlichkeit und Rationalität; sie ist als Achtung fürs moralische Gesetz »Triebfeder zum Guten«[33)], die wir weder erwerben noch verlieren können, da sie uns als Vernunftwesen innewohnt. In ihr besteht nach Kant die ursprüngliche Anlage zum Guten im Menschen, die zur Voraussetzung die »Anlage für die Persönlichkeit« hat, die als »Empfänglichkeit der Achtung für das moralische Gesetz, als einer für sich hinreichenden Triebfeder der Willkür« bestimmt wird.[34] Diese Empfänglichkeit ist dem Menschen zwar eigen, doch dadurch ist er noch nicht »gut«; er kann besser werden, indem er die »Reinigkeit« dieser »Triebfeder zum Guten« von allen nicht-moralischen Beimischungen herstellt, um sich so dem ursprünglich Guten, der Heiligkeit der Maximen, in unendlichem Fortschritt anzunähern.

Angesichts der Idee des moralischen Gesetzes und der davon unzertrennlichen Achtung werden wir uns der Diskrepanz zwischen unserem Dasein als Sinnenwesen und dem ursprünglich Guten inne, das wir uns als höchstes selbstständiges Gut, als Dasein Gottes denken: »Ein Wesen was allenthalben *ist* alles gute *kann* alles was es auch vermag auch *will*, oder *gebietet* alles Weiß und zu allem diesen nicht als *Sinnenwesen* bestimmt ist – ist *Gott*. – Es ist *Ein Gott*, der alles *weiß kann* und *hat* und von dem die bloße Idee ein moralisch//practisches postulat und kein leerer Begriff ist ohne ihn als Substanz zu kennen.«[35] – heißt es an einer Stelle aus dem Handschriftlichen Nachlass. KANT scheint ausdrücken zu wollen, dass wir uns dem Unbegreiflichen, Übersinnlichen gegenüber sehen, das wir zwar nicht als Substanz kennen, das wir aber als Idee Gottes haben und mit pragmatischer Notwendigkeit haben müssen, weil es einem Bedürfnis der Vernunft entspricht: theoretisch ist das Dasein Gottes Bedingung der Möglichkeit für das Moralgesetz, und praktisch lässt allein der Glaube auf die unserer Sittlichkeit proportional zugerechnete Glückseligkeit hoffen, deren Garant einzig Gott sein kann (als ein reines Vernunftwesen, »...höher als alle menschliche Vernunft«).

Das alles, meint KANT, ist im Gefühl der Achtung inbegriffen, die, wenn sich die Idee der Moral zu der eines »machthabenden moralischen Gesetzgebers außer dem Menschen erweitert« hat, sich zu Verehrung und Anbetung steigert, sich im Grunde aber gleich bleibt. Achtung ist von derart fundamentalem Charakter, dass ohne sie auch keine Liebe ist: »Die Achtung ist ohne Zweifel das Erste, weil ohne sie auch keine wahre Liebe Statt findet, ob man gleich ohne Liebe doch große Achtung gegen Jemand hegen kann.«[36] Liebe versteht KANT als »freie Aufnahme des Willens eines Andern unter seine Maximen« (ibid.), und sie wertet in subjektiver Hinsicht als weitere, auf der Achtung aufbauende Triebfeder die Pflichtbefolgung auf, denn »was Einer nicht gern thut, das thut er [...] kärglich...« (ibid.) Doch auch in objektiver Hinsicht erwächst Liebe aus Achtung. Es ist die Rede davon an einer Stelle, an der man eine theoretische Argumentation erwartet – die sich dort auch findet: die Erklärung der von KANT als synthetischer Satz a priori darzulegenden Aussage »Jedermann soll sich das höchste in der Welt mögliche Gut zum Endzwecke machen«. Wie das Gesetz Gegenstand der Achtung sei, heißt es in der entsprechenden Anmerkung in der Vorrede zur Religionsschrift, sei »*Zweck* [...] jederzeit der Gegenstand einer *Zuneigung*, das ist, einer unmittelbaren Begierde zum Besitz einer Sache, vermittelst seiner Handlung«. Übertragen auf den Endzweck, das höchste Gut, lässt sich zwar schlecht von einer Begierde zum Besitz einer Sache sprechen, aber »Gegenstand einer Zuneigung« ist er gleichwohl. KANT: »An diesem Zwecke nun, wenn er gleich durch die bloße Vernunft ihm vorgelegt wird, sucht der Mensch etwas, was er *lieben* kann; das Gesetz, also, was ihm bloß *Achtung* einflößt, ob es zwar jenes als Bedürfnis nicht anerkennt, erweitert sich doch zum Behuf desselben zu Aufnehmung des moralischen Endzwecks unter seine Bestimmungsgründe [...].«[37)]

Es scheint demnach ein Bedürfnis des Menschen zu geben, das höchste Gut nicht nur zu erkennen, das Übersinnliche so weit als möglich dem Begreifen zugänglich zu machen, was ja auch ein menschliches Bedürfnis – das der Vernunft selbst – ist; auch die Achtung, die die höchste das Praktische betreffende Erkenntnis begleitet, befriedigt das Bedürfnis nicht, etwas zu finden, was er lieben kann. Das Zugeneigtsein, das jeder Zweck hervorruft, erweitert sich in bezug auf den Endzweck, d.h. auf das, worum es uns wesentlich geht im Leben, zur Liebe.

Ein letztes Gefühl, das der Dankbarkeit, soll nun abschließend als bedeutsam für das Verständnis der kantischen Religionsphilosophie herausgestellt werden. In der Methodenlehre der »*Kritik der Urteilskraft*« findet sich eine Anmerkung, in der sich KANT seltsam emotional über Moralität äußert. Es ist nämlich die Rede von besonderen Stimmungen, in die sich der Mensch zu Zeiten versetzt findet, die offensichtlich das moralische Bewusstsein stärken. Neben dem in direktem Zusammenhang mit der Achtung stehenden Gehorsam und der Demütigung bezeichnet KANT die Dankbarkeit als eine der »besondere[n] Gemütsstimmungen zur Pflicht«.

KANT gibt dazu sinngemäß folgende Erklärung: Ein dankbar gestimmtes, d.i. das zu Erweiterung seiner moralischen Gesinnung geneigte Gemüt denke sich freiwillig einen Gegenstand, der nicht in der Welt ist, um auch diesem nach Möglichkeit seine Pflicht zu beweisen, und zwar gewissermaßen zur Steigerung der Sittlichkeit: ein derartiger Gegenstand würde die Sittlichkeit an Stärke und/oder Umfang gewinnen lassen, woran der praktischen Vernunft gelegen ist. Dankbarkeit soll hier also als Ausdruck der reinsten moralischen Gesinnung verstanden werden (zu unterscheiden von der Pflicht zur Dankbarkeit in der Tugendlehre): »Setzet einen Menschen in den Augenblicken der Stimmung seines Gemüts zur moralischen Empfindung. Wenn er sich, umgeben von einer schönen Natur, in einem ruhigen heitern Genusse seines Daseins befindet, so fühlt er in sich ein Bedürfnis, irgend jemand dafür dankbar zu sein. [...] Mit einem Worte: er bedarf einer moralischen Intelligenz, um für den Zweck, wozu er existiert, ein Wesen zu haben, welches diesem gemäß von ihm und der Welt die Ursache sei.«[38] Noch direkter drückt das eine Notiz aus dem 1. Convolut des »*Opus postumum*« aus, die aus KANTs letzten Lebensjahren stammt (1800 – 1803). Dort heißt es ganz pragmatisch: »Wir müssen uns ein Wesen machen gegen welches wir Dankbarkeit, Verehrung so wie auch Wohltätigkeit ausüben [...] ohne dergleichen edle Gefühle sind wir lohnsüchtig [...]«[39] Das ungewöhnliche Attribut »lohnsüchtig« lässt sich verstehen als »würdelos« – die Würde des Menschen, die in der Autonomie seines Willens liegt, hat kein Äquivalent, keinen Preis. Wir brauchen die Gefühle der Dankbarkeit, Verehrung (höchste Achtung) und Wohltätigkeit (Liebe), um der Würde der Menschheit in unserer eigenen und der anderer Personen gerecht zu werden. Einem idealen vernünftigen Wesen gegenüber können wir diese »edlen Gefühle« leichter empfinden als innerhalb einer Welt, in der die Vernunft sich erst behaupten muss.

Es kann an dieser Stelle nicht näher darauf eingegangen werden, wie in der Religionsschrift die empirische Religion, die sichtbare Kirche etc. von KANT im einzelnen ausgelegt wird; nur soviel: Vom Christentum heißt es, dass es nicht nur größte Achtung hervorrufe, sondern auch etwas Liebenswürdiges in sich habe. Das liege an der liberalen Denkungsart, mit dem das Christentum die Herzen der Menschen gewinne; es habe nämlich die Absicht, »Liebe zu dem Geschäft der Beobachtung seiner Pflicht überhaupt zu befördern«, und es bringe sie auch hervor, »weil der Stifter desselben nicht in der Qualität eines Befehlshabers, sondern in der eines Menschenfreundes redet [...], der seinen Mitmenschen ihren eignen wohlverstandenen Willen, d.i. wornach sie von selbst freiwillig handeln würden, wenn sie sich selbst gehörig prüften, ans Herz legt.«[40] Diese Beurteilung nach dem Maßstab der Vernunftreligion, die Art und Weise, wie KANT der christlichen Religion im Ausgang von seinen moralphilosophischen Ergebnissen Wertschätzung entgegenbringt, kann in unserem Zusammenhang als weiteres Indiz dafür gelten, dass es KANT nicht um eine Gegenposition zu den menschlichen Emotionen geht – ebensowenig wie er die natürlichen Neigungen ablehnt (was ihm oft fälschlicherweise unterstellt wird). Aber dort, wo das Gefühl mit dem Gewissheitsanspruch auftritt bzw. versehen wird, den es wegen fehlender Allgemeinheit und Verbindlichkeit nicht einlösen kann, geschieht das, was KANT durch »Aufklärung« verhindern möchte: die Grenzen der Vernunft werden anmaßend überschritten, wahre Einsicht – ein Begreifen außerhalb von Begriffen ist nicht möglich.

Dennoch erhält das moderne Dictum von »Bewusstseinserweiterung« auch vom Kantischen Denken her einen Sinn, der auf ein ganzheitliches Selbst- und Weltverständnis zielt: »Das All der Wesen ist nicht [...] disjunktiv (in logischer Absicht betrachtet)[,] nicht fürs discursive sondern coniunctim intuitive Erkentnis«[41] ...

Anmerkungen

1) KANT wird im folgenden zitiert nach der Akademie-Ausgabe, unter Nennung von Bd.-Nr. und Seitenzahl. Hier: AA 4, 452. Unterstreichung von mir, M.R.

2) Vgl. AA 4, 452 ff.

3) Die hier herangezogenen Bestimmungen von »Neigung« finden sich im Zusammenhang mit KANTs Ausführungen über Affekte und Leidenschaften im 3. Buch der anthropologischen Didaktik, »Vom Begehrungsvermögen«; hier: AA 7, 251.

4) AA 7, 265.

5) Vgl. AA 6: *Die Religion innerhalb der Grenzen der bloßen Vernunft*, »Von dem Hange zum Bösen in der menschlichen Natur«; hier: Anmerkung, 28 f.

6) Vgl. *Anthropologie*:, AA 7, 265.

7) *Einleitung in die Logik*, AA 9, 23.

8) Ohne diese Unterscheidung gäbe es keine »Kritik der reinen Vernunft«!

9) Vgl. dazu KANTs Ausführungen im Abschnitt »Von der ursprünglichen Anlage zum Guten in der menschlichen Natur« in *Die Religion innerhalb der Grenzen der bloßen Vernunft*, AA 6, 26 ff..

10) Vorrede zu *Die Religion innerhalb der Genzen der bloßen Vernunft*, AA 6, 7.

11) Das Spannungsverhältnis zwischen Moral und Religion war ein wichtiges Thema der Tagung zu *Kants Metaphysik und Religionsphilosophie* im Erbacher Hof zu Mainz, März 2003; inzwischen sind die dort gehaltenen Vorträge ergänzt um weitere Beiträge unter gleichem Titel erschienen, hrsg. von NORBERT FISCHER, Hamburg: Meiner 2004, 732 S. Besonders sei im o.g. Zusammenhang hingewiesen auf die Arbeit von BERND DÖRFLINGER: Führt Moral unausbleiblich zur Religion? Überlegungen zu einer These Kants, 207-223.

12) Einen Willen, »der keiner dem moralischen Gesetze widerstreitenden Maxime fähig wäre«, nennt KANT heilig (*Kritik der praktischen Vernunft*, AA 5, 32); dem endlichen Vernunftwesen Mensch, »als mit Bedürfnissen und sinnlichen Bewegursachen afficirtem Wesen«, kann daher niemals der Begriff der Heiligkeit zugesprochen werden – der Widerstreit mit dem moralischen Gesetz ist unvermeidlich. Das Gesetz der Vernunft selbst und das »unendliche Wesen als oberste Intelligenz« dagegen sind in diesem Sinne heilig, und die »Heiligkeit des Willens ist gleichwohl eine praktische Idee, welche nothwendig zum Urbilde dienen muß, welchem sich ins Unendliche zu nähern das einzige ist, was allen endlichen vernünftigen Wesen zusteht [...]« (ibid.).

13) *Grundlegung zur Metaphysik der Sitten*, AA 4, 421.

14) Vgl. *Grundlegung zur Metaphysik der Sitten*, AA 4, 438.

15) *Grundlegung zur Metaphysik der Sitten*, AA 4, 429.

16) *Grundlegung zur Metaphysik der Sitten*, AA 4, 461f.

17) *Grundlegung zur Metaphysik der Sitten*, AA 4, 462.

18) Ibidem.

19) *Kritik der praktischen Vernunft*, AA 5, 124.

20) *Kritik der praktischen Vernunft*, AA 5, 125.

21) *Kritik der praktischen Vernunft*, AA 5, 125.

22) *Die Religion inner halb der Grenzen der bloßen Vernunft*, AA 6, 50: »Denn wenn das moralische Gesetz gebietet: wir sollen jetzt bessere Menschen sein, so folgt unumgänglich: wir müssen es auch können.«

[23] *Die Religion innerhalb der Grenzen der bloßen Vernunft*, AA 6, 6.
[24] *Die Religion innerhalb der Grenzen der bloßen Vernunft*, AA 6, 8, Anm.
[25] Vgl. Ende des 1. Abschnittes: »Streit der philosophischen Fakultät mit der theologischen«, in: *Der Streit der Fakultäten*, AA 7, 73 ff..
[26] *Der Streit der Fakultäten*, AA 7, 74.
[27] *Die Religion innerhalb der Grenzen der bloßen Vernunft*, AA 6, 114.
[28] Ibidem.
[29] Vgl. *Grundlegung zur Metaphysik der Sitten*, AA 4, 460.
[30] Vgl. *Kritik der praktischen Vernunft*, AA 5, 1. Teil, 1. Buch, 3. Hauptstück: »Von den Triebfedern der reinen praktischen Vernunft«; hier: S. 73.
[31] Vgl. *Die Metaphysik der Sitten*, AA 4, 402. In der Einleitung zu den »Metaphysische[n] Anfangsgründe der Tugendlehre gibt es einen kleinen Abschnitt »Von der Achtung«, 402 f..
[32] *Kritik der Urteilskraft*, AA 5, 257.
[33] Vgl. *Die Religion inner halb der Grenzen der bloßen Vernunft*, AA 6, 46.
[34] *Die Religion innerhalb der Grenzen der bloßen Vernunft*, AA 6, 27.
[35] *Opus postumum*, 1, Conv., XI. Bogen, 2. Seite; AA 21, 144. Im XI. Bogen des I. Convolutes finden sich zahlreiche Aussagen zur Idee Gott – dass und was er sei, wie er zu denken sei; wiederholt reiht KANT »Gott und die Welt« das »All der Wesen«, »Gott, Welt und Ich«, »Gott, Welt und Persönlichkeit«, »Gott, Welt und der denkende Mensch in der Welt« u.ä. scheinbar in der Absicht, den »Inbegriff« eines Systems der Philosophie festzuhalten. Es wäre sicher ein interessantes eigenständiges Projekt, die späten und letzten erhaltenen Aufzeichnungen KANTs zur Gottesidee auszuwerten.
[36] *Das Ende aller Dinge*, AA 8, 338.
[37] *Die Religion innerhalb der Grenzen der bloßen Vernunft*, AA 6, 6.
[38] *Kritik der Urteilskraft*, Methodenlehre; AA 5, 445 ff. (B 416 ff.).
[39] *Opus postumum*, I. Conv., XI. Bogen, 2. Seite; AA 21, 144.
[40] *Das Ende aller Dinge*, AA 8, 337, 338.
[41] *Opus postumum*, I. Conv., XI. Bogen, 1. Seite; AA 21, 140.

BERNHARD BRAUN

Feuerbachs Gotteskritik – Eine berechtigte Antwort auf Hegel und Kant?

Die Frage nach der Ursache für die Religions- und Gotteskritik bei FEUERBACH ist im Grunde genommen mit Hilfe des Autors selbst einfach zu beantworten. Es war sein sehr persönliches Ereignis mit einem Floh:

»Sonderbar ist's zu hören, und doch ist's lautere Wahrheit,
Daß es ein Floh nur war, der mich zum Heiden gemacht.
Als ich einstens die Händ' empor zum Himmel gefaltet,
Damals ein Pietist noch, betet' ein frommes Gebet,
Biß mich, denket! gerad' auf dem Punkt andächtigster Rührung,
Mitten im Strom des Gebets heftig ein Floh in den Arm
Daß auseinander ich riß die gefalteten Hände mit Zucken
Und des frommen Gebets Faden verlor aus dem Kopf,
Und den ruchlosen Andachtstörer verfolgte so lange,
Bis ich ihn endlich erwischt' und dann zerknackte mit Wut.
...
Wer wohl hat dich erzeugt? Was ist dein Zweck in der Welt?
...
Schuf auch dich ein weiser Regent, ein liebender Vater?
...
Schuf auch er dich, ach! so beging ich die greulichste Mordtat,
Als ich dich totschlug, Floh: denn du bist Gottesgeschöpf,
...
Jetzt sah ich die Natur zum ersten Mal in dem Leben,
Sah wie sie aus sich selbst wirket in eigener Macht,
...
Seht! so war's denn ein Floh, durch den vom Glauben ich abfiel,
Jetzt noch der gläubigste Christ, gäb' es nicht Flöh' in der Welt.“[1)]

Freilich, es könnte mit Blick auf die unmittelbare Denkumgebung FEUERBACHs auch eine Grille gewesen sein. So bezeichnete JOHANN GOTTLIEB FICHTE das *Ding an sich* des IMMANUEL KANT. Wenn sich mein Blick im folgenden noch weiter zurückrichtet, können wir unseren Zoo durch den ägyptischen Isiskult erweitern. Die Schwestergemahlin des Osiris trat kuhgestaltig auf.

Doch bevor ich diese philosophische Fauna erschließe, möchte ich etwas vorausschicken: Wenngleich ich als – zwar Nicht-Theologe aber Angehöriger einer Theologischen Fakultät hier auftrete, bedeutet das keineswegs, dass ich im folgenden Religion und Gott gegen FEUERBACHs Einwendungen apologetisch verteidigen möchte. Dies ist im Übrigen auch gar nicht notwendig, weil FEUERBACH i.W. – und dies gilt es zu zeigen – einen anderen Gottesbegriff als den des originären Christentums bekämpft.

Ausgehend von einer kurzen Charakterisierung der Eigenart von FEUERBACHs Religionskritik möchte ich die Wurzeln der für den deutschen Idealismus spezifischen Gotteskonzeption bei KANT einerseits und in der Tradition des neuplatonischen Hen-kai-Pan-Konzepts andererseits rekonstruieren. Mit kurzem Ausblick auf die Geschichte dieses Konzepts wiederum frage ich am Schluss, ob nicht LUDWIG FEUERBACHs Religionskritik in der gegenwärtigen Vernunftkritik in veränderter Verkleidung eine aktuellere Gestalt angenommen hat.

Religionskritik als Hegelkritik

Die Religionskritik FEUERBACHs entzündet sich so unmittelbar an der Philosophie HEGELs, dass sie davon nicht zu trennen ist. Seine Schrift *Das Wesen des Christentums* von 1841 ist daher immer im Kontext der *Kritik der Hegelschen Philosophie* von 1839 und der ein Jahr nach dem *Wesen* geschriebenen *Vorläufigen Thesen zur Reformation der Philosophie* zu lesen. Denn HEGELs Philosophie ist nichts weiter als »die zur Vernunft und Gegenwart gebrachte, zur Logik gemachte Theologie.«[2]

Die Kritik, die er dort in brillanter Stilistik, für die FEUERBACH bekannt ist, gegen HEGEL erhebt, ist eine Kritik an dessen ausschließlicher Geistphilosophie:

»... so beginnt auch die Phänomenologie oder die Logik – denn es kommt auf eins hinaus – mit einer unmittelbaren Voraussetzung ihrer selbst, folglich mit einem unvermittelten Widerspruch, einem absoluten Bruch mit dem sinnlichen Bewusstsein; denn sie beginnt, wie gesagt, nicht mit dem Anderssein des Gedankens, sondern mit dem Gedanken von dem Anderssein des Gedankens, worin natürlich der Gedanke schon im voraus des Sieges über seinen Gegenpart gewiss ist, – daher der Humor, mit welchem der Gedanke das sinnliche Bewusstsein zum besten hält. Aber eben deswegen hat auch der Gedanke seinen Gegner nicht widerlegt.«[3]

FEUERBACH geht – streng nach seinem in einem Brief an ARNOLD RUGE 1842 geäußerten Motto, dass mit HEGEL »ein radikaler Bruch notwendig sei«[4] – gegen diesen noch wesentlich kompromissloser ans Werk als etwa später KARL MARX. Dieser fühlte sich bemüßigt, 1845 in 11 Thesen gegen

FEUERBACH dessen starren Materialismus zugunsten der im Deutschen Idealismus so erfolgreich ausgearbeiteten dynamischen Seite des Seins zurückzuweisen:

»Feuerbach, mit dem abstrakten Denken nicht zufrieden, will die Anschauung; aber er fasst die Sinnlichkeit nicht als praktische menschlich-sinnliche Tätigkeit.«[5)]

Der Materialist MARX weiß um die Beiträge des Idealismus und scheut sich nicht, diese entsprechend zu würdigen.

»Der Hauptmangel alles bisherigen Materialismus (den Feuerbachschen miteingerechnet) ist, dass der Gegenstand, die Wirklichkeit, Sinnlichkeit nur unter der Form des Objekts oder der Anschauung gefasst wird; nicht aber als sinnlich menschliche Tätigkeit, Praxis, nicht subjektiv. Daher die tätige Seite abstrakt im Gegensatz zu dem Materialismus von dem Idealismus – der natürlich die wirkliche, sinnliche Tätigkeit als solche nicht kennt – entwickelt.«[6)]

Die große Hoffnung auf Veränderung der Gesellschaft in der Revolution und der gesellschaftlichen (industriell-technischen) Arbeit gründet auf dem Idealismus und wäre – das hat MARX unmissverständlich festgehalten – mit FEUERBACH nicht zu realisieren. Auch FEUERBACH hat die Welt nur wieder neu interpretiert, aber keine Handhabe zu ihrer Veränderung geliefert. Denn für diese ist der Idealismus unabdingbar:

»Das Große an der Hegelschen Phänomenologie und ihrem Endresultat – der Dialektik der Negativität als dem bewegenden und erzeugenden Prinzip – ist also einmal, dass Hegel die Selbsterzeugung des Menschen als einen Prozess fasst ... dass er das Wesen der Arbeit fasst und den gegenständlichen Menschen, wahren weil wirklichen Menschen, als Resultat seiner eigenen Arbeit begreift.«[7)]

In diesen Zeilen steckt FEUERBACHs wichtiger Beitrag dazu, die Umstülpung HEGELs vom Kopf auf die Füße, drinnen: »Hegel beginnt mit dem Sein, d.h. mit dem Begriffe des Seins, warum soll ich nicht mit dem Sein selbst, d.h. mit dem wirklichen Sein beginnen können?«[8)]

Für FEUERBACH, der seine Korrektur HEGEL in einem ebenso unterwürfigen wie in der Sache harten Brief angekündigt hat, ist dies zugleich das Projekt einer völligen Neuausrichtung der Philosophie wie er sie in seiner Reformschrift programmatisch durchführt. Er versteht seine Arbeit als »Verweltlichung der Idee« und »Ensarkosis oder Inkarnation des reinen Logos«.[9)]

Das transzendentale Subjekt Kants und das Absolute Hegels

Ich möchte nun ausgehend von der zentralen Gleichung der Feuerbachschen Religionskritik, dass das Bewusstsein Gottes in Wahrheit das

Selbstbewusstsein des Menschen sei,[10] auf die Hintergründe dieser Veränderung eingehen. Denn die Frage steht ja im Raum, wie es zu diesem Basiskonzept, das Gott und Mensch auf dieselbe Ebene hebt, gekommen ist.

Um diese Frage zu klären, muss man sich zurückwenden zur Eröffnung des Deutschen Idealismus mit IMMANUEL KANT. Dabei halte ich den Einstieg in den Deutschen Idealismus allein von seiner theoretischen Philosophie also der *Kritik der reinen Vernunft* her ausreichend rekonstruierbar.

Aus Gründen, die hier nicht zu erörtern sind, stellt KANT die Frage nach der Möglichkeit von Gegenstandserkenntnis nach den einseitigen Antworten von Empirismus und Rationalismus neu. Das Spezifische dabei ist, dass er diese Frage nicht auf die zu erkennenden Gegenstände richtet, sondern auf den erkennenden Verstand, noch genauer: Auf den Vorgang des Erkennens eines Gegenstandes durch ein vernünftiges Subjekt. Das Ergebnis dieser in der *Kritik der reinen Vernunft* abgehandelten Frage kann man folgendermaßen zusammenfassen:

1) Nach KANT erkennt ein Subjekt an einem Gegenstand zunächst – so wie es der Empirismus lehrt – nur eine ungeordnete Vielheit (Mannigfaltigkeit) von Sinneseindrücken, die unsere Sinnesorgane treffen.
2) Die Synthese dieser Vielheit kann nicht von Seiten des Gegenstandes, sondern nur von einem ordnenden Verstand her geschehen. Diese Ordnung wird nicht wie im Rationalismus gleichsam von eingeborenen Ideen als Wiedererkennen oder Erinnern im Subjekt rekonstruiert. Vielmehr folgt dem Erkenntnisvorgang eine spontane Ordnung durch eine apriorische Synthese- und Kategorialisierungsleistung, welche die Begriffsbildung ermöglicht.
3) Für KANT ist diese Option einer Erkenntnisgewinnung, die beide Seiten, Empirismus wie Rationalismus, berücksichtigt und auf die Möglichkeitsbedingungen jeder Erkenntnis im Subjekt zurückfragt (und deshalb Transzendentalphilosophie heißt) unabdingbar verbunden mit einem Gegenstand, der vom Subjekt getrennt bleibt (man könnte auch sagen: dem Subjekt gegenüber transzendent ist). KANTs Transzendentalphilosophie macht nur Sinn vor dem Schema einer klaren Subjekt-Objekt-Trennung.
4) Resümee: Aus dem Gesagten ergibt sich der entscheidende Aspekt Kantscher Erkenntnismetaphysik: Im Moment der Erkenntnis eines Gegenstandes konstituiert das Subjekt diesen zwar nicht im Sinne des extremen Rationalismus, gibt ihm aber durch die Syntheseleistung im Subjekt doch seine Struktur vor. Mit technischem Vokabular könnte man von einer Rückkoppelung sprechen, die beide Glieder, Subjekt wie Objekt, aneinander bindet. Das heißt: Die mittelalterliche Vorstellung der Erkennbarkeit einer vom Subjekt unabhängigen Objektwelt ist aufgegeben. Erkennbar bleibt nur mehr jener Teil, der zwangsläufig mit dem Subjekt verkoppelt

ist. Mit den Worten KANTS: Das Subjekt erkennt einen Gegenstand so wie er erscheint und niemals so wie er ohne Subjekt, damit Erkenntnisakt, wie er *an sich* ist, wobei dieses An-Sich-Sein des Gegenstandes tranzendentalphilosophisch nicht einholbar, sondern als bloßes Postulat vorausgesetzt bleibt.

KANT hat in seiner *Kritik der reinen Vernunft* ein Stück Aufklärung geschrieben. Er hat klar gemacht, dass nur ein Gegenstand möglicher (empirischer) Erfahrung auch ein Gegenstand der Wissenschaft sein kann und dass letztlich das Subjekt in jeder Gegenstandserkenntnis durch seine spontane Selbsttätigkeit eine mitkonstituierende Rolle spielt. Gegenstände der Metaphysik, Gott, die unsterbliche Seele, Freiheit, können demnach keine Gegenstände sein, über die wissenschaftlich gehandelt werden kann. Sie bleiben bloße Ideen der reinen Vernunft mit regulativem und nicht konstitutivem Charakter.

KANT hat das Subjekt mit einem hohen Maß an Souveränität ausgestattet in dem Sinn, dass es aufklärende Erkenntnis über die Gegenstandswelt *nach Maßgabe des Subjekts* erreicht. Die Figur der Reflexionsphilosophie (also des Zurückbeugens eines realen Gegenstands in das Subjekt in Form des Begriffs) wird zur Aufklärungsfigur des Subjekts über den jeweiligen Gegenstand. Aus der Sicht weiterer emanzipatorischer Bestrebungen widerstreitet dieser Aufklärung jedoch die Irreflexivität des Aspekts des An-Sich-Seins eines jeden Gegenstandes. Dagegen revoltierten die Nachfolger, vor allem FICHTE und HEGEL.

FICHTE war der erste, der die Schranken des Dinges an sich, das er als »eine Grille, einen Traum, einen Nicht-Gedanken« und als »negativ-dogmatisch«[11] denunzierte, beseitigte und die Dynamik der apriorischen Spontaneität des Ich freilegte, somit also der Reflexionsphilosophie ungehinderten Lauf ließ.

Dies hat eine einschneidende Konsequenz: Mit der Beseitigung seines An-Sich-Seins verliert der Gegenstand ontologisch seine Unabhängigkeit vom Subjekt und wird in die Sphäre des Subjekts aufgesogen. Das Subjekt dehnt sich aus, Subjekt und Objekt geraten in diesem hypostasierten Großsubjekt auf eine gleiche Ebene. Fichte kann daher mit Rückgriff auf die alte neuplatonische Struktur den neuzeitlichen Reflexionsakt beschreiben als Subjekt, als Ich, das sein Nicht-Ich, also den Gegenstand, selbst setzt. Und er bereitet – von diesem dafür v.a. in der *Differenzschrift*[12] gefeiert – den Selbstentwurf eines im dialektischen Prozess sich zu sich selbst bringenden Subjekts bei HEGEL entscheidend vor.

Der Wunsch nach ungehinderter Aufklärung war ein starker Impuls für diese Weichenstellung, die durch das angesprochene strukturelle Problem der Transzendentalphilosophie, nämlich ihre Unbegründbarkeit in ihrem eigenen Rahmen beinahe überfällig war. KANTs Beschreibung setzt ihn, den Autor, selbst in die Rolle des Beobachters eines objektiven Tatbestandes. Für diesen Beobachtungsvorgang wäre naturgemäß ebenfalls die transzendentalphilosophische Gesetzlichkeit anzuwenden, was in letzter Konsequenz in einen Regress führt. Nicht ganz zu unrecht und im Rückgriff auf die neuplatonische Tradition bezeichnen sowohl FICHTE als auch SCHELLING und HEGEL diese letzte, scheinbar unhintergehbare Möglichkeitsbedingung, nämlich das Subjekt, als Absolutes. Bei HEGEL ist das Absolute – am Ende der Geschichte – die letzte Synthese eines dialektischen Geschichtsverlaufs und Ergebnis aus der Summe einzelner (wissenschaftlicher) Denkakte. Diese Geschichte ist Inhalt HEGELs *Phänomenologie des Geistes*. Der Verlauf dieser Selbstdarstellung des Absoluten erfolgt nach dem Muster der dialektischen Bewegung, näherhin des dialektischen Dreischritts von These, Antithese und Synthese und wird in der *Wissenschaft der Logik* beschrieben.

Kosmotheismus und personaler Gott

Es war im Deutschen Idealismus generell die Tendenz vorherrschend, in dieser Selbsterzeugung des Absoluten die Offenbarungsgeschichte des (christlichen) Gottes zu sehen. Vermutlich war dies nicht nur Strategie, die ständigen Pantheismusvorwürfe zu unterlaufen, sondern wurzelt in echter Überzeugung. Religionsphilosophie versteht HEGEL als vernünftige Erkenntnis Gottes. Es ist ein Versuch, den Glauben in das Wissen aufzuheben. Die Hypertrophie gipfelt in dem Anspruch – in der Einleitung zur *Wissenschaft der Logik* formuliert – in der Wahrheit dieser Logik die »Darstellung Gottes, wie er in seinem ewigen Wesen vor der Erschaffung der Natur und eines endlichen Geistes ist“«13) zu ermöglichen. Man könnte darin die Ambition herauslesen, den ontologischen Gottesbeweis endgültig mit den Mitteln der Philosophie zu realisieren. Geist in der höchsten Stufe des Absoluten ist in der Tat die verwandelte Gestalt des Kollektivs eines menschlichen Geistes in seiner quasiunendlichen Dimension. Nach HEGEL steht die christliche Religion auf der Stufenleiter verschiedener Religionen am höchsten, weil Gott, indem er sich durch die geistige Arbeit des Menschen offenbart, sein eigenes Bewusstsein erfährt – wie zugleich der Mensch das seine!

Und in großer Geste, die von den Weltalterentwürfen SCHELLINGs bis eben zu HEGEL reicht, wird in die triadische Struktur der Dialektik die trinitarische Verfasstheit des christlichen Gottes hineingedeutet: Gott in seiner Ewigkeit vor der Erschaffung der Welt (These) als Vater, seine Entäußerung in das andere seiner selbst, also in die Natur und den endlichen Geist (Antithese) als Sohn und das Leben des Heiligen Geistes in einer durch Tradition und Auferstehung versöhnten Gemeinde (Synthese).

Dieser Gottesbegriff als Parallelisierung der alten Dialektikfigur des Dreitakts von These, Antithese, Synthese hat FEUERBACH zum Vorbild genommen und zum Ausgangspunkt seiner Kritik gemacht. Insbesondere die Tatsache, dass die Figur der Negation der Negation das Andere des Geistseins HEGELs nicht wirklich erreicht, sondern dass die Prädikate Gottes nichts weiter als Bestimmungen des menschlichen Wesens sind, womit auch das Subjekt kein göttliches, sondern bloß menschliches Wesen sei,[14] bleibt dabei der durchgehende Tenor.

»In Gott kommt daher mein eigenes Wesen mir zur Anschauung«[15] und: der Mensch »vergegenständlicht in der Religion sein eigenes, geheimes Wesen«,[16] weil das göttliche Wesen ja nichts weiter ist als »das Wesen des Menschen, gereinigt, befreit von den Schranken des individuellen Menschen, verobjektiviert, d.h. angeschaut und verehrt als ein anderes, von ihm unterschiedenes, eigenes Wesen – alle Bestimmungen des göttlichen Wesens sind darum menschliche Bestimmungen.«[17]

Doch hier passt etwas nicht zusammen: Das klassische, von christlichen Philosophen und Theologen des Mittelalters den Vorgaben einer geoffenbarten Wahrheit möglichst nahekommende Bild Gottes pocht auf Transzendenz, also radikale Jenseitigkeit, und Personalität. In alter Tradition stehen wir daher bei HEGELs Krönung des Deutschen Idealismus in der Ideengeschichte des griechischen Hen kai Pan, ein Problem, das die Griechen lange und intensiv beschäftigte. Wie lässt sich das göttliche Eine[18] und das Viele in der Welt verbinden. Das griechische Kosmosdenken, das auf einem numinos-göttlichen Kosmos aufbaut, hat eine mehrtausendjährige Vorgeschichte hinter sich. In nahezu allen Mythen zur Weltentstehung gibt es die kosmischen Gottheiten Himmel, Erde, Wasser. Die Wurzeln für den abendländischen Kosmotheismus – der Name scheint von LAMOIGNE DE MALESHERBES (1721-1794) in bezug auf die antike, v.a. stoische Kosmosverehrung geprägt worden zu sein[19] – liegen nach JAN ASSMANN in Ägypten. ASSMANN kann sich mit dieser Behauptung auf die lange Tradition des ägyptischen Hermetismus berufen, der das Abendland bis zur Romantik herauf durchzieht.

»Spinozismus, Pantheismus und all die anderen Träume oder Alpträume der Zeit weisen nach Ägypten als der Heimat des Kosmotheismus ... Der Kosmotheismus der deutschen Frühromantik ist eine Wiederkehr des verdrängten ‚Heidentums', der Verehrung des göttlich beseelten Kosmos. In gewisser Weise ist er eine Rückkehr nach Ägypten.«[20]

Die Denker des Idealismus waren sich durchaus ihrer Denktradition bewusst. Insbesondere SCHELLING erwähnt den Zusammenhang origineller-weise mit Blick auf das Fichtesche Ich immer wieder: »Im Ich hat die Philosophie ihr Hen kai Pan gefunden, nachdem sie bisher als den höchsten Preise des Sieges gerungen hat.«[21]

Inwieweit auch FEUERBACH diese Tradition bekannt war,[22] kann ich nicht beurteilen, immerhin hat er am Beginn seiner Kritik zur Hegelschen Philosophie auf die »orientalische Identität«[23] als Spezifikum der Identitätsbildung SCHELLINGs verwiesen, dem das okzidentale Element der Differenz gegenübersteht, das nun typisch für Hegel gewesen sei. Dieser knappe Hinweis auf die große Geschichte der Gleichsetzung von Natur und Göttlichem muss hier genügen. Klar ist, dass der Deutsche Idealismus, der sich aus dem Neuplatonismus speist, in dieser Tradition stand.

Auch die Dialektik als seinserzeugende Methode kann nur aus einer Immanenzphilosophie verstanden werden und man muss FEUERBACHs erwähnte Bemerkungen dahingehend korrigieren, dass die orientalische Identitätsphilosophie die okzidentalische Differenzphilosophie klar überformt. Denn in HEGELs Philosophie gebiert sich das göttliche Absolute mit Hilfe einer dialektischen Differenz zum anderen seiner selbst aus sich selbst. Wäre dem nicht so, würde sich ja FEUERBACH jeden Boden seiner Kritik an HEGEL entziehen. Daher merkt er dies in einer Polemik gegen BRUNO BAUER an. Dieser sei bloß ein kritischer Fortsetzer HEGELs! Demgegenüber unternehme er selbst es, gegen HEGELs Identifikation von Religion und Philosophie deren spezifische Differenz hervorzuheben.[24]

LUDWIG FEUERBACH setzt sehr zu Recht mit seiner Kritik an zwei Hebeln an: Einmal an dieser Struktur der Hegelschen Geistphilosophie, zum anderen destruiert er das diesem Rahmen entwachsende Gottesbild. Indem er seinen Finger auf die Gleichsetzung der Geistphilosophie mit Religionsphilosophie und Gottesdarstellung legt, bringt er die Absolutsetzung des Geistes dorthin zurück, von wo sie ursprünglich (bei KANT) abgeleitet worden war: auf den individuellen und materiellen Menschen! THEODOR ADORNO hat später noch einmal denselben Schluss gezogen und erdet HEGEL mit KANT in ganz ähnlicher Weise:

»Setzt daher die Bildung des Begriffs Transzendentalsubjekt oder absoluter Geist sich ganz hinweg über individuelles Bewusstsein schlechthin als raumzeitliches, woran er gewonnen ward, so lässt jener Begriff selber sich nicht mehr einlösen; sonst wird er, der alle Fetische demolierte, selber einer und das haben die spekulativen Philosophen seit Fichte verkannt.«[25]

FEUERBACH ist weiters zuzustimmen, wenn er dieses Göttliche, das mit einer christlichen Beschreibung befrachtet wurde, auf den Menschen reduziert und damit eliminiert. Anzumerken wäre allenfalls, dass er den originären christlichen Gott, der ein transzendenter (damit sich der begrifflichen Erkennbarkeit und Kategorialisierung entziehender) und personaler Gott ist, hierbei nicht primär trifft. Seine Religionskritik zerzaust ein großangelegtes Immanenzprinzip, ein metaphysisches System, das von einem im Sinn des alten Kosmotheismus zum Absoluten erweiterten Subjekt lebt und nach den Bedingungen des Deutschen Idealismus buchstabiert wurde.

Feuerbachs Religionskritik als zeitgenössische Vernunftkritik

Gegen all das Gesagte könnte man zurecht einwenden, dass es sich auf gründlich beackertem Boden bewegt.[26] Seine Destruktionsarbeit basiert auf der erwähnten Gleichsetzung von Subjekt und Objekt und des zum Absoluten aufgebauten transzendentalen Subjekts mit Gott bei HEGEL. FEUERBACHS Kritik ist jedoch nicht weniger originell, wenn man auf der Ebene der Vernunftphilosophie bleibt. Mit der Begriffsdialektik HEGELS, die er aufklärerisch[27] gegen SCHELLINGS Identitätssystem und seine intellektuelle Anschauung stellt, beginnt als Ambivalenz des Begriffs auch die Selbstkorrektur einer aufklärerischen Vernunft. Diese Selbstkorrekturkraft der Vernunft ist seit geraumer Zeit ins Gerede gekommen. Insbesondere die Katastrophe des Holocaust spaltet die optimistischen Befürworter eines offenen Projekts der Moderne und jene, die die Vernunft selbstdestruktiver Verstrickungen bezichtigen und einer radikalen Ablösung von der subjektzentrierten Vernunft das Wort reden. Aus diesem weitläufigen und komplexen Thema möchte ich nur jenen Strang herausgreifen, der sich mit JÜRGEN HABERMAS der bei HEGEL gründenden Vernunft verpflichtet weiß, aber auch das Dilemma sieht, dass die nach einer möglichen »entgleisenden Säkularisierung der Gesellschaft«[28] instrumentelle Vernunft eine Bedrohung des freiheitlichen Staates werden könnte.

Anstößig für die aufgeklärte Fortschreibung HEGELS, so hörten wir es von FEUERBACH bis ADORNO, bleibt das metaphysische Konstrukt eines imaginierten Subjekts oberhalb der handelnden Einzelsubjekte, wie auch JÜRGEN HABERMAS das in *Erkenntnis und Interesse* ausdrückt. HABERMAS greift für eine Dekonstruktion dieses Subjekts in seinem Werk zunächst zurück auf eine kommunikative Vernunft und macht das Projekt der Moderne zu einem nach oben offenen, an dem es sich stets abzuarbeiten gilt. In den letzten Jahren beklagt HABERMAS mehr und mehr Bedrohungen der aufklärerischen Vernunft durch ökonomische Imperative oder die naturalistische Selbstdeutung des Menschen in den Biowissenschaften und er hält dagegen – für viele überraschend – mit zunehmendem Respekt nach Anleihen in der christlichen Tradition Ausschau.[29] Dies betrifft nicht die metaphysische Tradition oder die christliche Gottesvorstellung. HABERMAS bleibt auch weiterhin der Religion gegenüber »unmusikalisch«. Es geht ihm darum, die »verkapselten Potentiale« der Religion für das Projekt der Moderne zu nützen. Mag sein, dass hier der bittere Beigeschmack auftaucht, das Scheitern eines autonomen Vernunftkonzepts und – im Fall des liberalen Staates – des Anspruchs, den Legitimationsbedarf »aus den kognitiven Beständen eines von religiösen und metaphysischen Überlieferungen unabhängigen Argumentationshaushaltes bestreiten«[30] zu können, eingestehen zu müssen. Jedoch liegt HABERMAS mit dieser Option scheinbar paradox auf der Linie religionskritischer Tradition. Denn auch FEUERBACHs Bemühen war ständig darauf ausgerichtet, zum anderen des Wesens und der Vernunft zu gelangen: »Ein Wesen ohne Leiden ist ein Wesen ohne Wesen ... nichts anderes als ein Wesen ohne Sinnlichkeit.«[31] Und noch deutlicher gegen HEGELs Monismus gerichtet: »Der Philosoph muss das im Menschen, was ... gegen die Philosophie gerichtet ist, dem absoluten Denken opponiert, das also, was bei Hegel nur zur Anmerkung herabgesetzt ist, in den Text der Philosophie aufnehmen. Nur so wird die Philosophie zu einer universalen, gegensatzlosen, unwiderleglichen, unwiderstehlichen Macht.«[32]

Tauscht man den Begriff Philosophie gegen jenen der Vernunft, stehen wir nicht weit entfernt von der Forderung von HABERMAS nach Korrektur der Vernunft, die auch zum Leiden an ihr selbst verdammt ist: »Das gegen sich gekehrte identifizierende Denken wird so zum fortgesetzten Selbstdementi genötigt. Es lässt die Wunden sehen, die es sich und den Gegenständen schlägt.«[33] Dabei darf sie aber nicht zum ganz anderen der Vernunft werden, denn dann verließe sie sich selbst und würde zur bloßen Gegenaufklärung: »Die auf ihren tiefsten Grund reflektierende Vernunft entdeckt ihren Ursprung aus einem Anderen ... Als Modell dient hier das Exerzitium einer aus eigener Kraft vollbrachten, zumindest ausgelösten Umkehr, einer Konversion der Vernunft durch Vernunft....«[34] Was er damit meint, exemplifiziert er so: „Die Übersetzung der Gottesebenbildlichkeit des Menschen in die gleiche und unbedingt zu achtende Würde aller Menschen ist eine solche rettende Übersetzung.«[35] Sie ist eine Übersetzung, die – allerdings auf ziemlich aktuellem und sehr kreativem Niveau – im Grunde das Wesen Gottes gewinnbringend auf das Wesen des Menschen zurückholt. Um in diesem „verminten Gelände" nicht falsch verstanden zu werden, unterstreicht HABERMAS nachdrücklich sein rein säkulares Interesse und grenzt sich von jedem Versuch ab (gemeint ist NIETZSCHE oder HEIDEGGER), sich religiöse Semantik bloß auszuleihen: »Eine sich selbst dementierende Vernunft gerät leicht in Versuchung, sich die Autorität und den Gestus eines entkernten, anonym gewordenen Sakralen auszuleihen.«[36] Diese Vernunft »kann von der Religion Abstand halten, ohne sich deren Perspektive zu verschließen.«[37]

Es wäre überlegenswert, ob vor dem Hintergrund der angesprochenen Tradition, die zu HEGELs Gleichung von Mensch und Absolutem geführt hat, nicht diesselbe Konstellation auch im Verhältnis von Mensch und Vernunft (das transzendentale Subjekt KANTs war ursprünglich in FICHTEs Wissenschaftslehre eine Subjekt-Objekt-übergreifende Vernunft) anzuwenden ist. Wäre dem so, bliebe die Selbstkorrekturkraft der Vernunft ein äußerst vages Projekt.

Ein schwieriges, labiles Gleichgewicht also, das die Aufklärung in der Urenkelgeneration HEGELs mühsamer gestaltet als es HEGELs aufmüpfige Söhne, wie LUDWIG FEUERBACH einer war, noch gesehen haben. An diesem labilen Gleichgewicht ist noch viel Arbeit zu leisten wie ganz prophetisch unser Autor bereits geahnt und seinem Lehrer HEGEL ins Stammbuch geschrieben hat: »Die Vernunft ist daher im Christentum wohl noch nicht erlöst. Euer wohlgeboren ganz gehorsamster Ludwig Feuerbach. Dr. philos.«[38]

Anmerkungen

1) LUDWIG FEUERBACH, Werke in 6 Bänden. Hrsg. v. E. THIES, Frankfurt 1975f. 1,334f.
2) 3, 225. Vorläufige Thesen zur Reformation der Philosophie (VT).
3) 3, 36. Zur Kritik der Hegelschen Philosophie (K).
4) 3, 354.
5) MEW, III, 5-7.
6) Ebd.
7) MEW, Erg.Bd. I, 574.
8) 3,14 K.
9) 1, 354; Brief an Hegel vom 22.11.1828.
10) »Das Bewußtsein Gottes ist das Selbstbewußtsein des Menschen, die Erkenntnis Gottes die Selbsterkenntnis des Menschen.« 5, 30 Wesen des Christentums (W).
11) Aenesidemus-Rezension 1792; Fichtes Werke. Hrsg. v. J.H.FICHTE. Berlin 1971, I, 17.
12) Differenz des Fichte'schen und Schelling'schen Systems der Philosophie. In: G.W.F.HEGEL, Werke in 20 Bänden. Frankfurt 1978, Band 2.
13) G.W.F.HEGEL, Werke 5,44.
14) 5,39 W.
15) Ebd., 65.
16) Ebd., 47.
17) Ebd., 32.
18) Entgegen vereinzelter Zweifel wird dem Hen hier Göttlichkeit zugesprochen: RAFAEL FERBER, Platos Idee des Guten. St. Augustin ²1989.
19) JAN ASSMANN, Moses der Ägypter. Entzifferung einer Gedächtnisspur. Frankfurt 2000, 208.
20) Ebd., 209.
21) Vom Ich, Schellings Werke. Hrsg. v. R. SCHRÖTER. München 1956ff. 5, 193.
22) Dass er jedenfalls die Kulturgeschichte der religiösen Entwürfe gut kannte, zeigt sein gelehrtes Werk »Theogonie nach den Quellen des classischen, hebräischen und christlichen Altertums.« Werke Bd. 9.
23) 3,7 K.
24) 3, 351-355.
25) Drei Studien zu Hegel. Frankfurt 1974, 21.
26) Die Zeit, in der FEUERBACH noch größere Diskussionen in der Theologie ausgelöst hat (bei K. BARTH, D. BONHOEFFER) ist nicht zu Unrecht vorbei.

27) Vgl. zur Frage, inwieweit HEGEL modern oder praemodern ist: ODO MARQUARD, Gesamtkunstwerk und Identitätssystem. Überlegungen im Anschluss an Hegels Schellingkritik. In: Aesthetica und Anaesthetica. Philosophische Überlegungen. Paderborn u.a., 1989, 100-112.

28) Vorpolitische moralische Grundlagen eines freiheitlichen Staates. Ein Gespräch zwischen Jürgen Habermas und Joseph Kardinal Ratzinger. In: Zur Debatte 1/2004, 1-12, hier: 2.

29) Vgl. Anm. 28 und: Glauben und Wissen. Friedenspreis des Deutschen Buchhandels 2001. Frankfurt 2001.

30) AaO.

31) 3, 233 VT.

32) Ebd., 234.

33) Der philosophische Diskurs der Moderne. Frankfurt 1985, 219.

34) AaO., 4.

35) Ebd.

36) Glauben und Wissen, 28.

37) Ebd., 28f.

38) 1, 354 Brief an Hegel.

REINHARD MARGREITER

Aufklärung und Mystik bei Kant und Feuerbach

Bei der KANT'schen Transzendentalphilosophie handelt es sich in mehrfacher Weise um eine ideen- und methodengeschichtliche Zäsur. Die beiden Hauptströmungen der neuzeitlichen Philosophie, englischer *Empirismus* und kontinentaler *Rationalismus*, sowie – damit nicht völlig deckungsgleich – die wissenschaftstheoretischen Problemstellungen der neuzeitlichen Naturwissenschaften und die theologisch konnotierten Fragen der scholastischen »philosophia perennis« werden zu einer neuen Gestalt von Philosophie verschmolzen, werden umgeformt und zur Synthese gebracht. Einigermaßen verkürzt lässt sich diese Synthese in zwei Sätzen zusammenfassen: (1) Das menschliche Denken *ist* verlässlich, wenn wir seine Grenzen beachten, d.h. wenn wir uns bewusst sind, wie seine Struktur ist und wie es funktioniert. Und (2): Metaphysik *ist* möglich, aber nicht auf theoretischem, sondern nur auf ethisch-praktischem Gebiet.

Nun gibt es allerdings gute Gründe, Struktur und Grenzen des Denkens doch anders zu interpretieren als KANT, und auch seine Engführung von Metaphysik und Ethik brauchen wir nicht unbesehen zu unterschreiben. Der auf KANT folgende deutsche Idealismus, der Positivismus und Materialismus, die Lebensphilosophie sowie die Symbolphilosophie des 20. Jahrhunderts geben zu den Grundfragen »Was ist Denken?« und »Was ist Freiheit?« *andere*, mit der KANT'schen Transzendentalphilosophie – aber auch untereinander – nicht immer verträgliche Antworten. Dennoch ist und bleibt bis auf Weiteres alles philosophische und wissenschaftstheoretische Denken *seit* KANT *auf* KANT bezogen. Er gibt bis heute die Problemformulierungen vor.

Das gilt auch für ein Thema, das KANT vor etwas mehr als 200 Jahren (zumindest als erster prominenter Denker) in die akademische Philosophie eingeführt hat, ein Thema, das seither immer wieder diskutiert wurde und wird, ohne dass ein baldiger Abschluss dieser Diskussion in Sicht wäre: das Thema *Mystik*. Zwar gibt es darüber nur spärliche Forschungsliteratur (vgl. ALBERT 1986, MARGREITER 1997, WIDMER 2004) und es gilt nach wie vor eher als ein Randthema der Philosophie. Eine selbstkritische Vernunft und eine über sich selbst aufgeklärte Aufklärung wären jedoch, denke ich, gut beraten, sich mit Mystik ernsthaft auseinander zu setzen und sie nicht – was ja vielfach geschieht – vorschnell als bloßen Obskurantismus abzutun.

Der Mystikbegriff im philosophischen Diskurs

In den auf KANT folgenden 200 Jahren haben sich nicht wenige Philosophen ebenfalls mit Mystik beschäftigt, z.B. SCHELLING, HEGEL und SCHOPENHAUER; FEUERBACH, BERGSON und JAMES; RUSSELL, WITTGENSTEIN und MAUTHNER; CASSIRER, WHITEHEAD und DERRIDA, um nur einige zu nennen. Was aber – so können wir vorweg fragen – hat Mystik denn überhaupt mit Philosophie zu tun? Geht es der Philosophie nicht in zentraler Weise um *Vernunft* und *Erfahrung* und ist Mystik nicht von vornherein deren *Negation* und ganz *Anderes*? Was wir – vorerst und noch reichlich vage – mit Mystik verbinden, ist ja die Vorstellung nicht eines klaren und deutlichen Denkens, sondern religiösen Erlebens und (damit verbundener) dunkler Geheimnisse. Angesichts einer solch ersten, vorläufigen Taxierung von Mystik haben wir aber bereits den Umriss einer möglichen Antwort vor uns: Muss denn selbstreflexive Vernunft und Erfahrung nicht, um *sich selbst* adäquat erfassen zu können, ihr *Anderes*, ihre *Negation* notwendiger Weise mit bedenken?

Freilich ist Mystik *kein* genuin philosophischer Begriff. Er stammt aus dem Erfahrungsbereich und der Sondersprache der *Religion*, wobei einzuräumen ist, dass über lange historische Zeitstrecken hinweg und bis weit herauf in die Neuzeit religiöser und philosophischer Diskurs kaum trennbar sind. Außerdem ist Mystik – auch wenn ihre »Sache« wesentlich älter ist – historisch ein sehr junger Begriff, der erst im ausgehenden 18. Jahrhundert Eingang in den philosophischen Diskurs findet. Worin aber besteht zu diesem Zeitpunkt – und namentlich im Zusammenhang der KANT'schen Philosophie – das Motiv, diesen Begriff aus der Religion in die Philosophie zu transportieren?

Worum sich KANT bemüht, ist der Aufweis der *Grenzen* menschlichen Denkens. Was *jenseits* dieser Grenzen liegt, sei das unerkennbare Ding an sich, das Übersinnliche und Unbeweisbare. Dieses könne von der theoretischen Vernunft nur als Dimension angedacht, nicht aber mit inhaltlichen Vorstellungen besetzt werden. Inhaltliche Besetzungen – seien es (methodisch unzulässige) Vernunftschlüsse der Metaphysik oder seien es durch Phantasie erzeugte gefühlsbeladene Bilder – bezeichnet KANT als »Schwärmen«. Für ihn hat Mystik der Sache nach mit dem Ding an sich zu tun. Parallel zum Schwärmen der Vernunft, das die dogmatische Metaphysik kennzeichnet, bedeutet Mystik für KANT das Schwärmen der *Phantasie* oder *Einbildungskraft*. Es handelt sich bei Mystik also – neben der dogmatischen Metaphysik – um eine zweite und andere Weise des unzulässigen Umgangs mit dem Ding an sich.

Der Mystiker, meint KANT, überschreite mit seinen Aussagen die Grenzen der Erfahrung. Nicht die *Dimension*, mit der sich der Mystiker beschäftige, sei Unsinn, wohl aber all die phantastischen Vorstellungen, mit denen er diese Dimension besetzt, und die Aussagen, die er von ihr macht. Deshalb lehnt KANT die Mystik aus methodischen Gründen ab. Denn seiner Konzeption nach ist man – tertium non datur – *entweder* Philosoph *oder* Mystiker, man denkt entweder schwärmerisch-dogmatisch oder erfahrungsgerecht-kritisch.

Es wäre nun allerdings falsch anzunehmen, KANT habe mit seiner Definiton, Mystik stehe im Gegensatz zu erfahrungsgerechtem Vernunftgebrauch, allgemein verbindlich und für alle Zeiten die philosophische Linie festgelegt. Bereits SCHELLING und HEGEL – und im Anschluss an diesen der junge FEUERBACH – interpretieren Mystik als Ausdruck der *Vernunft selbst*, nicht als deren Anderes und schon gar nicht als »Missbrauch«. Das FICHTE-SCHELLING'sche Theorem der »intellectualen Anschauung« und das HEGEL'sche »absolute Wissen« weisen deutliche Strukturähnlichkeiten mit der »unio mystica« auf. Ähnlich positiv argumentieren später WILLIAM JAMES – für den Mystik eine pragmatisch rechtfertigbare Erkenntnisweise darstellt – und HENRI BERGSON, der in seinem Buch *Les deux sources de la morale et de la religion* (1932) Mystik als die Steigerung und Vollendung der höchsten Vernunftform, der Intuition, interpretiert.

Systematisch anders, aber ebenfalls positiv wird die Mystik bei dem Sprachphilosophen FRITZ MAUTHNER positioniert. Für ihn ist sie das alle gegenständlichen und kategorialen Fixierungen aufhebende, unaussprechbare »Nichts« und der in konkreten Augenblicken für jedes Individuum real erfahrbare – wobei diese Erfahrung die punktuelle individuelle Selbstauflösung mit beinhaltet – Kontrapunkt zu dem (gemäß den Kategorien der Sprache und ihren Wortarten Substantiv, Adjektiv und Verb konstruierten) »Sein«. Mystik ist für MAUTHNER ein aus dem Alltag herausführendes Augenblickserlebnis der Indifferenz, All-Einheit und Erlösung (vgl. MAUTHNER 1980).

Der philosophische Mainstream allerdings folgt bis heute eher der KANT'schen Version: Mystik gilt als das Andere der Vernunft, als das Irrationale und schlechthin Un*denk*bare, welches – *nach* dem »linguistic turn« – reformuliert wird als das Un*sag*bare: das, worüber man, wie WITTGENSTEIN am Schluss des *Tractatus* sagt, nicht sprechen könne und worüber man schweigen müsse. Wie KANT nimmt auch WITTGENSTEIN die *Dimension* der Mystik – das, worauf sie sich bezieht – durchaus ernst (vgl. MARGREITER 1997, S. 367-380 und WIDMER 2004, S. 349-400), während szientistisch orientierte Positivisten und Materialisten auch die Dimension, samt dem Reden über sie, für unsinnig erklären. In pointiert aufklärerischer Terminologie ist Mystik bis heute eine abwertende Bezeichnung und gelegentlich sogar ein Schimpfwort.

KANT und HEGEL haben zwei idealtypische Positionierungen des Mystikbegriffs vorgenommen, die von den späteren, mit Mystik sich beschäftigenden Philosophen aufgenommen und variiert werden. Man folgt entweder dem

KANT'schen Gestus der *Ausgrenzung* oder dem HEGEL'schen Gestus der *Vereinnahmung*, d.h. der Engführung oder sogar Gleichsetzung von Vernunft und Mystik. Diese beiden Idealtypen, Ausgrenzung und Versöhnung, gibt es auch im theologischen bzw. religiösen und im gesamtkulturellen Mystikdiskurs. Allerdings wird unter Mystik dem Inhalt nach nicht immer dasselbe verstanden. Was querfeldein als »Mystik« und »mystisch« bezeichnet wird, hat insgesamt eher einen – mit Wittgenstein zu sprechen – »familienähnlichen« als essentiellen Konnex. Dennoch drückt sich in dieser Familienähnlichkeit ein untergründiger Verweisungszusammenhang aus.

Zur Begriffsgeschichte von »Mystik«

Nun einige Hinweise zur Begriffsgeschichte von Mystik (vgl. BOUYER 1974). Das Nomen Mystik – oder, synonym dazu, Mystizismus – wird erst im 17. Jahrhundert, im Aufklärungszeitalter also, erfunden und gelangt im darauf folgenden 18. Jahrhundert in den allgemeinen Sprachgebrauch. Es ist eine neulateinische Sprachschöpfung, deren französisch/englisches Pendant »mysticisme/mysticism« und deren italienisch/spanisches Pendant »mistizismo/misticismo« lautet.

Etymologisch – inhaltlich aber nur sehr indirekt – bezieht sich der Neologismus Mystik auf das alt- und mittellateinische Adjektiv und Nomen »mysticus« und »mysterium«, die ihrerseits auf griechisch »mystikos« und »mysterion« zurückgehen. Letzteres bedeutet »Geheimnis« bzw. »geheimnisvoll«, was ursprünglich auf die religiösen Mysterienkulte bezogen und auf diese beschränkt war. Zwar gingen »mystikos/mysterion« schon in der Antike aus der religiösen Sondersprache in den allgemeinen Sprachschatz über, sie haben ihre religiöse Konnotation aber nie ganz abgestreift. So wurden im Mittelalter die der menschlichen Vernunft nicht fassbaren Dogmen – z.B. das Dogma der Trinität oder der Jungfrauengeburt – als »Mysterium«, und der angeblich geheime und »höhere« Schriftsinn der Bibel wurde als „mystisch« bezeichnet.

Anfangs – im 17. und 18. Jahrhundert – fungiert »Mystik« als eine fideistische, fundamentalistische Kampfformel gegen die Aufklärung. Glaube stellt sich gegen Wissen im Sinne autonomer Vernunft und Wissenschaft. Mystik ist damals ein Schibboleth gegen jene theologischen Richtungen in den christlichen Konfessionen (und das gilt für den Katholizismus ebenso wie für evangelische Glaubensgemeinschaften), die sich auf rationalistische Argumentationen einlassen. Denn eine »vernünftige« Begründung von Glaubensinhalten impliziert auch deren mögliche Infragestellung und wird deshalb von den Fideisten nicht nur als überflüssig, sondern auch als gefährlich betrachtet. Was für sie einzig zählt, ist der unbedingte, ungebrochene, blinde

Glaube (fides) und ist Frömmigkeit (pietas) als die unmittelbare religiöse Erfahrungs- und Lebensform.

Dass die rationalistischen Theologen – später dann auch die dezidierten Gegner der Religion wie etwa die französischen Atheisten und Materialisten – eine solche Kampfrhetorik als Fehdehandschuh aufnehmen und Mystik zum absurden Unwillen und zur Unfähigkeit erklären, klar zu denken und vernünftig zu argumentieren, ist eine nahezu logische Konsequenz. Obgleich später im Inhalt mehrfach verschoben und in neue – außerchristliche und außerreligiöse – Kontexte gerückt, ist Mystik bis heute vielfach ein Kampfbegriff geblieben, der – es gibt zwei klar gegeneinander abgegrenzte Traditionen des Sprachgebrauchs – idealisierend und affirmativ *oder* denunziatorisch und pejorativ verwendet wird.

Vorerst also – in der Auseinandersetzung zwischen Aufklärern und Fideisten – ist Mystik der Glaube bzw. das Glaubenserlebnis in seiner möglichst unmittelbaren, persönlichen und gefühlsbetonten Version. Wer »mystisch« denkt und – vor allem – fühlt, interessiert sich nicht für eine rationale Rechtfertigung oder gar Kritik seines Denkens, sondern lediglich für den Glauben bestätigende Bilder, für beispielhafte Geschichten und suggestive sprachliche Formelprägungen. Religiöse Lyrik, Erbauungsprosa und Tagebücher sind daher – denken wir an die Texte einer TERESA VON AVILA, eines JOHANNES VOM KREUZ, einer Madame GUYON oder eines ANGELUS SILESIUS – die von Mystikern bevorzugten literarischen Formen und Mitteilungsmedien.

In der Mystik, meint der fideistisch Glaubende, begegnet er *Gott*. Denn im Christentum als theistischer Religion ist Glaube per definitonem Gottesglaube und ist Glaubens*erfahrung* die Beziehungsgeschichte des Gläubigen mit seinem Gott. Es ist dies eine zuweilen dramatische und persönlichkeitsverändernde, jedenfalls existenziell erlebte und existenziell bedeutsame Geschichte, in deren Verlauf es zu krassen Veränderungen bislang gewohnter *Wahrnehmungs-*, *Denk-* und *Handlungsmuster* kommen kann. Parameter der »normalen« Weltorientierung – z.B. dass wir an die Erfordernisse des individuellen und sozialen Lebens gebunden sind, dass wir vergänglich und sterblich sind, dass unser Wissen ungenau und lückenhaft ist oder dass wir in den Formen von Raum, Zeit und Individualität existieren – werden angezweifelt oder sogar für ungültig erklärt. Mystische Erlebnisse sind (wenn auch nicht durchgängig und ausschließlich) *paranormale* Erlebnisse. Dazu zählen: Ich-Entgrenzung durch Vereinigung mit einem Umfassenden, Entkategorialisierung (Vergleichgültigung von Raum, Zeit, Gegenständlichkeit, Zweckhaftigkeit und Kausalität), Aufhebung des Satzes vom Widerspruch, aber auch Elevation, Levitation, Zungenreden u.dgl.

Der Mystiker glaubt eine »andere (und bessere) Wirklichkeit« zu kennen oder sie zumindest zu ahnen. Im extremen Fall denkt und empfindet er »Sein« als »Nichts« und umgekehrt. Für ihn erschließen sich – im Kontrast zum

»Nichtmystiker« – neue und weite Denk- und Gefühlsräume. Daraus erklärt sich, dass Mystik – neben ihren unkritischen, einschränkenden und leerlaufenden Momenten – auch Momente kulturkritischer Skepsis, emotionaler Befreiung und sogar individueller Emanzipation enthält. Diese subversiven und »dissidenten« Momente in der mystischen Tradition erkannt zu haben, ist übrigens ein Verdienst von ERNST BLOCH. Die Germanistin MARTINA WAGNER-EGELHAAF spricht in diesem Zusammenhang von zwei gegenläufigen »Potentialen« der Mystik – einem »naiven« und »kritischen« Potential (vgl. WAGNER-EGELHAAF 1989).

Schon die Mystik des 17. und 18. Jahrhunderts stellt somit ein kulturhistorisch interessantes und komplexes Phänomen dar, das auch durchaus seine Parallelen in der älteren europäischen und in der außereuropäischen Religionsgeschichte hat. Es stellt sich allerdings die Frage, ob es sich dabei ausschließlich um ein religiöses Phänomen handelt oder ob strukturell vergleichbare Erfahrungen nicht auch in *anderen* – nichtreligiösen – Erfahrungsbereichen aufweisbar sind.

Tatsächlich ist dies der Fall. Die wachsende Einsicht in diesen Sachverhalt lässt sich an der weiteren Begriffsgeschichte von Mystik ablesen, die ihrerseits als eine – durch die Aufklärung bedingte – Säkularisierungsgeschichte gelesen werden muss. Der anfangs trennscharf *gegen* Rationalismus und Aufklärung gerichtete Mystikbegriff macht vom 17. bis ins 20. Jahrhundert erstaunliche Verschiebungen und Metamorphosen durch. Er verliert gelegentlich seine Trennschärfe gegenüber dem Vernunftbegriff und gewinnt diese Trennschärfe gelegentlich auch wieder zurück. Noch im 18. Jahrhundert wird der Mystikbegriff *retrospektiv* auf die – nunmehr so genannte – mittelalterliche Mystik ausgedehnt, auf Meister ECKHART, TAULER und SEUSE, aber auch auf ältere Traditionen wie AUGUSTINUS, PSEUDO-DIONYSIUS AREOPAGITA und auch – neben den christlichen – auf den heidnischen Neuplatonismus. Mystik steht damit nicht mehr in einem schroffen Gegensatz zur Philosophie. Spekulative »Gedankenmystik« bzw. »philosophische Mystik« einerseits und reine »Glaubens-« bzw. »Gefühlsmystik« andererseits werden als zwei Seiten einer Medaille betrachtet, die zwar in Spannung zueinander stehen, aber letztlich doch als komplementär und als einander ergänzend zu betrachten seien.

Parallel zur christlich-mittelalterlichen entdeckt man auch eine islamische und jüdische Mystiktradition. Als zentrales Moment aller Mystik wird zumeist der Vereinigungsakt der menschlichen Seele mit Gott angesehen: die »henosis« oder »unio mystica« (= der Akt der »Einung«), die entweder ganz plötzlich erfolgt (»raptus«) oder auch stufenweise, als im Vorhinein gewusste und methodisch forcierte »via mystica«. (Die beiden dazu vorbereitenden Schritte sind »katharsis«/»purgatio« = Reinigung bzw. Askese und »photismos«/»illuminatio« = Erleuchtung.) Diese »via mystica« wird als ein esoterisches Wissen gehandelt, das in spekulativen All-Einheits-Ontologien und in pantheistischen Konzeptionen seine begrifflich-systematische Entsprechung findet.

Noch im 18. Jahrhundert wird dann der Mystikbegriff von christlichen auf *außerchristliche Kontexte* ausgedehnt und auf *außereuropäisches* Denken angewendet – vor allem auf das chinesische und indische, sofern es sich dort um All-Einheits-Lehren handelt, die man (nicht immer ganz sachentsprechend) als mit dem Neuplatonismus verwandt empfindet. Diese ostasiatischen Lehren sind häufig auch mit meditativen Praktiken verbunden und in ihren theoretischen Annahmen – was in der europäischen Rezeption manchmal nur schwer verstanden und akzeptiert wird – z.T. atheistisch ausgerichtet, d.h. es handelt sich um »Religionen ohne Gott« bzw. ohne Götter.

Im 19. und 20. Jahrhundert schließlich erfolgt eine noch weitere Ausdehnung des Mystikbegriffs, nämlich die Überschreitung sowohl der religiösen als auch der (religions-)philosophischen Kontexte. Man spricht nunmehr von Mystik auch in der avantgardistischen *Literatur* (z.B. RILKE oder MAETERLINCK) und *bildenden Kunst* (z.B. KANDINSKY oder KLEE). Man spricht von Mystik im *Alltag*, in (rechten wie linken) sozialen und politischen Aufbruchsströmungen sowie – das betrifft vor allem Mathematik und Physik – in einzelwissenschaftlicher *Grundlagenreflexion*. Vertreter einer dezidiert atheistischen und areligiösen, also gänzlich säkularisierten Mystik sind um 1900 der zuvor erwähnte FRITZ MAUTHNER oder der Dichter ROBERT MUSIL, entsprechende Namen für die Gegenwart sind PETER HANDKE und BOTHO STRAUSS. Wo bislang gültige Rationalitäts- und Erfahrungskonzepte in Frage gestellt werden, gibt es meist eine Mystik-Renaissance. Man bekundet Interesse für die alte, überlieferte Mystik und sucht z.T. nach adäquaten Formen einer neuen, zeitgenössischen Mystik.

Und wo Philosophie dem Anspruch folgt, *Kulturphilosophie* zu sein – wo sie sich also (wie z.B. die HEGEL'sche *Phänomenologie des Geistes* oder die CASSIRER'sche *Philosophie der symbolischen Formen*) auf die gesamte Bandbreite kulturellen Denkens und Handelns einlässt –, ist gleichfalls die Herausforderung gegeben, über Mystik nachzudenken: über Mystik nicht nur als eine religiöse, sondern auch ästhetische und grundlagenwissenschaftliche, philosophische, lebensweltliche und sogar alltägliche Erfahrung.

Auch heute noch rekurriert jede philosophische Beschäftigung mit Mystik auf die von KANT und HEGEL vorgegebenen Modelle. Ich komme im Folgenden auf KANT zurück und behandle seine Argumentation im Detail. Dann werfe ich einen kurzen Blick auf HEGEL und befasse mich anschließend mit FEUERBACH, der in seiner ersten, hegelianischen Phase (um 1820/30) eine affirmative Haltung zur Mystik einnimmt, sie später jedoch – in entfernter Annäherung an die KANTsche Position – wieder revidiert und dennoch bis in seine späte Philosophie hinein zumindest mystischen Motiven verpflichtet bleibt.

Kant: Mystik als »Schwärmen der Einbildungskraft«

Über Mystik äußert sich KANT dezidiert in vier seiner Schriften: in der *Kritik der praktischen Vernunft* (1788) sowie in drei kürzeren Spätschriften, den Aufsätzen *Das Ende aller Dinge* (1794), *Von einem neuerdings erhobenen vornehmen Ton in der Philosophie* (1796) und *Der Streit der Fakultäten* (1798).

In der *Kritik der praktischen Vernunft* unterscheidet KANT drei Handhabungen der praktischen Vernunft – »Rationalism«, »Empirism« und »Mysticism« –, von denen er nur den Rationalismus als adäquate Zugangsweise akzeptiert. Empirismus und Mystizismus weist er als Missverständnisse zurück. Ganz besonders warnt er »vor dem Epirism der praktischen Vernunft, der die praktischen Begriffe des Guten und Bösen blos in Erfahrungsfolgen (der sogenannten Glückseligkeit) setzt« (KANT, Werke V, S. 70). Erst in zweiter Linie warnt er auch »vor dem Mysticism der praktischen Vernunft, welcher das, was nur zum Symbol diente, zum Schema macht, d.i. wirkliche, doch nicht sinnliche Anschauungen (eines unsichtbaren Reichs Gottes) der Anwendung der moralischen Begriffe unterlegt und ins Überschwengliche hinausschweift« (op.cit., S. 70 f.). Der Rationalismus hingegen trage »in die übersinnliche [Natur] nichts hinein [...], als was umgekehrt sich durch Handlungen in der Sinnenwelt nach der formalen Regel eines Naturgesetzes überhaupt wirklich darstellen läßt.« (op.cit, S. 71).

Gegenüber dem Empirismus der praktischen Vernunft habe der Mystizismus den Vorteil, dass er sich »mit der Reinigkeit und Erhabenheit des moralischen Gesetzes zusammen verträgt und außerdem es nicht eben natürlich und der gemeinen Denkungsart angemessen ist, seine Einbildungskraft bis zu übersinnlichen Anschauungen anzuspannen«. Der Empirismus hingegen rotte »die Sittlichkeit in Gesinnungen [...] mit der Wurzel aus« und unterschiebe »ihr ganz etwas anderes, nämlich ein empirisches Interesse [...] statt der Pflicht«. Daher sei er »weit gefährlicher [...] als alle Schwärmerei, die niemals einen dauernden Zustand vieler Menschen ausmachen kann.« (ebda.)

An einer späteren Stelle der *Kritik der praktischen Vernunft* kommt KANT erneut auf Mystik zu sprechen, nämlich auf deren willkürliche Träume und Phantasien: »Mahomets Paradies, oder der Theosophen und Mystiker schmelzende Vereinigung mit der Gottheit, so wie jedem sein Sinn steht, würden der Vernunft ihre Ungeheuer aufdringen, und es wäre eben so gut, gar keine zu haben, als sie auf solche Weise allen Träumereien preiszugeben.« (op.cit., 120 f.)

Nun zu den drei kleineren Arbeiten aus den 1790-er Jahren: In *Das Ende aller Dinge* setzt sich KANT mit dem eschatologischen Gedanken eines Endes der Welt in der Zeit auseinander. Der Gedanke hat für ihn »etwas Grausendes in sich: weil er gleichsam an den Rand eines Abgrunds führt, [...] und doch auch etwas Anziehendes.« Der Gedanke sei »furchtbar erhaben«, denn in ihm »stoßen wir auf das Ende aller Dinge als Zeitwesen und als Gegenstände möglicher Erfahrung.« (KANT, Werke VIII, S. 327) Indem also Eschatologie an das »Übersinnliche«, an das für den Verstand Undenkbare rührt, ergibt sich eine Aura der »Erhabenheit«, eine Aura des gleichzeitig »Grausenden« und »Anziehenden« – womit KANT offenkundig die Formel des »mysterium tremendum et fascinosum« vorwegnimmt, mit der später der Religionsphänomenologe RUDOLF OTTO die Erfahrung des »Heiligen« umschrieben hat (cf. OTTO 1987).

Die methodisch einzig zulässige Weise, das Übersinnliche zu thematisieren, meint KANT, sei der Rationalismus der praktischen Vernunft. Er vermutet, dass »die Idee eines Endes aller Dinge ihren Ursprung nicht von dem Vernünfteln über den physischen, sondern über den moralischen Lauf der Dinge in der Welt hernimmt und dadurch allein veranlaßt wird; der letztere auch allein auf das Übersinnliche (welches nur am Moralischen verständlich sei), dergleichen die Idee der Ewigkeit ist, bezogen werden kann.« (op.cit., S. 328) Und: »Darüber geräth nun der nachgrübelnde Mensch in die Mystik (denn die Vernunft, weil sie sich nicht leicht mit ihrem immanenten, d.i. praktischen, Gebrauch begnügt, sondern gern im Transcendenten etwas wagt, hat auch ihre Geheimnisse), wo seine Vernunft sich selbst, und was sie will, nicht versteht, sondern lieber schwärmt, als sich, wie es einem intellectuellen Bewohner einer Sinnenwelt geziemt, innerhalb den Gränzen dieser eingeschränkt zu halten.« (op.cit., S. 335).

Motive wie die Vereinigung mit Gott oder dem Absoluten, die Auflösung des Ich ins Nichts und dergleichen sind für KANT haltlose Spekulationen. Er spottet – was bei ihm freilich ein Urteil aus zweiter Hand darstellt und worin wir die noch sehr grobschlächtige und sachlich keineswegs immer richtige Rezeption ostasiatischen Denkens im damaligen Europa erkennen können – über »das Ungeheuer von System des Laokiun [= Laotse. Anm. RM] von dem höchsten Gut, das im Nichts bestehen soll: d.i. im Bewußtsein, sich in den Abgrund der Gottheit durch das Zusammenfließen mit derselben und also durch Vernichtung seiner Persönlichkeit verschlungen zu fühlen.« (ebda.).

KANT nimmt eine Gleichsetzung von Mystik, Pantheismus und Spinozismus vor, zumindest subsumiert er sie unter einen gemeinsamen Typus von Spekulation: »[...] der Pantheism (der Tibetaner und anderer östlicher Völker) und der aus der metaphysischen Sublimierung desselben in der Folge erzeugte Spinozismus« seien »beide mit dem uralten Emanationssystem aller Menschenseelen aus der Gottheit (und ihrer endlichen Resorption in eben die selbe) nahe verschwistert«. Das gemeinsame Motiv bestehe im Bestreben, dass »die Menschen sich endlich doch einer ewigen Ruhe zu erfreuen haben möchten, welche denn ihr vermeintes seliges Ende aller Dinge ausmacht; eigentlich ein Begriff, mit dem ihnen zugleich der Verstand ausgeht und alles Denken selbst ein Ende hat.« (op.cit., S. 335 f.)

Obwohl KANT die »Erhabenheit« des Gedankens vom Ende aller Dinge konzediert, gibt er ihn, sobald er im Gewand mystischer Spekulation auftritt, der Lächerlichkeit preis. Lächerlich ist für KANT aber nicht die Dimension, an die der Gedanke rührt, sondern die Weise, wie er auftritt. Es geht um die *Form* des Gedankens und um deren Auffüllung mit beliebigen Inhalten. Für KANT unterscheidet sich Mystik nur insofern von der dogmatischen Metaphysik, als in ihr der Gedanke weniger streng genommen werde und Einbildungskraft (Phantasie) und Gefühl an die Stelle unzutreffender Vernunftschlüsse treten.

In *Von einem neuerdings erhobenen vornehmen Ton in der Philosophie* schließlich polemisiert KANT gegen die Mystikschwärmerei der zeitgenössischen sogenannten Gefühls- und Glaubensphilosophen, die ihrerseits die KANT'sche Transzendentalphilosophie als dürftigen Rationalismus kritisieren und in den Mittelpunkt ihres eigenen Denkens etwas stellen, »was gar kein Gegenstand der Sinne ist: d.i. Ahnung des Übersinnlichen« (op.cit., S. 396). KANT schreibt: »Dass hierin nun ein gewisser mystischer Takt, ein Übersprung (salto mortale) von Begriffen zum Undenkbaren, ein Vermögen der Ergreifung dessen, was kein Begriff erreicht, eine Erwartung von Geheimnissen, oder vielmehr Hinhaltung mit solchen, eigentlich aber Verstimmung der Köpfe zur Schwärmerei liege: leuchtet von selbst ein. Denn Ahnung ist dunkle Vorerwartung und enthält die Hoffnung eines Aufschlusses, der aber in Aufgaben der Vernunft nur durch Begriffe möglich ist, wenn also jene transcendent sind und zu keinem eigenen Erkenntniß des Gegenstandes führen können, nothwendig ein Surrogat derselben, übernatürliche Mittheilung (mystische Erleuchtung), verheißen müsse: was dann der Tod aller Philosophie ist.« (op.cit., S. 398).

KANT sieht in der Mystik der Gefühls- und Glaubensphilosophen eine bestimmte Komponente der platonischen Philosophie wirksam, nämlich deren esoterisch-schwärmerischen Zug. PLATON sei »der Vater aller Schwärmerei mit der Philosophie«. Die »platonisirende[n] Gefühlsphilosoph[en]« würden »uns durch Gefühle (Ahnungen), d.i. bloß das Subjective, was gar keinen Begriff von dem Gegenstande giebt, täuschen wollen, um uns mit dem Wahn einer Kenntniß des Objectiven hinzuhalten, was aufs Überschwengliche angelegt ist.« KANT spricht abschätzig von der »überschwenglichen« Metaphorik in »der neueren mystisch-platonischen Sprache« und interpretiert sie als Flucht vor der Klarheit und vor den Anforderungen des begrifflichen Denkens. (ebda.).

In *Der Streit der Fakultäten* ist ebenfalls noch einmal vom »vernunfttödtenden Mysticism« die Rede, der uns anstelle klarer Gedanken »übernatürliche Erfahrungen und schwärmerische Gefühle« anbiete (KANT, Werke VII, S. 59).

KANTs über die genannten vier Schriften verstreute Stellungnahmen zur Mystik folgen einem einheitlichen Argumentationsmuster: Die Mystik thematisiere – wie die dogmatische Metaphysik bzw. indem sie, die Mystik, selbst eine Nebengestalt dieser Metaphysik darstelle – das Feld des Übersinnlichen als ein »Erhabenes«. Sie besetze dieses Feld in unkritischer Weise mit Inhalten, die weder durch Vernunft noch durch Erfahrung legitimiert seien. Daher produziere sie »Ungeheuer« für die Vernunft. Mit Prätention (»Vornehmtun« und Esoterik) versuche sie die Haltlosigkeit ihres methodischen Ansatzes zu übertünchen.

Obwohl dort von Mystik (noch) nicht ausdrücklich die Rede ist, sei abschließend auch an die berühmte frühe Schrift KANTs *Träume eines Geistersehers erläutert durch Träume der Metaphysik* (1766) erinnert, die eine Abrechnung mit EMANUEL SWEDENBORGs *Arcana coelestia* darstellt. Alles spricht dafür, dass SWEDENBORGs Denken, wie KANT es wahrgenommen und beurteilt hat, zum Paradigma für sein Verständnis von »Mystik« wurde. Die paranormalen Erlebnisse und Fähigkeiten, von denen SWEDENBORG erzählt – von denen aber in älteren klassischen Mystikertexten, etwa bei Meister ECKHART, überhaupt nicht oder nur am Rande die Rede ist –, prägen das KANT'sche Mystikbild des Schwärmerischen, Phantastischen, ja Bizarren. SWEDENBORG ist für KANT »die Karikatur aller Metaphysik des Übersinnlichen: aber eben kraft dieser Entstellung und Übertreibung aller ihrer Grundzüge eignet er sich dazu, dieser Metaphysik den Spiegel vorzuhalten.« (CASSIRER 1963, S. 83).

Die »Träumer der Vernunft« – gemeint sind »vorkritische« Rationalisten wie WOLFF und CRUSIUS – werden von KANT mit den »Träumern der Empfindung« – das sind SWEDENBORG und die Gefühlsphilosophen – dahingehend gleichgesetzt, dass sie gleichermaßen – entweder durch unzulässige Anwendung der spekulativen Vernunft auf das Übersinnliche oder durch dessen emotional-phantastische Besetzung mit Vorstellungsbildern – die unverrückbaren Grenzen des menschenmöglichen Denkens missachtet hätten.

Doch sind es gerade diese von KANT behaupteten *Grenzen*, die spätere Philosophen wieder in Frage stellen. Vernunft und Erfahrung (und, damit systematisch verschränkt, Mystik) können nämlich auch gänzlich anders konzipiert und bewertet werden als im Kritizismus. So stellen sich diese Begriffe z.B. bei FEUERBACH, aber auch schon bei HEGEL sehr verändert dar.

Hegel: Mystik als Antizipation des »absoluten Wissens«

Der Unterschied zwischen dem Denken von KANT und FEUERBACH ist kaum erläuterbar und kaum nachvollziehbar, wenn wir nicht die konzeptionellen Zwischenschritte des *deutschen Idealismus*, insbesondere HEGELs, berücksichtigen. HEGEL knüpft an KANT an, auch er nennt seine Philosophie Transzendentalphilosophie, auch für ihn ist Philosophie Theorie der Erfahrung. Aber in Anspruch und Methode erfolgt ein weitreichender Paradigmenwechsel. Es würde hier zu weit führen, die Denkentwürfe KANTs und HEGELs vergleichend gegenüber zu stellen. Allerdings bilden diese Denkentwürfe den Verständnishintergrund für die jeweilige Stellung zum Problemkomplex Vernunft, Erfahrung und Mystik. Ich skizziere im Folgenden – wenn auch nur in groben Zügen – die veränderte Stellung HEGELs und versuche dann zu zeigen, inwiefern FEUERBACH in den 1820er und 1830er Jahren an die HEGEL'-sche Position anknüpft und warum er später diese Anknüpfung wieder weitgehend verwirft.

HEGEL äußert sich über Mystik an einigen Stellen seiner *Vorlesungen zur Religionsphilosophie*, zur *Philosophiegeschichte* und zur *Ästhetik*. Mystik ist für ihn eine unausgereifte Form des absoluten Wissens. Er betrachtet sie keinesfalls als einen grundsätzlichen Fehlgriff des Denkens, sondern als Ausdruck einer vernünftig nachvollziehbaren und rechtfertigbaren Erfahrung.

Es sind, meint er, beschreibbare Erlebnis- und Erfahrungsstufen, die zum absoluten Wissen bzw. zur Mystik hinführen. HEGELs Erfahrungsbegriff ist nicht statisch und in sich homogen wie der Erfahrungsbegriff KANTs, sondern – im Gegenteil – vielschichtig und dynamisch. Was bei KANT eine unübersteigbare Grenze für das Denken war, das Ding an sich, ist für HEGEL wieder ein begehbares Feld. Er spricht von einer mehrstufigen Selbstentwicklung des Denkens. Dieses beginne bei der *sinnlichen Erfahrung*, gehe in einer zweiten Stufe über in das Räsonnieren des *Verstandes* und erfülle sich zuletzt auf dem höchst möglichen Erkenntnisniveau, dem der absoluten *Vernunft*. Diese Stationen, Ebenen oder Gestalten des Denkens seien sowohl durch Kontinuitäten als auch durch Brüche miteinander verbunden. Auch letztere, die Brüche also, werden von HEGEL betont. Wo nämlich der VERSTAND – das vergleichsweise niedere Denkvermögen – im Blick auf die Wirklichkeit nur Vielheit, Widerspruch und Besonderheit wahrnehme, sehe die *Vernunft* – das vergleichsweise höhere und höchste Denkvermögen – eine große Einheit, eine gleichzeitige Geltung *und* Auflösung der (vom Verstand festgestellten) Widersprüche sowie eine alles Besondere in sich aufhebende letzte Allgemeinheit.

Solange das Denken auf der Ebene des Verstandes bleibe, sei diese höhere und letzte Sicht auf die Wirklichkeit nicht nachvollziehbar. Dazu bedürfe es eines qualitativen Sprunges oder »Rucks«. Für den Verstand sei die Vernunft ein »Mysterium«, und die Philosophen, die des absoluten Wissens inne werden, seien – wie einst die Teilnehmer der Mysterienkulte – »die mystai, die beim Ruck im innersten Heiligtum mit und dabeigewesen« (HEGEL, Werke 19, S. 489).

Für HEGEL stehen »Mysterium« und Mystik bedeutungsmäßig in engster Nachbarschaft. Er setzt zwar die Philosophie des absoluten Wissens mit Mystik nicht vollständig gleich, doch sind ihm Mystiker wie Meister ECKHART und – vor allem – JAKOB BÖHME Antizipatoren des absoluten Wissens. Zu diesem sei Mystik eine historische Vorform, also eine noch unausgereifte Gestalt der eigenen, HEGEL'schen Philosophie. Was der Mystik fehle, sei die begriffliche Durcharbeitung ihres »richtigen« Grundgedankens der All-Einheit und des Zusammenfalls der (nur vom Verstand konstruierten) Gegensätze.

Was HEGEL aber mit KANT teilt – und was später auch FEUERBACH teilen wird –, ist die deutliche Ablehnung, ja Polemik gegenüber der modernen, zeitgenössischen Mystik, wie sie zum Einen von den Gefühls- und Glaubensphilosophen (v.a. JACOBI), zum Anderen von den Romantikern (NOVALIS, SCHLEGEL, TIECK) vertreten wird. Lehnt KANT sie aus dem gleichen Grund ab, wie er Mystik überhaupt ablehnt, so wendet sich HEGEL gegen sie mit einem bloß historischen Argument: Ein Denken, das auf klare Begrifflichkeit verzichte, sei kein Denken auf der Höhe der Zeit. Wie KANT ist auch er der Ansicht, die Aktivierung von Gefühl und Einbildungskraft würde keinerlei höhere Einsicht verbürgen, Intuitionen hätten keinerlei Vorrang vor dem begrifflich-theoretischen Denken und seien diesem vielmehr nach- und untergeordnet.

Feuerbach: Mystische Motive im frühen und im späten Werk

Seine (mit der Ansicht HEGELs konforme) Wertschätzung der alten – der mittelalterlichen und barocken – Mystik und seine gleichzeitige Verspottung der modernen, zeitgenössischen Mystik bekundet FEUERBACH in seinen *Satirisch-theologischen Distichen* (1830), in denen es beispielsweise heißt:

»Glasmalerei war die Mystik dereinst; die christlichen Dogmen
Schmolz sie in feuriger Glut lebhaft versinnlicht ins Glas.
Jetzige Mystiker sind Glasfenster gewöhnlichster Sorte;
Durch sie liest Du hindurch Alles, wie's steht in der Schrift.“

(FEUERBACH, Werke I, S. 367)

Ein anderes – ob seiner Sexualmetaphorik von einem zeitgenössischen Rezensenten als überaus provokativ und anstößig empfundenes – Distichon lautet:

»‚Mystiker sind im Staate die Drohnen‘ gewiss, denn sie zeigen
Produktives Genie nur in dem Zeugungsprozess.
Aber nicht ist bei ihnen Natur Erector des penis;
Nein, auch er ist sogar nur auf den Glauben gestützt.“

(zit. nach VÖGELI 1997, S. 28)

FEUERBACHs Polemik richtet sich offensichtlich gegen den modernen, romantischen Aufguss der alten Mystik, also gegen deren – wie er meint – Pseudomorphose. Er verwendet später (seit den 1840er Jahren) die Vokabeln »Mystik« und »mystisch« vornehmlich (genauso wie MARX und andere Junghegelianer) im aufklärerisch abwertenden, pejorativen Sinn. Im Vorwort zu *Das Wesen des Christentums* (1841, = WCh) spricht er deutlich ablehnend von »mystischer Umhüllung« der Gedanken (WCh, S. 11) und »supranaturalistischer Illusion« (op.cit., S. 12) als den Kennzeichen religiösen Denkens, und im 10. Kapitel ist die Rede vom »trügerischen Zwielicht des Mystizismus«, von »Mystik und Phantastik« (op.cit., S. 154), von »dunkeln, mystischen, unbestimmten, hinterhaltigen Bildern« (op.cit., S. 155) und davon, es gehe philosophisch nicht an, »im Dunkeln des Mystizismus zu munkeln« (op.cit., S. 169). Allerdings lobt er auch jetzt noch die Mystik des Mittelalters, die »reiner Affekt, pure Seele, enthusiastische Liebe« gewesen sei (op.cit., S. 67).

BRUNO BAUER hat FEUERBACH polemisch als den »grössten Mystiker aller Zeiten« bezeichnet (zit. nach VÖGELI 1997, S. 58). Was hier als Vorwurf des Rückfalls hinter die Aufklärung gemeint ist, hat durchaus eine sachliche Komponente. Denn in der Tat ist FEUERBACHs Philosophie in affirmativer Weise von mystischen Momenten mitbestimmt. Dies gilt in erster Linie für die frühe, idealistische Phase seines Denkens, die – wie ich ausführen will – sogar in ihrer Konzeption eine »mystische Philosophie« darstellt. Es gilt in gewisser Weise aber auch noch für die reife Phase, deren Schlagworte nicht mehr Geist und Mystik lauten, sondern Sensualismus, Anthropologismus, Materialismus und »Philosophie der Zukunft«. Mystikmotive, die gleichermaßen im frühen wie im späten Werk wirksam sind, sind z.B. das Motiv der Liebe als Lebenssinn und verbindende Haltung der Menschen untereinander sowie das Motiv einer radikalen Relativierung des menschlichen *Individuums* gegenüber der *Gattung*.

Hervorzuheben ist, dass diese Mystikmotive von FEUERBACH – so wie später von BLOCH – in einen geschichtsphilosophisch-politischen Kontext gestellt werden. Er deutet sie also *nicht* (was im sonstigen Mystikdiskurs ja häufig der Fall ist) ahistorisch, individualistisch und quietistisch. Bei ihm haben sie eine pointiert gemeinschaftsbezogene, emanzipatorische und politische Funktion.

Eine mystische Philosophie: »Gedanken über Tod und Unsterblichkeit«

Das durch mystische Motive wohl am deutlichsten geprägte Werk sind die *Gedanken über Tod und Unsterblichkeit* (1830, = GT), die er zuerst anonym herausgab und die ihm – in dem schon damals engstirnigen und zelotischen

Bayern, das sich aber seriöserweise noch nicht Freistaat, sondern schlicht Königreich nannte – die Universitätslaufbahn kosteten. Es ist eine persönliche und weltanschauliche Bekenntnisschrift, schwärmerisch in der Diktion, hegelianisch in der Methode und unverhohlen aggressiv gegenüber dem institutionell herrschenden konservativen und rechtshegelianischen Gedankengut. Ganz besonders im Visier FEUERBACHs stehen zwei – ideologisch schwer besetzte – Theoreme: die *Personalität Gottes* und die *Unsterblichkeit der menschlichen Seele*.

Das Theorem des persönlichen Gottes wird in den *Gedanken über Tod und Unsterblichkeit* mit dem Argument abgelehnt, eine »ewige Person« sei eine *contradictio in adiecto*. Gott – hier noch keineswegs eine illusionäre menschliche Setzung, sondern in seiner Existenz und seinem Wesen unbezweifelt angenommen – wird überpersonal und *pantheistisch* gefasst. Er wird gleichgesetzt mit der Liebe, dem Geist, dem Wesen und der Gattung des Menschen, die FEUERBACH als vollkommen, unendlich und ewig qualifiziert und in den genannten Qualitäten – vollkommen, unendlich, ewig – dem Individuum in seiner Unvollkommenheit, Endlichkeit und Sterblichkeit gegenüber stellt. Die Synonyma Liebe, Geist, Wesen, Gattung und Gott sind Begriffe, die das Ganze und das Eigentliche der Wirklichkeit umschreiben sollen. Diese Wirklichkeit ist eine dezidiert *menschliche* (wenngleich nicht bloß immanente) Wirklichkeit, denn jede andere, nichtmenschliche liegt – hier bewegt er sich im Horizont des deutschen Idealismus – außerhalb des Blickfeldes und des Interesses FEUERBACHs.

Unter Wirklichkeit bzw. Mensch begreift FEUERBACH eine Struktur der *Vermittlung* entgegengesetzter Sphären, für die verschiedene Begriffspaare Pate stehen, vor allem das Begriffspaar Individuum und Gattung bzw. Individuum und Gott. Daher ist der Mensch in seiner Vereinzelung Gott zwar nicht gleichzusetzen, aber er ist auch nicht gänzlich von ihm getrennt. Denn Gott ist seine, des Menschen, *Gattung*, ist sein *Wesen*, und mit diesem Wesen *eins* zu werden, bedeutet zwar Aufhebung der Individualität, zugleich aber die Möglichkeit, die eigene Endlichkeit in *Unendlichkeit* und die eigene Zeitlichkeit in *Ewigkeit* überzuführen. Wir haben es – motivgeschichtlich betrachtet – in den *Gedanken über Tod und Unsterblichkeit* mit dem platonischen Konzept der Teilhabe (methexis) und mit einem neuplatonisch gefärbten Konzept des „Universalienrealismus“ zu tun.

Auch der spätere, der materialistische FEUERBACH wird sagen, Gott sei das Wesen des Menschen: nicht sein individuelles, wohl aber sein Gattungswesen. Während FEUERBACH aber später Gott als *Illusion* deutet und die auf Gott projizierten menschlichen Ideale *materialistisch* wenden, d.h. säkularisieren, in die Immanenz der realen geschichtlichen Verhältnisse zurückholen und dort handfest verwirklichen will, nimmt er jetzt ontologisch noch eine menschlich-göttliche Gesamt- bzw. Vermittlungswirklichkeit des »Geistes« an.

Des Geistes Tätigkeit ist »Denken«, und ihm attestiert der junge FEUERBACH die Fähigkeit, zu Gott (= zu seiner, des Menschen, eigenen Allgemeinheit, seinem Wesen, seiner Gattung, seiner Ewigkeit und seiner Unendlichkeit) aufzusteigen. Dergestalt sei der Mensch in der Lage, Gottes inne zu werden. Hier finden wir – wie DOROTHEE VÖGELI in ihrer aufschlussreichen Monografie *Der Tod des Subjekts* bemerkt – die alten Denkfiguren von *via mystica*, *unio mystica* und *visio dei* vor: den Stufenweg hin zur Vereinigung mit Gott und zur höchsten Anschauung Gottes. Die Affinität der *Gedanken über Tod und Unsterblichkeit* zur klassischen Mystik wird übrigens nicht nur von VÖGELI behauptet, sondern auch von SIMON RAWIDOWICZ, der feststellt, FEUERBACH vertrete ganz offensichtlich einen Mystizismus und beschreibe die spekulative Gotteserkenntnis als mystischen Aufstieg (vgl. RAWIDOWICZ 1964).

Philosophisch legitimiert werden die mystischen Denkfiguren durch eine *pantheistische Ontologie*, die FEUERBACH unterstellt: Gott sei in allem, und alles sei in Gott oder – was dasselbe besagt –: Das Individuum habe sein Wesen in der Gattung, und die Gattung habe ihre Existenz in den Individuen. Diese seien in ihrer Vereinzelung unvollkommen, endlich und sterblich, aber in ihrer Gesamtheit – als Gattung – seien die Menschen bzw. sei die Menschheit vollkommen, unendlich und ewig. (Wobei es uns heute – angesichts geschichtsphilosophischer Ent-Täuschung – wohl kaum noch möglich erscheint, ernsthaft an eine solche Ewigkeit und virtuelle Vollkommenheit der Gattung zu glauben.)

Eben weil das Wesen des Menschen in der Gattung, nicht in der Individualität liege, hält FEUERBACH den persönlichen *Unsterblichkeitsglauben* nicht nur für unbewiesen, sondern auch für eine fatale Entfremdungs-Ideologie. Der Unsterblichkeitsglaube behindere authentische Selbstbesinnung und sabotiere die Herstellung einer solidarischen Gemeinschaft der Menschen untereinander. Das *moderne Christentum*, vor allem den *Protestantismus* und speziell den *Pietismus* macht FEUERBACH für die Ausbildung dieser Ideologie verantwortlich.

Über den *Pietismus* als moderner – und somit abzulehnender – Mystik wird ein besonders hartes Urteil gefällt. Indem nämlich »der Pietist oder ‚moderne Mystiker' Gott im Gefühl und nicht in der Vernunft verwurzelt, merke er nicht, dass ihm nur sein eigenes Ich mit all seinen Beschränktheiten göttlicher Gegenstand ist« (VÖGELI 1997, S. 70). Er versenke sich nur, um sein Selbst neu wiederzugewinnen, und wolle auf das substanzielle Einzelsein nicht wirklich verzichten. FEUERBACH bezieht auf diese »moderne« Haltung den HEGEL'schen Begriff der »falschen Demut«, der den »Standpunkt der Reflexion« kennzeichne, also den Standpunkt des Verstandes, welcher der Vernunft – und damit der Mystik – verständnislos gegenüber stehe. Angemessen sei hingegen die »wahre Demut«, die sich im unbedingten, uneingeschränkten Ja zur eigenen individuellen Sterblichkeit, zum eigenen Tod, ausdrücke (VÖGELI 1997, 69).

Dieses Ja zum Tod – hier diagnostiziert VÖGELI ein weiteres mystisches Motiv: das der *mors mystica* – wird von FEUERBACH in geradezu hymnischer Sprache gefeiert, die an die Nekrophilie mancher barocker Mystiker erinnert: »O Tod! ich kann mich nicht loswinden von der süssen Betrachtung Deines sanften, mit meinem Wesen so innig verschmolzenen Wesens! [...] Spiegel meines Geistes, Abglanz meines eigenen Wesens! [...] Du bist der Abendstern der Natur, und der Morgenstern des Geistes [...].« (GT, S. 70) Im Tod bzw. in dessen Bejahung vollende sich der eigentliche Sinn des menschlichen Daseins, die *Liebe*. Indem ich auf mich als Individuum verzichte – indem ich im »Feuer« meiner Liebe zur Gattung »verbrenne« (auch dies ist ein mystisches Bild), – beweise ich meine Liebe zur Menschheit in allerhöchster und allerradikalster Form.

Im Zuge solch wahrer Selbstaufgabe, sagt FEUERBACH, negiere sich der Einzelne und gehe ein in die letzte Allgemeinheit und Einheit, in »das ungetrennte Ganze in der Form des Wissens« (GT, S. 75). »Du bist [als Einzelner] nur, indem und so lange Du Dich unterscheidest«. Das Bewusstsein – der Geist – sei »die absolute, unendliche Einheit aller Personen und Menschen«, »die Menschheit selbst« (ebda.). »Du bist Eins mit dem Bewusstsein als Bewusster, Eins mit dem Denken, in welchem Alle Eins sind, als Denkender; Du bist *geistig* untergegangen, aufgelöst in den Geist.« (GT, S. 66) »Die Menschheit, ihrem Princip nach Ein Geist, Ein Bewusstsein, ist nicht ein Ganzes, eine Einheit, wie eine Heerde Schafe, die nur aus Einzelnen besteht [...]. Die Menschheit ist ein Ganzes, welches in den Einzelnen als Ganzes Wirklichkeit hat; eine durchgreifende und durchdringende, eine lebendige, verzehrende, die Individuen in sich auflösende Einheit.“ (GT, S. 77).

Der Auflösungs-Gedanke ist kein Aufruf zur Passivität. FEUERBACHs Mystik ist von jedem Quietismus und von jeder Weltflucht weit entfernt. Anders als SCHOPENHAUER, mit dessen Lehre von der Selbstverneinung des Willens es zweifellos Parallelen gibt, wünscht FEUERBACH den Tod nicht herbei und hält ihn keineswegs für wertvoller als das Leben. Der Tod sei vielmehr ein Teil und zuletzt sogar die Krönung des Lebens. Worum wir uns – auch noch im Sterben – bemühen müssten, sei das Leben, das, wie FEUERBACH zeitlebens unermüdlich betont, ein Leben nicht der Vereinzelung sei, sondern ein Leben des Wir, ein Leben der solidarischen Gemeinschaft von Ich *und* Du.

Der Tod wird als jene ausgezeichnete Erfahrung veranschlagt, die uns die Tiefenstruktur des Lebens bewusst macht: dass wir Menschen gewissermaßen Doppelwesen sind: endlich-unendliche, zeitlich-ewige, unvollkommen-vollkommene Doppelwesen, die in eine Spannung gestellt sind zwischen ihrer Wirklichkeit als Individuum und als Gattung, als sinnliches Substrat und als

Geist, als Teil und als Ganzes, als Besonderes und als Allgemeines, woraus - es hängt ab von der Perspektive – eine Vertauschbarkeit entsteht von »Sein« und »Nichts«.

Die Todeserfahrung bezeichnet FEUERBACH ausdrücklich als eine *mystische* Erfahrung: »Sollten dir, lieber Leser, [...] diese Gedanken mystisch erscheinen [...], so solltest du doch bedenken, dass du wenigstens einmal, wenn auch nicht im Leben, doch am Schlusse des Lebens im Augenblick des Sterbens, mystisch und Mystiker zu sein gezwungen sein wirst, du magst nun wollen oder nicht; denn die Natur selbst ist im Tode durchaus mystisch« (zit. nach VÖGELI 1997, S. 148).

Aus dieser mystischen Erfahrung mit ihrem Wissen sowohl um die Unabweisbarkeit als auch um die Akzeptierbarkeit des Todes leitet FEUERBACH – anders als SCHOPENHAUER – nicht Verneinung ab, sondern unumwundene Lebensbejahung, und er feiert das lebendige, von der Liebe des Menschen zum Menschen bestimmte Hier und Jetzt: »Jeder Augenblick des Lebens ist erfülltes Sein, von unendlicher Bedeutung; [...] jeder Augenblick ist ein Trunk, der bis auf den Grund den Kelch der Unendlichkeit ausleert [...].« (GT, S. 88) »So erschöpft sich Feuerbachs Mystizismus«, schreibt VÖGELI, »keineswegs in einer bloss kontemplativen Tiefenschau. Die ‚Gedanken' fordern auf zum aktiven Leben, zum bewussten, weltbezogenen Sein, und zwar aus der Perspektive einer erneuerten Lebensganzheit heraus, die sich in der solidarischen Beziehung der Menschen untereinander bewährt.« (VÖGELI 1997, S. 59 f.).

Feuerbachs Rekurs auf Jakob Böhme

Im Hintergrund dieser spekulativen Philosophie des jungen FEUERBACH steht die Gestalt eines Mystikers, der im 18. und 19. Jahrhundert weitaus häufiger und gründlicher rezipiert wurde als der – mittlerweile wohl berühmtere – Meister ECKHART: nämlich JAKOB BÖHME. Er ist der einzige Referenzautor, den FEUERBACH in den *Gedanken über Tod und Unsterblichkeit* ausgiebig zitiert, und auch in seinen *Vorlesungen über die Geschichte der neueren Philosophie* (1835) widmet er BÖHME einen umfangreichen Abschnitt. BÖHMEs als »mystisch« klassifizierte Lehre besagt, es gebe eine untergründige Einheit – und letztlich sogar eine Identität – von Gott und Mensch, und die Wirklichkeit, die wir erfahren, sei die Selbstbewegung und Offenbarung dieser Gott-Mensch-Beziehung. Dessen inne zu werden, bedeute für den Menschen eine qualitative Verwandlung und Erhöhung seines Daseins. Radikaler als ECKHART und radikaler als andere Mystiker betont BÖHME – wenngleich in einer schwerfälligen, bilderreichen, oftmals abstrus klingenden Sprache – den kollektiven, geschichtlich-dramatischen und aktiv-emanzipatorischen Charakter von Sein, Wirklichkeit und Welt. Dabei betont er nachdrücklich das strukturelle Neben- und Miteinander gegenstrebiger Grundkräfte in der Natur, in Gott, in der Geschichte, im Menschen: eine Dialektik und ständige Auseinandersetzung des Guten und Bösen, des Hellen und Dunklen, des Geistigen und Materiellen.

Diese mystisch-spekulative Philosophie BÖHMEs steht allerdings nicht nur Pate für den frühen, den idealistischen FEUERBACH, sie steht – auch wenn BÖHMEs Methode, in dunklen und geheimnisvollen Bildern zu denken, in *Das Wesen des Christentums* deutlich kritisiert wird – auch noch Pate für den späten FEUERBACH, der einen neuen Begriff des Menschen (Stichwort: Anthropologie) und einen neuen Begriff der *Materie* (Stichworte: Materalismus und Sensualismus) postuliert. In diesen neuen Konzepten von Mensch und Materie will FEUERBACH die überkommenen Dichotomien Gott-Mensch und Geist-Materie sowohl revidieren als auch in ihrem Sinngehalt neu und angemessener erfassen. Der Mensch, meint er, habe in der geschichtlichen Vergangenheit sein eigenes Wesen und seine eigene Wahrheit in Entfremdungsgestalten wie »Gott« und »Geist« ausgelagert. Die »Philosophie der Zukunft« aber müsse darin bestehen, dass eine solche Entfremdung beendet wird.

»Das Wesen des Christentums«: Mystik als »Deuteroskopie«

Werfen wir abschließend noch einen Blick auf FEUERBACHs spätere Bemerkungen zur Mystik in seiner Abhandlung *Das Wesen des Christentums* (1841, = WCh). Kapitel 10 ist überschrieben mit: »Das Geheimnis des Mystizismus oder der Natur in Gott« (WCh, S. 152-169) und dokumentiert FEUERBACHs nunmehr veränderte Haltung gegenüber der Mystik. Anders als in den *Gedanken über Tod und Unsterblichkeit* ist diese Haltung jetzt distanziert und objektivierend. Er spricht ausdrücklich *als Philosoph* über ein der Philosophie Entgegengesetztes und ihr Fremdes: die *Religion*. In ihren Inhalten, meint er, könnten Philosophie und Religion zwar übereinstimmen, niemals aber in der Methode. Mystik wird unter die religiöse, d.h. »indirekte« und bildhafte Denkweise subsumiert. Sie ist also nicht mehr das Telos und eigentliche Thema der Philosophie.

Der repräsentative Mystiker und *die* repräsentative Mystik sind für FEUERBACH noch immer BÖHME und dessen »Lehre von der ewigen Natur in Gott« (WCh, 152). BÖHME sei »ein mystischer Naturphilosoph« (WCh, S. 163), vor allem jedoch »ein tiefsinniges religiöses Gemüt: die Religion ist das Zentrum seines Lebens und Denkens« (WCh, S. 161). Seine Lehre entspringe allerdings »der mystisch religiösen Einbildungskraft« (WCh, S. 153) und nicht klarem begrifflichem Denken. Doch sei der Inhalt der BÖHME'schen Lehre – darin besteht schließlich die Demonstrationsabsicht der gesamten

Abhandlung *Das Wesen des Christentums* – genauso wie andere religiöse Dogmen und Bilder ins Begriffliche übersetzbar bzw. anthropologisch zu entschlüsseln.

Es gehe bei BÖHME der Sache nach um den – nie wirklich überbrückbaren – Widerspruch zwischen menschlicher Persönlichkeit und Natur. Gott sei prinzipiell die letzte Grenze der Abstraktion, und werde er – als unbewusste Projektion des menschlichen Willens, selbst Persönlichkeit zu werden – als Persönlichkeit gedacht, avanciere er zwangsläufig zum schlechthinnigen Gegensatz gegenüber der Natur. Aus diesem Grund sei das von BÖHME aufgebaute Spannungsgefüge unlösbar und drücke eine Aporie aus. »Dem Bestreben, die Persönlichkeit Gottes durch die Natur begründen zu wollen«, liege »eine unlautere, heillose Vermischung der Philosophie und Religion, eine völlige Kritik- und Bewußtlosigkeit über die Entstehung des persönlichen Gottes zugrunde.« (WCh, S. 167).

FEUERBACHs nunmehrige Einschätzung der Mystik wird aus folgendem Zitat ersichtlich: »Mystizismus ist Deuteroskopie [= eine falsche, zweitrangige Sicht der Dinge. Anm. RM]. Der Mystiker spekuliert über das Wesen der Natur oder des Menschen, aber *in* und *mit der Einbildung*, daß er über ein *anderes*, von beiden unterschiedenes, persönliches Wesen spekuliert. Der Mystiker hat dieselben Gegenstände wie der einfache, selbstbewußte Denker; aber der wirkliche Gegenstand ist dem Mystiker *nicht* Gegenstand *als er selbst*, sondern als ein *eingebildeter*, und daher der *eingebildete* Gegenstand ihm der *wirkliche* Gegenstand. So ist hier, in der mystischen Lehre von den zwei Prinzipien in Gott, der *wirkliche* Gegenstand die *Pathologie*, der *eingebildete* die *Theologie*; d.h. die Pathologie wird zur Theologie gemacht." (WCh, S. 154).

Resümé und Ausblick

In entfernt vergleichbarer Weise nimmt der späte FEUERBACH in seiner Einschätzung der Mystik die von KANT begründete Linie der *Ausgrenzung* wieder auf – Mystik steht, anders als im Frühwerk, in klarem Gegensatz zur Philosophie –, er bewahrt aber zugleich einen Teil der Einschätzung HEGELs – Mystik, als Ausdruck von Religion, sei bildhaftes im Gegensatz zu philosophisch-begrifflichem Denken, sie antizipiere dessen Inhalte auf eigene Weise in einem eigenen Medium – und nimmt dennoch eine sowohl von KANT wie von HEGEL deutlich unterschiedene Position ein. *Anthropologie* ist für den späten FEUERBACH der methodische Schlüssel, um die Botschaft der Mystik zu lesen und sie gerecht – allerdings nur als eine geschichtlich überlebte, nicht mehr aktualisierbare Denkfigur – zu beurteilen. Der Wunsch des einzelnen Menschen, Persönlichkeit zu werden, sei auf die Gattung projiziert worden, was jedoch eine falsche kategoriale Zuweisung und somit ein unauflöslicher Widerspruch sei.

Eine strenge Dichotomie von Mystik, Religion und Bildhaftigkeit auf der einen und von Philosophie, Wissenschaft und theoretisch-begrifflichem Denken auf der anderen Seite ist Ausdruck einer klassischen aufklärerischen Haltung, wie sie von der deutschen Religionskritik des 19. und 20. Jahrhunderts (neben FEUERBACH: SCHOPENHAUER, MARX, NIETZSCHE und FREUD) allgemein geteilt wird. *Gegen* die Verbindlichkeit dieser klassisch-aufklärerischen Haltung lassen sich jedoch sowohl historische als auch systematische Argumente beibringen. Von einem allgemeinen historischen Ende der Religion und des bildlichen Denkens kann weder gegenwärtig noch in absehbarer Zukunft die Rede sein. Und selbst wenn ein Ende der Religion absehbar wäre, hätte zumindest bildhaftes Denken – das seine Wirksamkeit weit über die Grenzen der Religion hinaus entfaltet – wohl alle Chancen, virulent zu bleiben und immer wieder sogar Renaissancen zu erleben. Wie nicht nur HORKHEIMER und ADORNO gezeigt haben, reicht die (aufklärerische) Macht des begrifflich-theoretischen Denkens nicht ganz so weit, und sie erweist sich nicht als ganz so erfolgreich, wie es die klassischen Aufklärer erhofft haben. Begriff und Theorie bleiben – auch gegenüber dem Bild – an eine *Dialektik* gebunden, also an ein Bewegungsgeschehen des Gegen-, Mit- und Zueinander, so dass sie sich niemals rein und säuberlich vom »Anderen der Vernunft« (vgl. G. und H. BÖHME 1983) trennen lassen. Zumal ein Denken, das die lebendige Wirklichkeit von Mensch und Welt im Blick hat, wird vermutlich stets von Gefühlen und Bildern kontaminiert bleiben. In welcher Weise daher auch immer Mystik zum »Anderen« der Vernunft und der Erfahrung erklärt wird – Vernunft und Erfahrung werden strukturell von diesem Anderen als ihrem Schatten, als Ergänzung und/oder Gegenpart begleitet.

Literatur

ALBERT, K.: Mystik und Philosophie. Richarz, St. Augustin, 1986.

BOUYER, L.: Mystisch – Zur Geschichte eines Wortes. In: J. SUDBRACK (Hrsg.): Das Mysterium und die Mystik. Würzburg, 1974, S. 57-75.

BÖHME, G. UND H.: Das Andere der Vernunft. Zur Entwicklung der Rationalitätsstrukturen am Beispiel Kants. Suhrkamp, Frankfurt a.M., 1983.

CASSIRER, E.: Kants Leben und Lehre. Wissenschaftliche Buchgesellschaft. Darmstadt, 1963 [zuerst: 1927].

FEUERBACH, L.: Gedanken über Tod und Unsterblichkeit (= L.F.s Sämmtliche Werke, Hrsg. W. BOLIN u. F. JODL, Bd. 1), Frommann, Stuttgart, 1903 [enthält im Anhang eine Auswahl der »Satirisch theologischen Distichen«], abgekürzt zitiert GT.

FEUERBACH, L.: Das Wesen des Christentums. Nachwort von K. LÖWITH. Reclam, Stuttgart, 1969 [Der Text folgt der 3. Auflage, Leipzig 1849], abgekürzt zitiert: WCh.

HEGEL, G.W.F.: Werke. 20 Bde. Hg. E. MOLDENHAUER u. K.W. MICHEL. Suhrkamp, Frankfurt a.M. 1971.

KANT, I.: Werke. Akademie-Textausgabe. 11 Bde. Berlin, 1968 [= Nachdruck der Ausgabe 1902 ff.].

MARGREITER, R.: Erfahrung und Mystik. Grenzen der Symbolisierung. Akademie, Berlin, 1997.

MAUTHNER, F.: Sprache und Leben. Ausgewählte Texte aus dem philosophischen Werk. Hrsg. G. WEILER. Residenz: Salzburg, 1980.

OTTO, R.: Das Heilige. Über das Irrationale in der Idee des Göttlichen und sein Verhältnis zum Rationalen. Beck, München, 1987 [zuerst: 1917].

RAWIDOWICZ, S.: Ludwig Feuerbachs Philosophie. Ursprung und Schicksal. Berlin, 1964.

VÖGELI, D.: Der Tod des Subjekts – eine philosophische Grenzerfahrung. Die Mystik des jungen Feuerbach, dargelegt anhand seiner Frühschrift 'Gedanken über Tod und Unsterblichkeit'. Königshausen & Neumann, Würzburg, 1997.

WAGNER-EGELHAAF, M.: Mystik der Moderne. Die visionäre Ästhetik der deutschen Literatur im 20. Jahrhundert. Metzler, Stuttgart, 1989.

WIDMER, P.: Mystikforschung zwischen Materialismus und Metaphysik. Eine Einführung. Herder, Freiburg i. Br., 2004.

MANUELA KÖPPE

»Der Humanismus ist das wesentliche Princip meiner Anschauung«[1] –

Gedanken zu Feuerbachs Auffassungen über Kant dargestellt am Beispiel des Dialoges zwischen Ludwig Feuerbach und Julius Duboc[2]

FEUERBACH vermerkte in seinem Notizbuch: »Womit die Kantische Philosophie – die specielle auch in der concreten Ausführung wenigstens – schliesst, damit beginnt mein Denken. Die praktischen Ideen, die das Gemüth, das Gewissen, das Herz beschäftigenden und afficirenden Fragen, die Fragen, aus deren Verneinung oder nur von der gewöhnlichen Meinung abweichenden Beantwortung der Mensch sich ein Gewissen macht, die Fragen die, jenachdem sie beantwortet werden, den Menschen dem Leben zu- oder vom ihm abwenden, kurz die Fragen, deren Beantwortung nicht nur eine theoretische, sondern praktische Bedeutung hat, diese sind es, die mich von Anfang an beschäftigt, meine Feder in Bewegung gesetzt haben.«[3]

Die Beschäftigung mit IMMANUEL KANT durchzieht FEUERBACHs gesamtes Œuvre. Er selbst brachte es jedoch weder in den frühen Jahren – als er noch als Privatdozent in Erlangen lehrte und sich mit philosophiegeschichtlichen Arbeiten einen Namen machte – noch in späterer Zeit – als er an der Ausarbeitung seiner Schrift über die Willensfreiheit arbeitete und von einem Plan sprach, eine Schrift über KANT zu verfassen[4] – zu einem eigenständigen Aufsatz oder gar zu einer größeren systematischen Arbeit über die Philosophie KANTs. Zu denjenigen, die FEUERBACH zu einer solchen Ausarbeitung drängten, gehörte neben WILHELM BOLIN und anderen auch JULIUS DUBOC, den FEUERBACH persönlich kannte und mit dem er in der Zeit von 1853 bis 1866 im intensiven Briefwechsel stand. Insgesamt sind immerhin vierundzwanzig Briefe erhalten geblieben.[5]

Im Folgenden soll zunächst kurz auf DUBOCs Person, auf den genannten Briefwechsel und abschließend auf eine Kontroverse eingegangen werden, in deren Ergebnis die Korrespondenz von Seiten FEUERBACHs für immer abgebrochen wurde.

I.

Carl Julius Duboc wurde am 10. Oktober 1829 in Hamburg geboren. Sein Vater, Edouard Casimir Benjamin Duboc, war ein Nordfranzose, in Le Havre gebürtig. Nach Deutschland ausgewandert, hatte er in Hamburg eine Hutfabrik als Eigentümer übernommen. Neben dieser Tätigkeit war Dubocs Vater aber auch an philosophischen Fragestellungen interessiert. Durch seine persönliche Bekanntschaft mit Karl Leonhard Reinhold lernte er sowohl die Kantische, wie die Reinholdsche Philosophie kennen. Im Sommer 1822 nahm er Kontakt zu Hegel auf und stand bis 1829 in reger Korrespondenz mit ihm[6], wodurch es auch im Oktober 1822 zu einem Besuch von Hegel bei Duboc kam. Julius Duboc gab später einmal zu, dass sich die philosophische Neigung seines Vaters, der 1827 die Schrift »*De la dignité de l'homme et de l'importance de son séjour ici-bas comme moyen d'élévation morale, dedié aux amis de la vérité sans distinction* ...« veröffentlicht hatte, auf ihn vererbt habe.

Bereits vor Dubocs Geburt starb der Vater und 1844 verlor er auch seine Mutter Juliane, die deutscher Herkunft war und einer alten angesehenen Kaufmannsfamilie angehörte. Da Carl Julius Duboc das jüngste von sechs Geschwistern war, kam er nach dem Tod seiner Eltern zu Verwandten nach Offenbach und später nach Frankfurt am Main. Bis 1850 besuchte er das Gymnasium an das sich akademische Studien anschlossen. Zunächst studierte er an der Universität in Gießen Mathematik und Physik und wechselte dann zum Philosophiestudium nach Berlin.

1853 unternahm Duboc von Hamburg aus eine mehrjährige Reise, die ihn über Afrika nach Australien führte. Als er dort jedoch sein »gesamtes Vermögen durch unglückliche Unternehmungen« verloren hatte, kehrte er nach Deutschland zurück. An Feuerbach schrieb er hierüber später: »Ich habe seit 53, als ich Sie in Bruckberg besuchte, den Erdkreis ziemlich durchmessen, leider hat mich meine 4jährige Reise nicht nach Amerika, sondern nur nach flüchtiger Berührung Afrikas nach Australien geführt, wo ich, weit im Inneren, in der Tat Gelegenheit hatte, das primitivste Naturleben und die unberührte Schöpfung (sit venia verbo!) zu studieren – eine Periode meines Lebens, so wunderbarer Art, daß ich sie um nichts mit etwas anderem vertauschen möchte.«[7] Um diese »große Reise« hat Feuerbach Duboc beneidet, denn derartige Erfahrungen gewähren doch erst »die wahre ,Weltanschauung'«.[8]

Von 1858 bis 1860 hat sich Duboc »medizinischen Studien zugewendet«. Dann aber – da er sich ab 1848 immer mit Politik und Geschichte beschäftigt hatte – wollte er »zur redaktionellen Journaltätigkeit übergehen«, wozu er auch eine philosophische Dissertation verfassen wollte.[9] Sie sollte eine kritische Würdigung Schopenhauers vom Standpunkt des kritischen

Sensualismus zum Inhalt haben. Anfangs war DUBOC in Berlin Mitredakteur der »*Deutschen Zeitung*« (Berlin). Da dieses Blatt jedoch bald einging, zog er nach Dortmund und übernahm bis 1863 die Chefredaktion bei der »*Westfälischen Zeitung*« (Paderborn – Hamm – Dortmund). In Dortmund lernte DUBOC SOPHIE LOUISE LÜBKE kennen, die er 1865 heiratete. Sie war die Schwester des bekannten Kunsthistorikers und Architekten WILHELM LÜBKE.[10)]

Ab 1863 war DUBOC erneut wieder in Berlin wohnhaft und arbeitete für sechs Jahre bis 1870 als Redakteur bei der »*Nationalzeitung*« (Berlin). Später zog er sich, wegen seiner schon immer angegriffenen Gesundheit, aus dem Berufsleben zurück und verbrachte bis zu seinem Tod am 11. Juni 1903 seine letzten Lebensjahre in Dresden.

II.

Zu einer ersten Annäherung von DUBOC an FEUERBACH kam es 1853. Der 23jährige hatte sich auf Anregung des damals bereits verstorbenen Schriftstellers und Journalisten THEODOR ALTHAUS, mit FEUERBACHs Schriften befasst und bekannte sich dazu, mit FEUERBACH »in einem steten geistigen Verkehr« gelebt zu haben.[11)] DUBOC besaß damals zwei Schriften von FEUERBACH: »*Das Wesen der Religion*« als auch »*Das Wesen des Christenthums*« und erbat von FEUERBACH den ersten Band der »*Sämmtlichen Werke*«, der unter dem Titel: »*Erläuterungen und Ergänzungen zum ‚Wesen des Christentums‘*« mehrere Aufsätze vereint.[12)] Der erste Brief, den FEUERBACH 1853 an DUBOC gesandt hat, ist vermutlich verloren gegangen. Allerdings geht aus dem Antwortschreiben DUBOCs hervor, daß FEUERBACH ihn von der Lektüre des genannten Bandes abgeraten hat. Statt dessen empfahl er DUBOC vielmehr den sechsten Band seiner Werke, der den »*Pierre Bayle, nach seinen für die Geschichte der Philosophie und Menschheit interessantesten Momenten dargestellt und gewürdigt*« enthält und die »*Gedanken über Tod und Unsterblichkeit*«. Allerdings hatte sich DUBOC in der Zwischenzeit bereits den ersten Band der Feuerbachschen Werke besorgt und sich mit dem Inhalt vertraut gemacht.[13)] Für FEUERBACHs »geistvolle Gedanken« hegte DUBOC »Bewunderung und Ehrfurcht«[14)] und so wird bereits aus seinem dritten Brief an FEUERBACH deutlich, wie wichtig ihm psychologische Fragen, Fragen zur Freiheit und zum Prinzip der Moral waren. DUBOC richtete gleich mehrere Fragen an FEUERBACH. »Nicht wahr«, schrieb er schon im zweiten Brief, »von Freiheit, im Sinn einer vollkommen unabhängigen Selbstbestimmung kann bei uns überall nicht die Rede sein. Auch in den Momenten, wo wir scheinbar vollkommen freie Wahl nach 2 Seiten haben, ist, selbst vorausgesetzt, daß äußere influierende Umstände momentan nicht bestimmend einwirkten, unser Entschluß doch nur das notwendige Ergebnis unseres dermaligen geistigen Zustandes, dieser selbst aber bedingt und hervorgegangen aus einer endlosen Reihe von Ursachen und Wirkungen, deren letzte rein zufällig, jedenfalls ganz dem Bereich unseres eignen Wollens und Bestimmens entrückt sind. Freiheit des Willens in diesem Sinn also – Willkür – ist Täuschung, eine Täuschung, die wir aber trotzdem niemals abstreifen können, denn wer fühlte und glaubte sich nicht in solchen Momenten der Entscheidung, falls das materiell Zwingende fehlt, frei und unabhängig in seiner Wahl. [...] Was ist denn Freiheit?«, fragt DUBOC. »Dies vorausgesetzt, was ist denn Schuld und Verbrechen? Was ist sittlich? Ist Sittlichkeit nicht ein temporärer, lokaler, klimatischer Begriff? Kann ich nicht subjektiv sittlich handeln, indem ich objektiv Unsittliches tue?«[15)]

Im Antwortbrief an DUBOC räumte FEUERBACH ein, dass ihn gerade diese Themen seit längerem beschäftigen. Er stellte Bezüge zu den Schriften seines Vaters PAUL JOHANN ANSELM VON FEUERBACH her, die ihn verständlicher Weise – da er gerade dessen Nachlass[16)] veröffentlicht hatte – besonders interessiert haben. Über Freiheitsfragen hatte sich FEUERBACH allerdings bereits in seiner frühen Abhandlung »*Über meine ‚Gedanken über Tod und Unsterblichkeit‘*« und in seinen Aphorismen »*Wider den Dualismus von Leib und Seele, Fleisch und Geist*« von 1846 ausgesprochen und deshalb wies er Duboc darauf hin, dass das freie Sein mit dem Wesen des Menschen identisch sei: »[...] das Gefühl der Freiheit, dessen Gegenstand nicht die phantastische Schimäre des Allestunkönnens, sondern etwas Wirkliches ist, ist nichts anderes als das Gefühl der Harmonie des Menschen mit der Natur, des Menschen mit dem Menschen, des Menschen mit sich selbst. Frei fühlt sich der Mensch nur da, wo er gern ist und in dem, was er gern tut. Dieses Tun, dieses Sein ist freies, weil mit meinem Wesen harmonisches, deswegen aber auch innerlich notwendiges«.[17)]

DUBOC studierte daraufhin weitere Werke FEUERBACHs und so lautete es am 25. Mai 1853: der achte Band der »*Sämmtlichen Werke*« ist mir bekannt und aus dem siebenten Band hat ihn die Auseinandersetzung mit MAX STIRNER (eigentlich JOHANN CASPAR SCHMIDT), der 1845 »*Der Einzige und sein Ei-genthum*« veröffentlicht hatte, angesprochen. Jahre später brachte DUBOC selbst eine Arbeit zu diesem Thema heraus: »*Das Ich und die Übrigen. Für und Wider Max Stirner. Ein Beitrag zur Philosophie des Fortschritts*« (Leipzig 1898). Darüber hinaus befasste sich DUBOC besonders mit Fragen zur Moral, doch gab er zu: »Bei dem gänzlichen Mangel an Begriffen, woraus ich Moral mir ableiten und worauf ich sie gründen sollte, dachte ich mir bisher: Sittlich handelt, wer nach reifer Überlegung das tut, was ihm nach bestem Wissen als seine Pflicht erscheint. Das ist wahrscheinlich sehr ungenügend, aber ich weiß nichts anderes; auch gewinne ich damit gerade für das Wichtigste, das objektiv Sittliche, keinen Standpunkt, nach dem ich auch eben noch vergebens suche.«[18)]

Der zweite Band der Feuerbachschen Werke hatte DUBOC »sehr gut gefallen«, allerdings warf dieser Schwierigkeiten auf, denn hier offenbarten sich DUBOCs Unkenntnis der Werke von HEGEL, KANT, SCHELLING und FICHTE.[19] Er bat FEUERBACH um Hilfe bei der Literaturauswahl, worauf ihm FEUERBACH Arbeiten über die Philosophie seit KANT von CHALYBÄUS, FORTLAGE und SCHALLER empfohlen hat.[20]

DUBOC wollte FEUERBACH auch persönlich kennenlernen und vereinbarte einen Besuch in Bruckberg, zu dem es im Sommer 1853 kam und an den er noch im Dezember 1860 mit »lebhafter Erinnerungskraft« zurückdachte.[21]

1859 dann, DUBOC war in der Zwischenzeit von Australien wieder nach Deutschland zurückgekehrt, regte er FEUERBACH dazu an, eine Streitschrift zu verfassen, über »die bekannten Anschauungen der materialistischen Naturauffassung und die Streitfragen, die sich daran knüpfen – der Ewigkeit des Stoffes – der atomistischen Theorie – dem noch nicht überwundenen Ding an sich und der bloßen Erscheinungswelt – dem Kapitel von der sinnlichen Gewissheit etc.«[22]

Am 7. November 1860 lautet eine weitere Forderung von DUBOC, der in der Zwischenzeit den neunten Band der »*Sämmtlichen Werke*«, die »*Theogonie nach den Quellen des classischen, hebräischen und christlichen Alterthums*« studiert hatte: Was die »Jetztzeit« braucht sei nicht ein solches Buch, für das DUBOC zwar Bewunderung hegte, sondern eine Arbeit im »Kampf gegen den Idealismus«, die nur FEUERBACH von »kompetenter philosophis[cher] Seite aus« schreiben könne.[23] Dass sich FEUERBACH tatsächlich mit einer derartigen Arbeit beschäftigte, beweist der Abschnitt »*Wider den philosophischen Idealismus*«, der in dem Aufsatz »*Über Materialismus und Spiritualismus, besonders in Beziehung auf die Willensfreiheit*«[24] im zehnten Band seiner Werke 1866 erstmals veröffentlicht werden konnte.

So fanden die durchaus aus der Zeit heraus erwachsenen und berechtigten Forderungen DUBOCs ihren Niederschlag. Wobei FEUERBACH stets eine Abgrenzung vom Ich, wie es KANT und FICHTE verstanden, vornahm. Denn nicht das Ich allein, sondern das wahre Ich, welches nur in Beziehung zum Du zu verstehen ist, war für ihn bedeutsam. Er schrieb damals an DUBOC, indem er vor allem auf die Bedeutung der Sinnlichkeit einging: »Aber eine Wahrheit oder Objektivität ohne die Farbe und ohne den Ton, ohne Geruch und Geschmack, ohne Lust und Schmerz der Subjektivität wollen, heißt auf das buddhistische Nichts oder das ‚unsinnige Ding an sich' als die letzte Wahrheit rekurrieren. Ich gehe übrigens bei der Frage von der Realität und Objektivität der Sinne nicht vom Ich gegenüber dem physikalischen oder natürlichen Ding aus, sondern [von] dem Ich, welches außer sich und sich gegenüber ein Du hat, und selbst gegenüber einem andern Ich ein Du, ein selbst gegenständliches sinnliches Wesen ist. Und dieses, obwohl sinnliche, empirische Ich ist meist der Wahrheit des Lebens nach, wonach sich allein die Wahrheit d[es] Denkens richtet, das wahre Ich d[as] Ich, von dem ich in allen Fragen ausgehen muß, wenn ich nicht in abgeschmackte Sophistik verfallen will. Bezweifle ich die Wahrheit des Sinns, so muß ich auch die Wahrheit meiner Existenz, meines Selbst bezweifeln. Kein Sinn, kein Ich, denn es gibt kein Ich, das nicht Du, aber Du ist nur für den Sinn. Ich ist die Wahrheit des Denkens, aber Du ist die Wahrheit der Sinnlichkeit. Was aber vom Menschen dem Menschen, das gilt auch von ihm der Natur gegenüber. Er ist nicht nur das Ich, sondern auch das Du der Natur.«[25)]

Ende 1860 hat DUBOC einen Aufsatz an FEUERBACH geschickt, den er in den »*Deutschen Jahrbüchern für Politik und Literatur*« unter der Überschrift »*Wider die Grundanschauungen des philosophischen Idealismus*« veröffentlicht hatte.[26)] In diesem Aufsatz wendet sich DUBOC sowohl gegen SCHOPENHAUERS populär gewordene Lehrsätze und Anschauungen wie auch gegen JULIAN SCHMIDTS »*Geschichte der deutschen Literatur im neunzehnten Jahrhundert*«. DUBOC richtet dabei den Blick seiner Leser auf FEUERBACH, als »einen ... unserer eminentesten Denker« und zitiert JAKOB MOLESCHOTT mit den Worten: »Will man die herkulische That [...] an welcher in unserer Zeit ein großer Theil der Menschen, ja unbewußt vielleicht die ganze Menschheit arbeitet, so weit sie forscht, an Einen Namen knüpfen, dann hat Ludwig Feuerbach diese That vollbracht. Durch ihn ist die menschliche Grundlage für alle Anschauung, für alles Denken ein mit Bewußtsein anerkannter Fels geworden.«[27)]

Für diesen Aufsatz, indem er versucht hatte, Feuerbachs Gedanken darzustellen, erhielt er von JOHANN JACOBY Anerkennung. Doch dessen Urteil fiel »zu schmeichelhaft« aus, »um es für ganz richtig zu halten«, weshalb DUBOC von FEUERBACH wissen wollte, ob es ihm gelungen sei, seine Auffassungen richtig darzustellen.[28)] FEUERBACH hatte den Artikel »mit derselben Gründlichkeit gelesen, mit welcher er geschrieben ist« und fuhr fort: »Ich stimme Ihnen vollkommen bei sowohl in dem, was Sie aus mir über mich, als in dem, was Sie aus sich selbst über Raum, Kausalität und Identitätsgesetz sagen. Ich habe Sie früher nur für einen philosophischen Dilettanten gehalten, aber Sie haben dies Vorurteil gründlich widerlegt. Darum hat mich auch Ihr Urteil über mich, als ein auf Sachkenntnis gegründetes innerlichst erfreut und ermuntert.«[29)] FEUERBACH wollte DUBOCs Gedanken aus dem erwähnten Aufsatz nicht unbenutzt lassen, hatte er doch damals viel »über die Kant[i]sche Apriorität des Raumes und der Kausalität« nachgedacht, sich Aufzeichnungen gemacht und war zu seinem Werk über die Willensfreiheit u.a. auch durch DUBOC angeregt worden.[30)] Auch wünschte FEUERBACH, dass es DUBOCs »Redaktionsgeschäfte« erlauben mögen recht oft »Proben von der modernen [...] sozialistischen, gemeinschaftlich denkenden Philosophie« zu geben.[31)]

III.

Danach trat erneut – wie schon während DUBOCs Australienaufenthalt – eine größere Schreibpause ein, denn zwischen 1862 und 1866 liegen keine Briefe mehr vor. DUBOC, der wieder nach Berlin umgezogen war, meldete sich bei FEUERBACH brieflich erst wieder, nachdem der zehnte Band der »*Sämmtlichen Werke*« FEUERBACHs veröffentlicht worden war. Hierüber hatte DUBOC zwei Rezensionen verfasst, die bei den Recherchen ausfindig gemacht werden konnten: Die erste erschien im »*Deutschen Museum*«, einer »*Zeitschrift für Literatur, Kunst und öffentliches Leben*«, deren Herausgeber ROBERT PRUTZ war[32)], und die zweite, längere Rezension druckte die Augsburger »*Allgemeine Zeitung*«.[33)]

Da DUBOCs gemachte Äußerungen, besonders hinsichtlich der Kritik des Idealismus und zu den Auffassungen zur Moralphilosophie erheblich von FEUERBACH abweichen, kommt es zu einem brieflichen Wortwechsel, in deren Folge die Korrespondenz von Seiten FEUERBACHs für immer beendet wurde.[34)] Die beiden Rezensionen in denen sich DUBOC hinreichend klar – bei allen Gemeinsamkeiten – auch gegen FEUERBACH ausspricht, waren der Grund für die Beendigung des Schriftwechsels. Deutlich wird dies aus FEUERBACHs Antwortbrief – es war gleichzeitig sein letzter Brief an DUBOC –, der Ende Oktober/Anfang November 1866, unmittelbar nach dem Druck der Rezension in der »*Allgemeinen Zeitung*«, geschrieben worden ist. FEUERBACH bestritt darin, von DUBOC wahrhaft verstanden worden zu sein.[35)]

Da FEUERBACH dann später in seinem Fragment zur »*Zur Moralphilosophie*«[36)] auf die falsch verstandenen Passagen DUBOCs – ohne ihn dabei namentlich zu nennen – eingegangen ist, soll ein Zitat aus DUBOCs Rezension aus der »*Allgemeinen Zeitung*« folgen, welches die unterschiedlichen Positionen deutlich werden lässt. DUBOC fasste nämlich seine Gedanken am Ende der Rezension wie folgt zusammen: »[...]jede Handlung die keinen andern Ursprung hat als den des Pflichtbewußtseyns ist – gleichgültig was ihr Inhalt – aus moralischen Motiven hervorgegangen. Das Pflichtbewußtseyn hängt allerdings mit dem Glückseligkeitstrieb zusammen, insofern ich zum Begriff der Pflicht mich nicht anders erheben kann als auf Grund der Anerkennung des Glückseligkeitstriebs anderer, deren Anforderungen, soweit ich sie als begründet zugeben muß, für mich der Inbegriff meiner Pflichten darstellen. Aber diese Anerkennung selbst vollzieht sich nicht in Folge meines Glückseligkeitstriebs, sondern in Folge des theoretischen Zwangs des Ver-nunftgesetzes welches mich beherrscht. Diese (theoretisch vollzogene) Anerkennung zu bestätigen durch die Praxis meines Lebens ist Moralität, wel-che sich demnach darstellt als der lebendige Ausdruck, als die Veräußerlichung des mir innewohnenden Vernunftgesetzes. Das Princip der Moral, in einem Ausdruck zusammengefaßt, ist daher die Einheit, die Uebereinstimmung von Denken und Seyn, die Wahrhaftigkeit.«

»Dieser Standpunkt«, so argumentiert DUBOC weiter, »ergibt nun allerdings eine nicht unerhebliche Abweichung von der Auffassung Feuerbachs über das Wesen der Moral. Wenn dieser in dem angeführten Aufsatz [Duboc bezieht sich hier auf Feuerbachs Abhandlung »Über Spiritualismus und Materialismus, besonders in Beziehung auf die Willensfreiheit« – M. K.], nach einer Darlegung daß im menschlichen Verkehr überhaupt die Befriedigung der eigenen Selbstliebe stets an die Befriedigung der fremden Selbstliebe geknüft sey, selbst ohne Wissen und Willen des kurzsichtigen und selbsüchtigen Menschen, auf die Aufgabe der Moral zu sprechen kommt, und darüber bemerkt: ,Was anderes kann also die Aufgabe der Moral seyn als dieses in der Natur der Dinge, in der Gemeinschaft selbst von Luft und Licht, von Wasser und Erde gegründetes Band zwischen eigener und fremder Glückseligkeit mit Wissen und Willen zum Gesetz des menschlichen Denkens, und Handelns zu machen?'[37] so ergibt sich [...] daß wir ihm hierhin nicht ohne wesentliche Einschränkungen zu folgen vermögen. Wenn dieser hier der Moral als Aufgabe zuerkannte Nachweis sich überhaupt stricte führen ließe, wie er sich unzweifelhaft nicht führen läßt, so wäre in der That das Problem lösbar, von dem Glückseligkeitstrieb des Menschen ausgehend und in steter Bejahung mit demselben den Inhalt der Moral zu entwickeln. Allein dieser Lösung steht schon der von Kant hervorgehobene und nicht wohl zu widerlegende Umstand entgegen daß in der That ,jeder seine eigene Glückseligkeit hat.'[38] Unmöglich ist es den Beweis zu führen daß ein gemeinsames Band eigene und fremde Glückseligkeit verknüpft, wenn der Inhalt von beiden durch wesentliche Verschiedenheit verbindungsunfähig gegenübersteht; unmöglich ist es aber auch aus dem weitern Grund, weil unzweifelhaft die Erfüllung meiner Pflicht, d.h. die Befriedigung des von mir als berechtigt zugegebenen Anspruchs des fremden Glückseligkeitstriebs, meinem Glückseligkeitstrieb unter Umständen die schmerzlichsten Opfer auferlegen, ihm direct widersprechen kann. Dieser Widerspruch ist unläugbar vorhanden, er wird auch dadurch nicht weggeschafft daß Feuerbach ,die Fälle wo Pflicht und Glückseligkeitstrieb in Widerstreit geraten,'[39] zu den Ausnahmen und nicht zu der Regel rechnet.«[40]

Als FEUERBACH diese Rezension, auf die ihn der Autor am 21. Oktober 1866 selbst aufmerksam gemacht hatte[41], gelesen hatte, bestritt er, von DUBOC je wahrhaft verstanden worden zu sein und versetzte dessen Kritik »in die Klasse der verfehlten Kritiken [...], in die Klasse der Kritiken, die nicht das, was ich sage, wenn auch mit deutlichsten Worten, sondern was sie sich selbst von mir in den Kopf setzen, was sie von mir denken, zum Gegenstand ihrer Ausstellungen machen«.[42]

In Bezug auf die Glückseligkeit verwies FEUERBACH abermals auf seine »*Theogonie*«, denn in dem darin enthaltenen Abschnitt »*Das Gewissen und das Recht*« war er bereits auf Glückseligkeit und Recht eingegangen.[43]

Auch habe DUBOC FEUERBACHs Fassung der Moral in Abgrenzung zu KANT und SCHOPENHAUER überhaupt nicht verstanden: »Nun ist aber grade mein charakteristischer Ausgangspunkt der Satz«, entgegnet FEUERBACH, »daß die Moral nicht, wie bei Kant, Schopenhauer usw. aus dem Ich allein, sondern nur aus dem Ich und Du abgeleitet werden kann, und zwar nicht nur aus dem in Gedanken existierenden Du, [...], sondern aus dem sinnlichen, leiblichen, außer meinem Kopfe existierenden, mir persönlich gegenüberstehenden Du, welches eben deswegen, wenn keine gütlichen Ermahnungen und Vorstellungen helfen, selbst durch körperliche Demonstrationen die Anerkennung seines Rechts auf Leben, Eigentum, Ehre, kurz seines Glückseligkeitstriebes mir aufdringt.«[44]

Die Wechselwirkung zwischen dem Ich und Du löste FEUERBACH nur über die Sinnlichkeit, denn »nur sinnliche Wesen«, schrieb er bereits in seinen »*Grundsätzen der Philosophie der Zukunft*«, »wirken aufeinander ein«.[45] Später hieß es dann in seinem Notizbuch: »[...] da der Sensualismus sich bei mir auf die Wahrheit der menschlichen Gemeinschaft stützt, die Realität des Du als ein nicht ‚Gesetztes', sondern Ursprüngliches gilt, so ist [...] der Humanismus oder Anthropologismus der meinen Standpunkt bezeichnende Name, der Humanismus das wesentliche Princip meiner Anschauung«.[46]

Abschließend bleibt anzumerken, dass DUBOC noch versucht hatte, weiter mit FEUERBACH im brieflichen Kontakt zu bleiben, doch FEUERBACH beantwortete die Schreiben von DUBOC nicht mehr. DUBOC hat es später sehr bereut, die Rezensionen über den zehnten Band der »*Sämmtlichen Werke*« FEUERBACHs überhaupt geschrieben zu haben: »Man würde bekanntlich Manches im Leben anders einrichten, Manches anders anstellen, wenn man überall den Zusammenhang der Verhältnisse übersähe; und so kann auch ich mich noch jetzt, nach beinahe zehn Jahren, eines gewissen Bedauerns nicht erwehren, daß es gerade mir zufallen mußte, Feuerbachs letztes Buch in der Augsb[urger] Allg[emeinen] Zeitung einer ausführlichen Besprechung zu unterziehen. Hätte ich die Stimmung des Philosophen so genau gekannt, wie sie sich in dem eben mitgetheilten Brieffragmente ausspricht, so würde ich unzweifelhaft das Stillschweigen dem Reden vorgezogen haben, denn meine Besprechung konnte bei aller Anerkennung für den Gesammtinhalt an einigen schwächeren Partien des Buches nicht ohne alle Einwendungen vorbeigehen. Es ist nicht hier der Ort, auf unsere sachlichen Differenzen näher einzugehen. Feuerbach aber, der gerade von mir, dem er noch vor wenigen Jahren die Anerkennung ausgesprochen hatte, daß ihn mein Urtheil über ihn ‚als ein auf Sachkenntniß gegründetes, innerlichst erfreut und ermuntert habe'[47], eine viel genauere Uebereinstimmung erwartet haben mochte, fand sich durch meine Kritik in seinen Erwartungen getäuscht und herabgestimmt, und auch mein nachträglicher brieflicher Versuch einer Verständigung über einige Hauptpunkte wird an diesem unangenehmen Eindruck nicht viel geändert haben.«[48]

Anmerkungen

1) Auszug aus dem Notizbuch Feuerbachs; hier zitiert nach Wilhelm Bolin: Ludwig Feuerbach. Sein Leben und seine Zeitgenossen. Mit Benutzung ungedruckten Materials, Stuttgart 1891, S. 58.

2) Vgl. zu dieser Problematik auch die Dissertation von M. Köppe über den ersten Herausgeber des Nachlasses von Ludwig Feuerbach: Karl Theodor Ferdinand Grün (1817–1887). Diss. phil., Freie Universität Berlin, Berlin 2004. – Eine ausführliche, wissenschaftliche Darstellung über das Leben und besonders über Julius Dubocs Wirken fehlt bis heute.

3) Wilhelm Bolin: Ludwig Feuerbach. Sein Leben und seine Zeitgenossen, a. a. O., S. 4.

4) Siehe Ludwig Feuerbach an Wilhelm Bolin, 26. März 1858. In: Ludwig Feuerbach. Gesammelte Werke, hrsg. von der Berlin-Brandenburgischen Akademie der Wissenschaften durch Werner Schuffenhauer, Berlin 1967 ff. [Zitiert mit: Feuerbach GW] Bd. 20, S. 180.

5) Sie sind in den Bänden 20 und 21, dem vierten und fünften Briefwechselband der »Gesammelten Werke« Ludwig Feuerbachs, abgedruckt. Allerdings bleibt anzumerken, dass die Korrespondenzen nicht vollständig erhalten geblieben sind bzw. die fehlenden Briefe noch nicht aufgefunden werden konnten.

6) Vgl. die Briefe in den Bänden II: 1813-1822 und III: 1823-1831 der Briefe von und an Hegel, hrsg. von Johannes Hoffmeister, Berlin 1970.

7) Julius Duboc an Ludwig Feuerbach, 7. November 1860. In: Feuerbach GW, Bd. 20, S. 301.

8) Ludwig Feuerbach an Julius Duboc, 27. November 1860. In: Feuerbach GW, Bd. 20, S. 312.

9) Julius Duboc an Ludwig Feuerbach, 7. November 1860. In: Feuerbach GW, Bd. 20, S. 301.

10) Wieviele Kinder insgesamt aus der Ehe hervorgegangen sind, ist nicht bekannt, nur in einem Brief von 1866 sprach Duboc davon, daß ein »erstes Töchterchen« geboren worden war (Julius Duboc an Ludwig Feuerbach, 21. Oktober 1866. In: Feuerbach GW, Bd. 21, S. 264).

11) Julius Duboc an Ludwig Feuerbach, 21. März 1853. In: Feuerbach GW, Bd. 20, S. 17.

12) Der genannte Band enthält in der Reihenfolge nach der Ausgabe von 1846 folgende Aufsätze:

Vorwort

Ueber das Wunder

Ueber Philosophie und Christenthum in Beziehung auf den der Hegelschen Philosophie gemachten Vorwurf der Unchristlichkeit

Kritiken des modernen Afterchristenthums[:]

I. Kritik der „christlichen Rechts- und Staatslehre, von F. J. Stahl“

II. Kritik der christlichen oder „positiven" Philosophie
III. Kritik der christlichen Medicin

Ueber den Mariencultus

Beleuchtung einer theologischen Recension vom »Wesen des Christenthums«

Zur Beurtheilung der Schrift: »das Wesen des Christenthums«

Das Wesen des Glaubens im Sinne Luthers

Der Unterschied der heidnischen und christlichen Menschenvergötterung

Merkwürdige Aeußerungen Luthers nebst Glossen

Ueber das »Wesen des Christenthums« in Beziehung auf den »Einzigen und sein Eigenthum«

Ergänzungen und Erläuterungen zum »Wesen der Religion«

Das Wesen der Religion.

13) Siehe Julius Duboc an Ludwig Feuerbach, [vor dem 18. Mai] 1853. In: Feuerbach GW, Bd. 20, S. 31-32.

14) Ebenda, S. 30.

15) Julius Duboc an Ludwig Feuerbach, 20. April [1853]. In: Feuerbach GW, Bd. 20, S. 28.

16) Vgl. Anselm Ritter von Feuerbach's Leben und Wirken aus seinen ungedruckten Briefen und Tagebüchern, Vorträgen und Denkschriften veröffentlicht von seinem Sohne Ludwig Feuerbach, 2 Bde., Leipzig 1852.

17) Ludwig Feuerbach an Julius Duboc, 20. Mai 1853. In: Feuerbach GW, Bd. 20, S. 36-37.

18) Julius Duboc an Ludwig Feuerbach, 25. Mai [1853]. In: Feuerbach GW, Bd. 20, S. 39.

19) Vgl. Julius Duboc an Ludwig Feuerbach, 12. Juli 1853. In: Feuerbach GW, Bd. 20, S. 52.

20) Ludwig Feuerbach an Julius Duboc, 22. Juli 1853. In: Feuerbach GW, Bd. 20, S. 53.

21) Julius Duboc an Ludwig Feuerbach, 25. Dezember 1860. In: Feuerbach GW, Bd. 20, S. 318.

22) Julius Duboc an Ludwig Feuerbach, 16. Februar 1859. In: Feuerbach GW, Bd. 20, S. 218.

23) Julius Duboc an Ludwig Feuerbach, 7. November 1860. In: Feuerbach GW, Bd. 20, S. 302.

24) Ludwig Feuerbach: Über Spiritualismus und Materialismus, besonders in Beziehung auf die Willensfreiheit. In: Ludwig Feuerbach. Sämmtliche Werke, Bd. 10, Leipzig 1866, S. 37-204. (vgl. auch Feuerbach GW, Bd. 11, S. 53-186).

25) Ludwig Feuerbach an Julius Duboc, 27. November 1860. In: Feuerbach GW, Bd. 20, S. 311.

26) J[ulius] Duboc: Wider die Grundanschauungen des philosophischen Idealismus. In: Deutsche Jahrbücher für Politik und Literatur, Berlin 1862, S. 118-138.
In diesem Beitrag stellt Duboc Feuerbachs Leistungen dar und zitiert u. a. aus einem Brief, den er von Feuerbach erhalten hatte; allerdings ohne dabei das Briefdatum zu nennen. Siehe dazu aus dem genannten Beitrag von Duboc (S. 134, Fußnote 1) und Feuerbachs Brief vom 27. November 1860 (GW Feuerbach, Bd. 20, speziell S. 311-312).

27) Ebenda, S. 119.

28) Julius Duboc an Ludwig Feuerbach, 24. November 1862. In: Feuerbach GW, Bd. 21, S. 43.

29) Ludwig Feuerbach an Julius Duboc, 13. Dezember 1862. In: Feuerbach GW, Bd. 21, S. 50-51.

30) Vgl. die beiden Briefe Feuerbachs an Duboc vom 10. Juli 1862 (Feuerbach GW, Bd. 21, S. 22-23) und vom 13. Dezember 1862 (ebenda, S. 50-51).

31) Ebenda, S. 51.

32) Siehe Julius Duboc: Gottheit, Freiheit und Unsterblichkeit vom Standpunkt der Anthropologie. In: Deutsches Museum, Leipzig, Nr. 37 vom 13. September 1866, S. 340-346.

33) Siehe Julius Duboc: Zur philosophischen Literatur. Ludwig Feuerbach: Gottheit, Freiheit und Unsterblichkeit vom Standpunkt der Anthropologie. Leipzig. Otto Wigand. 1866. In: Allgemeinen Zeitung, Augsburg, 19. Oktober bis 21. Oktober 1866 (vgl. Nr. 292, 293 und 294).

34) Dass der Briefwechsel zwischen Feuerbach und Duboc um 1866 aufhörte, fiel auch Wilhelm Bolin auf, er gab jedoch dafür zunächst keine Gründe an (siehe Wilhelm Bolin: Ludwig Feuerbach. Sein Leben und seine Zeitgenossen, a. a. O., S. 342, Fußn. 19). – Erst nach Dubocs Tod, in seiner Arbeit: »Ausgewähnte Briefe von und an Ludwig Feuerbach. Zum Säkulargedächtniss seiner Geburt« (Leipzig 1904) ließ Bolin (siehe ebenda, Bd. 1, S. 153) ganz allgemein verlauten und ohne eine genaue bibliographische Angabe zu Dubocs Besprechungen zu machen: »Ein stark ausgeprägtes Verlangen nach einer bedingungslosen Unparteilichkeit hat ihn [Julius Duboc - M. K.] zu manchen Concessionen und Zugeständnissen an ein mit Feuerbachs Principien unvereinbares Denkverfahren vermocht, wodurch schon in den sechziger Jahren eine Lockerung der persönlichen Beziehungen zu ihm eintrat. Sie hörten gänzlich auf um 1866, als Duboc, bei Besprechung des eben damals veröffentlichten zehnten Bandes der Werke Feuerbachs, diesen zu einer brieflichen Auseinandersetzung veranlasste, worin er dem Beurtheiler eine durchaus irrige Auffassung der in dem neuen Werk dargelegte Lehren und Ansichten nachzuweisen hatte.«

35) Ludwig Feuerbach an Julius Duboc, [Ende Oktober/Anfang November]. In: Feuerbach GW, Bd. 21, S. 269-271.

36) Siehe Ludwig Feuerbach: Zur Moralphilosophie. In: Karl Grün: Ludwig Feuerbach in seinem Briefwechsel und Nachlass sowie in seiner Philosophischen Charakterentwicklung, 2. Bd.: 1850 – 1872, Leipzig – Heidelberg 1874, S. 253 bis 305. – Vgl. auch Ludwig Feuerbach. Etica e felicità: con una raccolta die aforismi die argomento morale. A cura di Ferrucio Andolfi. Trad. di Barbara Bacchi, Milano 1992 und Ludwig Feuerbach. Zur Moralphilosophie. (1868). Kritisch revidiert von Werner Schuffenhauer. In: Solidarität oder Egoismus. Studien zu einer Ethik bei und nach Ludwig Feuerbach. Hrsg. von Hans-Jürg Braun, Berlin 1994, S. 353-430.

37) Zitat aus Ludwig Feuerbachs Arbeit: Über Spiritualismus und Materialismus, besonders in Beziehung auf die Willensfreiheit. In: Feuerbach GW, Bd. 11, S. 78.

38) Vgl. beispielsweise Immanuel Kant: Kritik der praktischen Vernunft, hrsg. von Karl Vorländer, Hamburg 1990 (= Philosophische Bibliothek, Bd. 38), S. 40-41. – Siehe auch Ludwig Feuerbach: Über Spiritualismus und Materialismus .... In: Feuerbach GW, Bd. 11, S. 78-79.

39) Ludwig Feuerbach: Über Spiritualismus und Materialismus ... In: Ebenda, S. 78.

[40] Julius Duboc: Zur philosophischen Literatur. Ludwig Feuerbach: Gottheit, Freiheit und Unsterblichkeit vom Standpunkt der Anthropologie. Leipzig. Otto Wigand. 1866. In: Allgemeine Zeitung, Augsburg, Nr. 294 vom 21. Oktober 1866, S. 4831.

[41] Julius Duboc an Ludwig Feuerbach, 21. Oktober 1866. In: Feuerbach GW, Bd. 21, S. 263-264.

[42] Ludwig Feuerbach an Julius Duboc, [Ende Oktober/Anfang November 1866]. In: Feuerbach GW, Bd. 21, S. 271.

[43] Ludwig Feuerbach: Theogonie nach den Quellen des classischen, hebräischen und christlichen Alterthums. A. a. O. (Anm. 36). In: Feuerbach GW, Bd. 7, S. 135-147, bes. S. 137. – Siehe auch Ludwig Feuerbach: Zur Moralphilosophie (1868), S. 419, wo Feuerbach auf seine »Theogonie ...« und die Behandlung des Gewissens zurückkommt.

[44] Ludwig Feuerbach an Julius Duboc, [Ende Oktober/Anfang November 1866]. In: Feuerbach GW, Bd. 21, S. 269.

[45] Ludwig Feuerbach: Grundsätze der Philosophie der Zukunft. In: Feuerbach GW, Bd. 9, S. 317.

[46] Wilhelm Bolin: Ludwig Feuerbach. Sein Leben und seine Zeitgenossen, a. a. O., S. 57-58.

[47] Vgl. im vorliegenden Text, Anmerkung 29.

[48] Julius Duboc: Gegen den Strom. Gesammelte Aufsätze, 2. Ausg., Hamburg 1883, S. 180-181.

FRIEDER OTTO WOLF

Feuerbach und Herder – Eine erste Annäherung an eine andere Genealogie des Humanismus

Das Folgende ist nicht mehr als Mitteilungen aus einem ‚work in progress'.[1] Im Zentrum steht dabei die explorative Arbeit an Texten[2], welche vom philosophischen *mainstream* seit langem nicht mehr gelesen werden, weil sie als ‚unphilosophisch' gelten.

Das tragende Motiv dieser Bemühungen ist die Frage danach, wie nach dem welthistorischen Ende der ‚deutschen Linie' in der Philosophie, das diese in der Niederlage des Nationalsozialismus gefunden hat, in Deutschland noch philosophiert werden kann. Es geht m.a.W. um die metaphilosophische Fragestellung danach, was denn eigentlich heute ‚philosophisch' und was ‚unphilosophisch ist, bzw. falls diese Formulierung als ‚naiv ontologisch' Anstoß erregen sollte, was uns als ‚philosophisch' oder ‚unphilosophisch' gelten soll.

Die historische Besinnung gerade auf FEUERBACH und HERDER bietet sich in diesem Zusammenhang an, da beide Autoren so sehr in den Schatten philosophischer Zeitgenossen geraten sind, dass sie geradezu innerhalb dieser ‚deutschen Linie' in der Philosophie unsichtbar geworden sind. FEUERBACH scheint für Marxisten und Antimarxisten gleichermaßen im Schatten von MARX verschwunden zu sein; HERDER wurde von der kantischen Kritik als neuer hegemonialer Gestalt der Philosophie als ‚naiv' beiseite geschoben. Zugleich hat die von WINDELBAND (1872, 741) als Sprachrohr des nationalen Bildungsbürgertums ausgesprochene Verwünschung, FEUERBACH als »verlorenem Sohn des deutschen Idealismus« möge »keine Rückkehr in das Vaterhaus des deutschen Gedankens« beschieden sein[3], sich immer noch insgesamt erfüllt – der seit den 1960er Jahre neu einsetzenden deutschen und internationalen Debatte und der neuesten Gedenkbriefmarke zum Trotz.

1. Eine andere Philosophie?

HERDER und FEUERBACH haben sich als metaphilosophische Programmatiker einer ‚neuen Philosophie' geäußert – von ihren Jugendwerken bis zu ihren Altersschriften. Diese sollte weder in die Verhaftetheit der antiken Philosophie in vorausgesetzte Herrschaftsverhältnisse zurückfallen, noch den subjektiven Individualismus der von BACON, DESCARTES und HOBBES begründeten Philosophie der Neuzeit fortsetzen. Insofern teilen sie die kantische oder marxsche Hinterfragung der herrschenden Praxis der Philosophie. Allerdings haben sie an die Stelle der spezifischen Radikalität sowohl der kantischen als auch der marxschen Kritik eigene Neuansätze des Philosophierens gesetzt, die wir in ihrer Spezifik allererst ausbuchstabieren müssen. Vorab können wir bereits festhalten, dass es ihnen – wenn auch nicht mit der selbstzerstörerischen Konsequenz der ‚positiven Philosophie' des späten SCHELLING – um eine in Anspruch genommene ‚Unmittelbarkeit' von Erkenntnis und Praxis ging, die sich weder vom kantischen Kritizismus, noch von der hegelschen Vermittlungsdialektik erschüttern ließ.

Damit haben sie sich – jedenfalls *prima facie* – in das Problem der Spekularität verstrickt, der gemäß die Subjekte menschlichen Denkens und Handelns immer wieder sich selbst »wie in einem Spiegel« (INGMAR BERGMAN) begegnen und keinen wirklichen Weg zum ‚anderen' finden.

HERDER (1763, SW 32, 31-61) bestimmt zunächst die Philosophie überhaupt als ein umkämpftes Terrain: Er sieht die Philosophie eben so sehr als »Gegenstand der Anbetung« (ebd., 31) wie als »Fels der Ärgernis« (ebd.) – zwischen Theologen und Mathematikern, den »Physici« (ebd., 32) und den »Staatskundigen« sucht sie ihren Weg. Ohne die von HERDER ins Zentrum gerückte Frage beantworten zu können: »Wie kann die Philosophie mit der Menschheit und Politik versöhnt werden, so dass sie ihr auch wirklich dient?« HERDER stellt fest: »Weder um zu denken, noch um besser zu empfinden, braucht das Volk Philosophie; diese ist folglich als Mittel zu Zwecken sehr entbehrlich.« Um wenigstens ‚nützlicher' zu werden, muss sie gleichsam ‚aus sich heraus gehen', sich selbst überwinden: »Siehe! Du bist schon Philosoph! O sey Mensch, und denke für sie, dass sie handeln und glücklich sind. So opferst du dich für die Welt auf. – Philosophie nicht allgemein, sondern zum Glück enger – und eben dadurch nützlicher« (ebd., 45). Ihre spezifische Aufgabe sieht HERDER vor allem als selbst geschaffen: »Blos die Philosohie kann ein Gegengift seyn, für alles das Uebel, wohin uns die Philosophische Wissbegierde gestürzt« (ebd., 48). Diese Philosophie wie sie erst werden soll, muss sich auf den Menschen als Gegenstand konzentrieren: »Soll die Philosophie den Menschen nützlich werden, so mache sie den Menschen zu ihrem Mittelpunkt; sie die sich durch gar zu ungeheure Ausdehnungen geschwächt hat, wird stark werden, wenn sie sich auf ihren Mittelpunkt zusammenzieht« (ebd., 52). Zusammenfassend geht er aus von einem grundlegenden Verlust, durch den sich die zeitgenössische Philosophie offenbar von der »alten« unterscheidet, mit der nicht bloß die Philosophie der Antike gemeint ist: „Wir haben seit undenklicher Zeit das Publikum verloren" (ebd., 60) – dadurch hat sich, so müssen wir wohl HERDERs elliptische Formulierung lesen – »das Volk der Bürger und das Volk der Gelehrsamkeit« (ebd.)

voneinander getrennt. So ist »das Pathos des alten Volkes« (ebd., 61) »ausgestorben für die Philosophen, sobald diese einen eigenen Ameisenhaufen haben errichten müssen und sobald die Unterscheidung galt, dass die intellektualische Welt der Himmel, die Republik des Volks Erde sei« (ebd.). Die Absonderung der Philosophie von der Öffentlichkeit und die Zuordnung von Intellektuellen und Volk zu den voneinander geschiedenen Bereichen von Himmel und Erde bilden daher für HERDER »gleichsam zwei Seiten einer und derselben Medaille« (ebd.) – eine Situation wie sie eine neue Philosophie überwinden muss: »Alle Philosophie, die des Volks sein soll, muß das Volk zu seinem Mittelpunkt machen, und wenn man den Gesichtspunkt der Weltweisheit in der Art ändert, wie aus dem Ptolemäischen das Kopernikanische System ward, welche neue fruchtbare Entwickelungen müsse sich hier nicht zeigen, wenn unsre ganze Philosophie Anthropologie wird« (ebd.). In diesem zugleich radikal aufklärerischen und republikanischen Projekt ruft HERDER die Philosophen zu einem »Bund« auf, in dem sich Philosoph und Plebejer zusammenfinden sollen (ebd., 51), und verweist konkreter zurück auf die damaligen Hauptträger der materiellen Produktion – das ‚untere Volk' (ebd., 53) selbst noch der avanciertesten Gesellschaften: »Alles, was die Philosophen lehren und nicht tun können, tun die welcher der Natur am nächsten sind, die einfältigen Landbewohner« (ebd.) – und macht ihnen zur Maxime ihres Philosophierens von diesen zu lernen: »kurz, o Philosoph, gehe auf das Land und lerne die Weise der Ackerleute«. Damit erst würden sie zu einer weitreichenden subversiven Aktion fähig: »verfeinige dies Bild zum Ideal und stürze die unphilosophische Lebensart, stürze den Götzen, der dir die Philosophie als Verderben der Welt zeigt, aber nicht durch die Philosophie« (ebd.).

Als begründender Hintergrund bietet sich hier der spannungsvolle Zusammenhang an, den HERDER zwischen historisch-empirisch gewonnener »Humanität«, »Philosophie« und »Religion« aufbaut: »Dieser Humanität nachzuforschen, ist die echte *menschliche Philosophie*, die jener Weise [d.i. Sokrates, FOW] vom Himmel rief, und die sich im Umgange wie in der Politik, in den Wissenschaften wie in allen Künsten offenbaret. Endlich ist die Religion die höchste Humanität des Menschen, und man verwundre ich nicht, dass ich sie hierhin rechne« (HERDER, Ideen, V, vi, 6). Das passt durchaus zu HERDERs – epistemologisch geradezu in humeanischer Skepsis begründeter – anschließend vorgenommener geschichtsphilosophischer Engführung von Philosophie und Religion: »Nun sehen wir in den Werken der Natur eigentlich keine Ursache im Innersten ein; wir kennen uns selbst nicht, und wissen nicht, wie irgend Etwas in uns wirket. Also ist auch bei allen Wirkungen außer uns alles nur Traum, nur Vermutung und Name; indessen ein wahrer Traum, sobald wir nur oft und beständig einerlei Wirkungen mit einerlei Ursachen verknüpft sehen. Dies ist der Gang der Philosophie und die erste und letzte Philosophie ist immer Religion gewesen« (HERDER, Ideen V, vi, 6). Die Hoffnung auf eine menschliche Zukunft gründet sich für Herder in dieser inneren Anlage zur Humanität. Ihretwegen ist es »keine Schwärmerei, zu hoffen, dass, wo irgend Menschen wohnen, einst auch vernünftige, billige und glückliche Menschen wohnen werden: glücklich , nicht nur durch eigene, sondern durch die gemeinschaftliche Vernunft ihres ganzen Brudergeschlechtes« (HERDER, Ideen, XV, v, 12).

Vor diesem Hintergrund gewinnt HERDERs spätere Neubestimmung der theologischen Dogmatik – als Handlungsgrundlage der Pfarrer in dem mächtigen Apparat der Kirche – ihre volle Brisanz: »Was ist denn Dogmatik, recht gelehrt und recht verstanden, als ein System der edelsten Wahrheiten für's Menschengeschlecht, seine Geistes- und ewige Glückseligkeit betreffend? Eine *scientia rerum divinarum et humanarum*, mithin die schönste, die wichtigste, die wahreste Philosophie; wie sie auch die Kirchväter geheißen haben, eine *philosophia sacra*[4)]« (SCHOTT 1973, 58). Diese herdersche Wendung zur Theologie ist selbst philosophisch und geradezu aufklärerisch begründet: »Sie spricht von allem, wovon die Philosophie spricht: sie nutzt alles, was die Philosophie Wahres weiß und hat, denn die Vernunft ist ihr eine edle Gottesgabe; sie stützt es aber mit mehreren Gründen, sie holt's aus einer höhern Quelle, sie vermehrt's mit unendlichen, neuen, schönen Aussichten – sollte das letzte sie zur unfreien, drückenden Sklavenlehre machen?« (ebd.). Die zusätzliche Kraft und Macht, welche die Theologie mobilisieren kann, nimmt ihr nichts an philosophischem, aufklärenden Gehalt: »Ist nicht Wahrheit überall, auch im Nutzen und Reizen dieselbe Wahrheit? ... Ist eine Verbindung von Lehren, die alle im rechten Verhältniß, mit ihren Gründen und Zwecken vorgetragen werden, nicht Harmonie? Harmonie für den edelsten Sinn der Menschheit, den Verstand, auch in Anmuth?« (ebd., 58f.). Durch eine philosophische Neuinterpretation der christlichen Theologie fallen wir nicht hinter die Vernunft der Philosophen zurück, sondern verankern sie im Gegenteil in einem Gesamtzusammenhang – »denn wo ist der Weise des Althertums, der uns ein solches Gebäude, eine solche Aussicht von Wahrheiten, Lehren, Pflichten und Hoffnungen gegeben hätte, als unsre christliche, bei Christen und Unchristen verachtete Dogmatik wirklich seyn sollte?« (ebd., 59).

Ist nicht gerade damit die Philosophie auf die Seite und inmitten des Volkes angekommen?

FEUERBACHs früheste HERDER-Rezeption, wie sie UWE SCHOTT (1973, 43ff.) ausführlich nachgezeichnet hat, scheint dies geradezu zu belegen: In »Feuerbachs Herder-Exzerpte[n] vom Winter 1823« (ebd., 48) hat Feuerbach Herders Schrift »Briefe, das Studium der Theologie betreffend« ausgezogen, die sich seit 1780/81 nach dessen eigenen Worten »das Zutrauen vieler edeln und guten, auch unbekannten Jünglinge erworben« (zit. n. SCHOTT, ebd., 49) hatten, welche im Theologiestudium — als dem damals einzigen für soziale Aufsteiger zugänglichen Hochschulstudium – eine Orientierung suchten, nimmt der exzerpierende FEUERBACH die Konkretisierung der herderschen Leitthese vom Bibelstudium als Kern der Theologie (welche sich mit seiner eigenen »Jugendfrömmigkeit« – SCHOTT, ebd., 49, vgl. 27f. – deckt) durch HERDER selbst auf: »und das beste Lesen dieses göttlichen Buches ist menschlich« (zit. n. ebd., 49). Dabei greift er auch HERDERs antischolastische, fast schon historisch-materialistische Ausformulierung dieser Lektüreanweisung auf: Erstens eine durchaus nicht psychologisierende Anweisung zum historischen Verstehen – »Werden Sie mit den Hirten ein Hirt, mit dem Volk des Ackerbaus ein Landmann, mit uralten Morgenländern ein Morgenländer, wenn sie diese Schriften in der Luft ihres Ursprungs genießen wollen, und hüten sich insonderheit, so wie vor Abstractionen dumpfer, neuerer Schulkerker, so noch mehr vor so genannten Schönheiten, die aus unseren Kreisen der Gesellschaft jenen heiligen Urbildern des höchsten Alterthums aufgezwungen und aufgedrungen werden« (zit. n. ebd., 51) – und zweitens die ergänzende Maxime einer kritisch-historischen Differenzierung: »Theile! Lies jedes Buch für sich, lies es in seine Zeit zurück und gleichsam auf seiner Stelle; werde mit der Seele und Schreibart jedes einzelnen Schriftstellers vertraut« (zit. n. ebd., 52). Genau in diesem Sinne – den als ‚einfältig' zu beschreiben nur aus Herders damaliger polemischer Intention mit Mühe nachvollziehbar wird – sollte FEUERBACH seinem Vater gegenüber dann rückblickend sein Theologiestudium beschreiben (SW 12, 243, vgl. SCHOTT 52). Für HERDER liegt der Beweis der Göttlichkeit dieser Schriften in nichts anderem als der realen Geschichte des Volkes Israel, welche sie »so naturvoll, aufrichtig, simpel, einzig beschreiben« (zit. n. SCHOTT, ebd., 53): »Gott offenbart sich in der Bibel durch die menschliche Geschichte Israels, wie und weil er sic grundsätzlich nicht über, sondern in Natur und Geschichte, ‚naturvoll' und ‚thätlich' offenbart«, wie SCHOTT (ebd., 54) HERDERs Argumentation treffend resümiert und dabei zugleich den Zusammenhang mit HERDERs »geistiger Begegnung mit Spinoza« (ebd.) herstellt, die ihn den von FEUERBACH exzerpierten Satz formulieren lässt: »je menschlicher, d.i. Menschen-inniger, vertrauter, natürlicher man sich also Werk und Wort Gottes denkt; je gewisser kann man seyn, dass man sich ursprünglich, edel und göttlich denke« (ebd.). Diesen Gedanken HERDERs hat später FEUERBACH in seiner Entgegensetzung von »(in einem schlechten Sinne) theologischer und wissenschaftlich-philosophischer Weltbetrachtung« (SCHOTT, ebd., 55) aufgenommen und akzentuiert: »die Ableitung der Dinge aus (einem extramundanen, außernatürlichen) Gott [ist] nur der Ausdruck des nicht Wissens des wahren, aber eben deßwegen allein göttlichen Grundes« (SW 6, 265f. Anm. 10, vgl. SCHOTT, ebd., 55). Aus dieser frühen Herderrezeption Feuerbachs kann hier nur noch auf die Thematiken einer theologischen Dogmatik als bereicherter Philosophie (SCHOTT, ebd., 57f., vgl. o.), die Problematisierung einer oberflächlich »rationalistischen« Bibelkritik (vgl. SCHOTT, ebd., 56f.), die Erklärung der biblischen Wundererzählungen (SCHOTT, ebd., 59ff.), sowie vor allem die ,wahrheitspolitische' (vgl. WOLF 2002, 128ff.) Zuspitzung der ,Wahrheit' des Christentums auf dessen alltägliche Prakti-zierung verwiesen werden: Es gehe darum »nur einige zu überzeugen, dass sie sich, ohne Schwärmerey und Aberglauben, entschlössen, dem Leben und der Lehre Christi männlich zu folgen, nach seine Grundsätzen zu leben in Wahrheit und stiller Liebe« – oder wie FEUERBACH es formulieren sollte: »Gegen den stillen, unmittelbaren, lebendigen, einfachen, in Handlungen bethätigenden Glauben, wer sollte sich da kehren?« (SW 1, 53; vgl. SW 1, 108ff. u. SCHOTT, ebd., 67) bzw. »Wo daher der Glaube an den Himmel nicht mehr diese Früchte trägt, ... da ist dieser Glaube keine Wahrheit mehr, da ist er nur noch eine Einbildung, ein Glaube, der ... keine practische und folglich objective Realität mehr hat« (SW 1, 93, vgl. SCHOTT, ebd., 66 Anm. 185).

FEUERBACHs programmatische Erklärung seiner Abwendung von der Theologie – »Palästina ist mir zu eng; ich muss, ich muss in die weite Welt, und dies trägt blos der Philosoph auf seinen Schultern« (SW 12, 243, vgl. SCHOTT, ebd., 224) – verabschiedet diese dann immerhin – wenn auch bloß in ihrer gegebenen ,Positivität'. Denn im Hinblick auf ihre schon von HERDER vollzogene philosophische Aufladung vollzieht FEUERBACH eher noch eine Steigerung, durch die er in erster Linie der in der Theologie von ihm diagnostizierten Feigheit den Abschied gibt, ohne sich deswegen den modernen experimentellen Naturwissenschaften zuzuwenden: »ich will die Natur an mein Herz drücken, vor deren Tiefe der feige Theolog zurückbebt, deren Sinn der Physiker missdeutet, deren Erlösung allein der Philosoph vollendet« (SW 12, 244, vgl. SCHOTT, ebd., 225). FEUERBACH erneuert den Anspruch der herderschen Humanität. Es geht ihm um »den Menschen, aber den ganzen Menschen« (ebd.) – abgesetzt von der seit ROUSSEAU problematisierten Arbeitsteilung: »nicht ihn, wie der Arzt auf dem Krankenlager oder in der Anatomie, wie der Jurist im Staate oder im Zuchthause, der Cameralist als Bäcker oder Bierbrauer« (ebd.). Dem gemäß geht es FEUERBACH um eine neue Einheit von Gott und Welt: »Mit den Alles durchdringenden und durchlaufenden Wurzelfasern der Gedanken will ich reichen und mich ausdehnen bis an die Enden der Welt; Gott und sie, dieses schöne Geschwisterpaar, aus ihren vergrabenen Grundfesten und nächtlich verborgenen Sitzen emporgehoben, um das Sonnenrad der Philosophie kreisen und freudig entfalten sehen zu Einem blüthe- und früchtevollen Baume des Lebens« (ebd.).

Als ein entscheidendes intellektuelles Hindernis für sein Projekt identifiziert FEUERBACH – damit über HERDERs Distanzierung von der hegemonial gewordenen kantischen Kritik weit hinausgehend – in seinen »Vorläufigen

Thesen zur Reformation der Philosophie« von 1842 die spekulative Philosophie der Neuzeit insgesamt, welcher HEGEL ihren abschließenden Höhepunkt gegeben habe. Denn deren Kerngedanke sei selber theologisch bestimmt: »Wie nach Spinoza (Ethik, P. 1, Def. 3 u. Prpos. 10) das Attribut oder Prädikat der Substanz die Substanz selbst ist, so ist auch nach Hegel das Prädikat des Absoluten, des Subjekts überhaupt, das Subjekt selbst. Das Absolute ist nach Hegel Sein, Wesen, Begriff (Geist, Selbstbewusstsein)« (FEUERBACH 1996, 4) – damit ist es nach FEUERBACH dem Grunde nach »Theologie« (ebd., 5). Oder, wie er es im § 11 seiner »Grundsätzen der Philosophie der Zukunft« von 1843 formuliert: »Gott ist ein denkendes Wesen, aber Gegenstände, die er denkt, in sich begreift, sind, wie sein Verstand, nicht unterschieden von seinem Wesen« und in diesem beständigen In-sich-selbst-Spiegeln »dieser Einheit des Denkenden und Gedachten« enthüllt er »das Geheimnis des spekulativen Denkens« (FEUERBACH, ebd., 37).

FEUERBACH geht es demgegenüber darum, den »in den überkommenen kulturellen Formen der Religion und der Philosophie bisher immer nur verzerrt und indirekt ausgesprochenen ‚einfachen Wahrheiten' ... zu neuer unverstellter Anerkennung zu verhelfen« (SCHMIEDER 2004, 100). Dafür zentral ist FEUERBACHs Anspruch, »niemals die Beziehung auf das Leben, die praktische Tendenz aus dem Auge verloren« zu haben (GW 9, 8) bzw. die neue Philosophie »mit Blick auf die zeitgenössische gesellschaftsgestaltende Macht der Theologie als eine eminent politische« angelegt zu haben (SCHMIEDER, ebd., 102). In diesem Sinne kann er den ‚neuen Philosophen' auffordern: »Wolle nicht Philosoph sein im Unterschied zum Menschen; sei nichts weiter als ein denkender Mensch ... – dann kannst Du darauf rechnen, dass deine Gedanken Einheiten sind von Sein und Denken« (GW 9, 334).[5] Den damit vollzogenen Bruch mit der ‚alten Philosophie'– die hier deutlich als Philosophie des neuzeitlichen Idealismus erkennbar ist – hat FEUERBACH wiederum ausdrücklich anthropologisch artikuliert: »Wenn man dem Namen der neuen Philosophie, den Namen Mensch mit Selbstbewußtsein übersetzt, so legt man die neue Philosophie im Sinne der alten aus, versetzt sie wieder auf den alten Standpunkt zurück, denn das Selbstbewußtsein der alten Philosophie als abgetrennt vom Menschen ist eine Abstraktion ohne Realität. ... Der Mensch ist das Selbstbewußtsein« (SW 2, 264).

Um diesen Bruch als Durchbruch zur Humanität zu erreichen, ist für FEUERBACH vor allem die Kraft der Negation erforderlich – denn nur »wer den Mut hat, absolut negativ [zu] sein, hat die Kraft Neues zu produzieren« (FEUERBACH 1976, 147). Für diese Operation der Negation nimmt FEUERBACH ebenfalls die Philosophie HEGELs zum Ausgangspunkt (vgl. ARNDT 1998, 9ff.): »Die neue Philosophie ist die Realisation der Hegelschen, überhaupt aller bisherigen Philosophie – aber eine Realisation, die zugleich die Negation, und zwar widerspruchslose Negation, derselben ist« (GW 9, 295). FEUER-

BACH hat die Paradoxien, in die er sich durch diese These der »widerspruchslosen Negation«[6] verwickelt hat, offenbar ‚auf seine Kappe genommen', indem er »es in einer Reihe von paradoxen Formulierungen zum Ausdruck bringt« (ARNDT, ebd., 10): Die »wahre Philosophie ist (...) keine Philosophie« (GW 10, 185), »nur die sich selbst verleugnende Philosophie, die Philosophie, der man es nicht ansieht, dass sie Philosophie ist, [ist] die wahre« (GW 9, 238). Oder auch: »Der Philosoph muß das im Menschen, was nicht philosophiert, was vielmehr gegen die Philosophie ist, dem abstrakten Denken opponiert, das was bei Hegel nur zur Anmerkung herabgesetzt ist, in den Text der Philosophie aufnehmen. Nur so wird die Philosophie zu einer universalen, gegensatzlosen, unwiderleglichen Macht« (FEUERBACH, Vorläufige Thesen, 1996, 13f.). FEUERBACHs metaphilosophische Konsequenz ist daher: »Die Philosophie hat daher nicht mit sich, sondern mit ihrer Antithese, mit der Nichtphilosophie, zu beginnen« (ebd.)

Einerseits kann daher FEUERBACH der »Hegelschen Philosophie« vorhalten, dass ihr unmittelbare Einheit, unmittelbare Gewissheit, unmittelbare Wahrheit« fehlt (ebd., 7), andererseits insistiert FEUERBACH auf einer unauf-hebbaren Differenz, die er anthropologisch verortet: »Die Philosophie ist kein absoluter Akt, ... – sie ist ein Akt des menschlichen Subjekts. Folglich muß sie auch das Wesen dieses Subjekts unverstümmelt enthalten und ausdrücken.« Und dieses Wesen entzieht sich den Postulaten der Identitätsphilosophie: »Der Mensch ist aber kein identisches oder einfaches, sondern wesentlich ein dualistisches, ein thätiges und leidendes, selbständiges und abhängiges, selbstgenugsames und gesellschaftliches ... theoretisches und praktisches, in der Sprache der alten Philosophie: idealistisches oder materialistisches Wesen, kurz er ist wesentlich Kopf und Herz« (Grundsätze, § 58, 96). Auf dieser Grundlage postuliert FEUERBACH eine »der Wahrheit gemäße Einheit von Kopf und Herz«, deren Andersartigkeit er aber nur durch die Angabe ihres Ortes artikulieren kann - »die Wahrheit existiert nicht im Denken, nicht im Wissen für sich selbst« (§ 59) – und nicht in seiner Struktur, welche auch FEUERBACH so beschreibt, dass nicht klar wird, worin der Unterschied zu HEGELs Konzept der ‚dialektischen Einheit' als »Identität von Identität und Nicht-Identität« liegen soll: FEUERBACHs postulierte Einheit »besteht nicht in der Auslöschung oder Vertuschung ihrer Differenz, sondern vielmehr nur darin, dass der wesentliche Gegenstand des Herzens auch der wesentliche Gegenstand des Kopfes ist – also nur in der Identität des Gegenstandes« (ebd.). Dass – vermutlich – FEUERBACH dem Herzen einen Primat einräumen will, in dem ‚die anderen' jedenfalls als Gegenstände des Gefühls präreflexiv gegenwärtig sind, kann in dieser Sprache nicht mehr formuliert werden: Transitive und asymmetrische Verhältnisse können spätestens dann nicht mehr gedacht werden, wenn jeder Zusammenhang als in Gleichheit fundiert gedacht und Gleichheit auch noch mit Identität zur Deckung gebracht wird.

FEUERBACH hat seinen umfassenden philosophischen Erneuerungsanspruch in einer der in der Philosophie seit KANT in Deutschland verbreiteten Trivialisierung der aristotelischen Logik entlehnten Terminologie artikuliert: »Die bisherigen Reformversuche in der Philosophie unterscheiden sich mehr oder weniger nur der Art, nicht der Gattung nach von der alten Philosophie. Die unerlässlichste Bedingung einer wirklich neuen, d.i. selbständigren, dem Bedürfnis der Menschheit und Zukunft entsprechenden Philosophie ist aber, dass sie sich ihrem Wesen nach, dass sie sich toto genere von der alten Philosophie unterscheide« (GW 9, 340f.).

»Die Philosophie als Sache einer besonderen Fakultät [im Sinne des psychischen Vermögens des ‚Denkens', FOW] als Sache des bloßen abgesonderten Denkens isoliert und entzweit den Menschen; sie hat daher die übrigen Fakultäten notwendig zu ihrem Gegensatze. Nur dann erst wird die Philosophie von diesem Gegensatze frei, wenn sie den Gegensatz zur Philosophie in sich selbst aufnimmt« (FEUERBACH SW, 1, 256). Dabei eröffnet sich ihr zugleich ein neuer Zusammenhang – zu den Naturwissenschaften: »Die Philosophie muß sich wieder mit der Naturwissenschaft, die Naturwissenschaft mit der Philosophie verbinden. Diese auf gegenseitiges Bedürfnis, auf innere Notwendigkeit gegründete Verbindung wird dauerhafter, glücklicher und fruchtbarer sein als die bisherige Mesalliance zwischen der Philosophie und der Theologie« (SW 2, 267). Denn der »Philosoph muß die Natur zu seiner Freundin haben, [denn] die Natur ist durch und durch Weisheit, Vernunft. Was er denkt, das tut sie, das sieht er in ihr« (GW 17, 289). An die Stelle des bisherigen »Monolog[s] der Spekulation mit sich selbst«, die sich insgeheim von der Theologie nährt, tritt dabei ein »Dialog der Spekulation und Empirie« (GW 9, 37), der zur alltäglichen Praxis des Volkes offen ist.

Als metaphilosophischen Begriff zur Selbstkennzeichnung dieser neuen Philosophie kombiniert FEUERBACH die Begriffe der genetischen Betrachtungsweise und der Kritik: »Die genetisch-kritische Philosophie ist die, welche einen durch die Vorstellung gegebenen Gegenstand ... nicht dogmatisch demonstriert und begreift, sondern seinen Ursprung untersucht, welche zweifelt, ob der Gegenstand eine wirklicher Gegenstand oder nur eine Vorstellung, überhaupt ein physiologisches Phänomen ist, welche daher aufs strengste zwischen den Subjektiven und dem Objektiven unterschiedet« (SW 2, 222).

2. Ein Humanismus der Begegnung

Ein Grundzug der neuzeitlichen Philosophie liegt in einer – eigentlich ganz erstaunlichen, den Beteiligten aber auf der Hand liegenden – Umkehrung des Verhältnisses von menschlichem Individuum und menschlichen Gemeinwesen bzw. menschlichen Ökologien. An die Stelle einer Betrachtung geschichtlicher, politischer Auseinandersetzungen unter Menschen aus der Perspektive der Reproduktion der Verhältnisse, die sie hervorgebracht haben, tritt die Konstruktion einer – fiktiven bzw. hypothetischen – ‚Erstproduktion' im Ausgang von fertigen, d.h. erwachsenen und im Zweifel männlichen menschlichen Individuen, als deren grundlegendes Charakteristikum ihr rechtlicher Status als Eigentümer (bzw. ihr Anspruch auf einen solchen Status) erscheint. Die radikale Konsequenz dieses ‚possessiven Individualismus' hat unter den Junghegelianer MAX STIRNER mit seinem solipsistischen Anarchismus ausformuliert, nachdem die politische Philosophie der Neuzeit ein breites Spektrum unterschiedlicher Kohärenzpraktiken untersucht hatte, durch die sich aus diesen isolierten Individuen gleichsam nachträglich ein funktionsfähiger gesellschaftlicher Zusammenhang konstruieren ließ – von der Unterwerfung unter die Staatsmacht (HOBBES) über das Zusammenhandeln der demokratischen *multitudo* (SPINOZA) bzw. die eigene Verbindlichkeit ethisch-juridischer Verhältnisse (den *entia moralia* PUFENDORFS) und LOCKES selbstregulierungsfähiger Äquivalententausch auf freien Märkten bis hin zu HUMES gemeinsamen Interesse an ökonomischem Fortschritt, ROUSSEAUS kollektiv-demokratischer Autonomie, KANTS Orientierung an der Verbindlichkeit der Rechtsform oder auch HEGELS Doppelstruktur aus Interessenverbindung (in der bürgerlichen Gesellschaft) und Selbstbestimmung (im Staat als ‚Wirklichkeit der sittlichen Idee').

Diese ‚Naturalisierung des Individuums' bei gleichzeitiger ‚Artifizialisierung des Gemeinwesens' haben HERDER wie FEUERBACH nicht mehr als selbstverständlich nachvollzogen. Im Unterschied zu den konservativen neuzeitlichen ‚Kollektivisten' wie MONTESQUIEU, der von vorneherein diesen Ausgangspunkt der gesamten politischen Philosophie der Neuzeit für irreal erklärte, oder wie auch ADAM FERGUSON, der ihn als solchen historisch erklärte und damit als im Sinne eines aktualisierten Verständnisses des Polis-Gemeinwesens korrigierbar darstellen konnte, ziehen sie sich jedoch nicht auf die bloße Faktizität der übergreifenden historischen Reproduktion der menschlichen Gesellschaften zurück, sondern nehmen sowohl die Frage danach, wie die menschlichen Individuen sich innerhalb dieses Prozesses selbst verorten können, als auch die Frage nach dem möglichen Sinn und Zweck menschlichen Handelns in diesem Prozess ausdrücklich auf. Damit eröffnen sie sowohl den Zugang zu einer erneuten konstruktiven Auseinandersetzung mit der Philosophie der Antike als auch mit den Prinzipien der Philosophie der Neuzeit. Zugleich wird es ihnen dabei möglich, einen neuen Blick auf den von der im 17. Jahrhundert durchgesetzten hegemonialen Gestalt der Philosophie der Neuzeit verächtlich als ‚unsystematisch' und ‚unwissenschaftlich' abgetanen programmatischen ‚Humanismus' der Renaissance in Europa zu werfen – und diesen *als Philosophie* zu erneuern.[7)]

Das beginnt mit einer spezifischen Neuaufnahme der aristotelischen These vom Menschen als *Zoon politikon*: Während dieser die historische Tatsache, dass sich die Polis als Form des politischen Gemeinwesens (unter den Griechen) durchgesetzt hat funktional damit erklärt, nur so könnten Autarkie und ‚gutes Leben' erreicht werden – und daher die Polis zum natürlichen Telos der historischen Entwicklung erklärte, kommt es in der zweiten Hälfte des 18. Jahrhunderts im Kontext einer ersten Problematisierung der sich abzeichnenden modernen ‚bürgerlichen Gesellschaft' von innen zu einer ge-schichtsphilosophischen und anthropologischen Aufladung dieser These: In diesem Sinne postulierte HERDER, »so gern der Mensch alles aus sich selbst hervorzubringen wähnet, so sehr hanget er doch in der Entwicklung seiner Fähigkeiten von anderen ab« (338) – d.h. erst in der Begegnung mit anderen Menschen entwickelt er seine Humanität. Schon der »Kindheit unseres Geschlechts« gewann HERDER (1965a, 157) auf dieser Grundlage die Lehre ab, dass »der Mensch zur Gesellschaft geboren« sei bzw. dass »der Naturstand der Menschen ... der Stand der Gesellschaft« ist (ebd., 360; vgl. Ideen V, vi,6.).

Schon bei HERDER wird dieser Gedanke stark auf die Familienverhältnisse bezogen und auch entsprechend psychologisch stark aufgeladen – er spricht vom »Mitgefühl seiner Eltern«, vom »Trieb seiner schönen Jugend« oder von den »süßesten Namen der Menschheit, Vater, Kind, Bruder, Schwester, Geliebter, Freund, Versorger«. Dem gemäß hat HERDER den (bereits bei ARISTOTELES - Politik I 1 - für die ‚polis' als ‚politisches Gemeinwesen' formulierten) zu einem ganzen Panorama »über des Menschen edle Bildung« ausgebaut und ihm damit eine anthropologische »Gestalt« (Ideen V, vi) gegeben, die von seinem »organischen Gebäude« (ebd., 1.), über den »Geschlechtstrieb« (ebd., 2.), sein »organisches Mitgefühl« als Grundlage von Stimme und Sprache (ebd., 3.), lang dauernde Kindheit (ebd., 4.), das Gefühl für »Gerechtigkeit und Wahrheit« bzw. »Billigkeit« (ebd., 5.) bis hin zur »aufrechte[n] und schäne[] Gestalt« (ebd., 6.).

Diese anthropologische Aufladung der Gesellschaftlichkeit der Menschen – die FICHTE fortgeführt hatte, indem er formulierte »Der gesellschaftliche Trieb gehört demnach unter die Grundtriebe des Menschen« (FGA I/3, 37). – wird von FEUERBACH fortgeführt und spezifischer in eine Deutung der menschlichen Sexualität eingebettet: »Der Mensch glüht von dem ihm nicht auszutreibenden, unauslöschlichen Verlangen, sich mit dem anderen, von dem er von Natur getrennt ist, wie auch immer zu vereinigen (...) so dass der Mensch erst durch die Vereinigung, die zwischen ihm und dem anderen zustande kommt, Mensch wird« (GW 1, 93). Diese Menschwerdung wird bei FEUERBACH zu einem anthropologischen Konstitutionsakt, durch den »der Mensch« aus dem Kreis der übrigen Lebewesen heraustritt[8]): »allein wäre [der Mensch] ein Tier« (GW 1, 93) – »der Mensch wird also erst zum Menschen, er wird nicht als solcher geboren« (GW 1, 163ff.). Dabei kontrastiert

FEUERBACH – im Gegensatz zu FERGUSON und HERDER, welche der menschlichen Gesellschaftlichkeit gerade eine spezifische Natürlichkeit zuschreiben, das »von Natur aus« Eintretende mit dieser gesellschaftlichen Menschwerdung: »Von Natur aus denkt er nämlich nicht, von Natur aus ist er vernunftlos und vom Andern völlig getrennt« (GW 1 163). Darin liegt für FEUERBACH die entscheidende ‚anthropologische Differenz': »Das Tier ist als Einzelwesen Tier. Die Menschen hingegen sind nur als der Eine Mensch, als Menschengattung, als Ein Ganzes, als Eine Gesellschaft wirklich Menschen« (ebd., 164).

Hierin liegt eine atemberaubende Radikalisierung von Überlegungen HERDERs zur spezifischen Geschichtlichkeit der Menschen, die dort aber nicht anthropologisch[9], sondern geschichtsphilosophisch gewendet worden war: »Die Vernunft ist ein Aggregat von Bemerkungen und Übungen unsrer Seele, eine Summe der Erziehung[10] unsres Geschlechts, die nach gegebnen fremden Vorbildern der Erzogne zuletzt als ein fremder Künstler an sich vollendet. Hierin liegt das Principium zur Geschichte der Menschheit, ohne welche es keine solche Geschichte gäbe« (338). Dem gemäß wird für HERDER »eben damit auch die Geschichte der Menschheit notwendig ein Ganzes, d.i. eine Kette der Geselligkeit und bildenden Tradition vom ersten bis zum letzten Glied« (ebd.).[11]

Bei HERDER und auch bei FEUERBACH bleibt ihre Öffnung zu einem Humanismus der Begegnung, in dessen Rahmen die Menschen im Plural – der seit ROUSSEAUs Bonmot, dass die Menschen schlecht, der Mensch aber gut sei, mit philosophischer Bedeutung aufgeladen ist – erst im Miteinander ihre Humanität voll entfalten können, durch spekuläre Schranken eingeengt, denen gemäß ihre historisch gemeinte Anthropologie immer wieder in eine Reflexion gebildeter Innerlichkeit umschlägt.

Der Spekularität der traditionellen spekulativen Philosophie hat FEUERBACH entgegen gehalten, dass die Differenz von begreifendem Subjekt und begriffenem Gegenstand letztlich unaufhebbar ist: »Ein Objekt, ein wirkliches Objekt wird mir nämlich nur da gegeben, wo mir ein auf mich wirkendes Wesen gegeben wird, wo meine Selbsttätigkeit – wenn ich vom Standpunkt des Denkens ausgehe – an der Tätigkeit eines andern Wesens ihre Grenze – Widerstand findet« (FEUERBACH, Grundsätze, § 33, ebd., 75). Auch hier tritt in FEUERBACHs Argumentation sofort deren anthropologische Wendung in Kraft[12]: »Der Begriff des Objekts ist ursprünglich nichts anderes als der Begriff eines anderen Ich ..., daher ist der Begriff des Objekts überhaupt vermittelt durch den Begriff des Du«. Indem FEUERBACH ohne Weiteres hinzusetzt, »des gegenständlichen Ich« wird zugleich deutlich, wie schwierig sich die Herauslösung aus dieser spekulativen Philosophie für ihn gestaltet: »Nicht dem Ich, sondern dem Nicht-Ich in mir, um in der Sprache Fichtes zu reden, ist ein Objekt, d.i. ein anderes Ich gegeben; denn nur da, wo ich aus einem Ich in ein Du umgewandelt werde, wo ich leide, entsteht die Vorstellung einer außer mir seienden Aktivität.« (FEUERBACH, ebd.). Es bleibt ihm aber unmöglich, Gedanken wie den vom »Nicht-Ich in mir« oder von der Umwandlung des Ich in ein Du als solche festzuhalten und zu entwickeln. Der Zwang zur Wiedereingliederung in einen immer schon unterstellten Identifikationszusammenhang ist offenbar übermächtig.

Einerseits finden wir also immer wieder Formulierungen, in denen FEUERBACH ausdrücklich die Beziehung zum anderen als grundlegend postuliert: »Der andere ist mein Da – ob dies gleich wechselseitig ist –, mein alter ego, der mir gegenständliche Mensch, mein aufgeschlossenes Inneres – das sich selbst sehende Auge. An dem anderen habe ich erst das Bewusstsein der Menschheit. Durch ihn erst fühle ich, dass ich ein Mensch bin« (GW 5, 277). Diese können wir mit einer anderen in Zusammenhang bringen, der gemäß zwar »das menschliche Wesen« zugleich »der ,höchste Gegenstand' des Menschen« ist und der »einzelne Mensch für sich ... das Wesen des Menschen nicht in sich« hat – dieses ist »nur in der Gemeinschaft, in der Einheit des Menschen mit dem Menschen enthalten« – eine Einheit, die sich aber auf die Realität des Unterschieds von Ich und Du stützt (GW 9, 338f.).

Andererseits müssen wir jedoch festhalten: Der für FEUERBACHs Konzeption zentrale Gedanke, jedes Individuum habe im Universum seiner »Gegenstände« den umfassenden »Spiegel« seines eigenen »Wesens« (GW 5, 33f.) verbleibt in seiner unaufgelösten Spekularität im Horizont der Identitätsmetaphysik, als einfache Umkehrung der Grundthese von LEIBNIZ' Monadologie, der gemäß jede Monade das gesamte Universum ,widerspiegelt'. FALKO SCHMIEDERs behauptete Feststellung, »daß in das ,Du' als einer das Ich wesentlich angehenden, vom Ich unabtrennbaren [in der Tat nicht einmal ihm gegenüber selbständigen!, FOW] Instanz historische, gesellschaftliche und gegenständlich-sinnliche Momente einbegriffen sind« (SCHMIEDER, ebd., 103) bleibt ein unbegründeter ,Vorgriff der Vollkommenheit' (GADAMER) zugunsten FEUERBACHs. Denn gerade diese historische Konkretion stellt sich als ein bloßes Postulat heraus, das FEUERBACH nicht einlöst und auch nicht einlösen kann. Er kann zwar trefflich gegen die »Abstraktion« wettern (vgl. SCHMIDT 1973, 101, u. SCHMIEDER 2004, 104) durch die »das Wesen der Natur außer die Natur, das Wesen des Menschen außer den Menschen, das Wesen des Denkens außer den Denkakt« gesetzt wird (GW 9, 247, vgl. SCHMIEDER, ebd.) – aber seine Ablehnung jeglicher Vermittlung lässt ihn sich rettungslos in eine spekulare Unmittelbarkeit (vgl. ARNDT 1990 u. 1992 u. SCHMIEDER 204, 105ff. u. 121ff.)[13] verwickeln, welche sich in ein individualpsychologisch artikuliertes Innen zurückzieht und gar kein »Drittes« (FEUERBACH 1996, 134) mehr kennen will.[14]

Dass FEUERBACH damit spätere Konzepte einer Erneuerung der Philosophie aus einem als unvermittelt gegeben Behaupteten (LÖWITH – 1928a verweist auf die Phänomenologie, ALTHUSSER – 1995 – , darüber hinaus noch auf Existenzialismus und Strukturalismus) antizipiert hat, ist nicht zu bestreiten (vgl. SCHMIEDER 2004, 123 zu der dankbaren Aufnahme, die diese beruhigende These in der Sekundärliteratur gefunden hat). Die spannende Frage ist aber eine andere: Leisten diese philosophischen Konzepte die Überwindung der spekulativen Vermittlungsphilosophie, wie sie HEGEL vertreten hat, bzw. könnten sie dies überhaupt leisten?[15)]

FEUERBACH hat zwar einerseits immer wieder postuliert, »ich bin ... wesentlich ein mich auf ein anderes Wesen außer mir beziehendes Wesen, bin nichts ohne diese Beziehung« (GW 11, 172), andererseits wird dieses andere aber immer wieder letztlich vom eigenen Ich aus begriffen. Diese Aporie wird exemplarisch in FEUERBACHs Bestimmung des Theorie-Praxis-Verhältnisses greifbar: »Was ist Theorie, was Praxis? Worin besteht ihr Unterschied? Theoretisch ist, was nur noch in meinem Kopfe steckt, praktisch, was in vielen Köpfen spukt« (GW 9, 342).

Im Kern der zugrundeliegenden Problematik finden wir FEUERBACHs eigentümlichen Begriff von ‚Gegenstand' und ‚Vergegenständlichung'[16)]: »Der Mensch ist sich selbst zugleich Ich und Du; er kann sich selbst die Stelle des andern vertreten[17)]; ebendeswegen, weil ihm seine Gattung, sein Wesen, nicht nur seine Individualität, Gegenstand ist« (GW 5, 29). Und genau darin sieht FEUERBACH »den wesentlichen Unterschied des Menschen vom Tiere« (GW 5, 28). Das für den Menschen kennzeichnende »Bewußtsein im strengsten Sinne ist nur da, wo einem Wesen seine Gattung, seine Wesenheit, Gegenstand ist« – was sich für FEUERBACH zentral darin äußert, dass der »Mensch denkt, d.h. er kommuniziert, er spricht mit sich selbst«; denn »das Tier kann keine Gattungsfunktion verrichten ohne ein anderes Individuum außer ihm; der Mensch aber kann die Gattungsfunktion des Denkens, des Sprechens – denn Denken und Sprechen sind wahre Gattungsfunktionen – ohne einen anderen verrichten« (GW 5, 28f.).[18)] Die höchste Steigerung dieser spekularen Form findet FEUERBACH auf dieser Grundlage in Gott: »Wie der Mensch sich Gegenstand ist so ist ihm Gott Gegenstand; wie er denkt, wie er gesinnt ist, so ist sein Gott. Das Bewusstsein Gottes ist das Selbstbewusstsein des Menschen, die Erkenntnis Gottes die Selbsterkenntnis des Menschen.« (GW 5, 46) »Gott ist das ab- und ausgesonderte, subjektivste Wesen des Menschen ... Je subjektiver Gott ist, desto mehr entäußert[19)] der Mensch sich seiner Subjektivität, weil Gott per se sein entäußertes Selbst ist« (GW 5, 73).[20)] Für FEUERBACH ist daher die »Religion nichts anderes als das vergegenständlichte Selbstbewusstsein des Menschen« (GW 5, 126), oder auch, im direkten Rückgriff auf die Metapher der Spekularität, formuliert: »die Reflexion, die Spiegelung des menschlichen Wesens in sich selbst (ebd., 127).[21)]

Das »Geheimnis der Theologie« ist die »Anthropologie« (GW 5, 443f.)

als eine Art der Selbsterkenntnis des Ich – oder wie ARNDT (1998, 12) es in Klartext übertragen hat: »dass das praktische Objekt selbst das Subjekt sei, dies lässt sich nur dann als unmittelbare Entsprechung denken, wenn das Subjekt in seinem Wesenskern immer schon dasselbe war, was es ist und sein wird«.

Der aporetische Charakter dieses Verhältnisses wird vielleicht noch deutlicher, wenn wir uns auf die obverse Begrifflichkeit der »Aneignung« beziehen. PETER KEILER (247f. Anm. 16) hat das »Quid-pro-Quo« entwirrt, das um diesen Begriff im ersten Drittel des 19. Jahrhunderts entstanden ist. Dabei hat er im Rückgriff auf KRUGS ‚Allgemeines Handwörterbuch der philosophischen Wissenschaften' (1832) und zunächst drei Hinsichten unterschieden, unter denen von ‚Aneignung' zu reden ist: die physische Hinsicht als Einverleibung, die psychische Hinsicht, »durch die man sich fremde Vorstellungen, Fertigkeiten u.a. Vorzüge oder Fehler, selbst Tugenden und Laster, zu eigen machen kann«, sowie die rechtliche Hinsicht, »durch welche man eine Sache, die bisher entweder gar keinen oder einen anderen Herrn hatte, zu seinem Eigenthum macht.« Schon bei HERDER (1784/85) hat ein folgenschwerer Entwicklungsprozess begonnen, durch den einerseits Kenntnisse, Verhaltensweisen, Fähigkeiten und Überzeugungen zu ‚Gegenständen' einer psychischen ‚Aneignung' verdinglicht werden (wie es der Transformation einer menschlichen Person in eine auf dem Arbeitsmarkt angebotene Arbeitskraft entspricht, was HERDER auch nicht andeutungsweise anspricht), während andererseits eine Verdoppelung der Person in einen ‚äußeren', den Gesetzen der materiellen Welt unterworfenen Menschen (m.a.W. die als Ware angebotene Arbeitskraft) und in einem ‚inneren geistigen Menschen' (HERDER 1965a, 181). Damit reflektiert HERDER zwar auf den Umstand, dass jeder Mensch, sofern er sich zum Verkauf seiner Arbeitskraft veranlasst sieht, auf einem ihm allein weiterhin gehörigen ‚Rest' bestehen muss, um sein von seiner eigenen Person nicht abtrennbares Arbeitsvermögen unbeeinträchtigt zurückzuerhalten und reproduzieren zu können. Er gibt diesem Umstand aber eine mystifizierte Form, indem er diesen ‚Rest' aber umstandslos in einer geistig bestimmte Innerlichkeit verlegt. In einem zweiten Schritt konstruiert HERDER dann diesen inneren Menschen analog zu dem sinnlich körperlichen Menschen mit seinen ‚Fähigkeiten und Organen', die er in juristischen und biologischen Kategorien beschreibt: Auch der innere Mensch wird von HERDER als ein Subjekt begriffen, das von äußeren Gegenständen ‚Besitz ergreift' bzw. ‚sie sich assimiliert' – und zwar mithilfe »geistiger Verdauungsorgane« und eines »geistigen Blutkreislaufs«, um so »die geistige Nahrung zu assimilieren« (ebd., 180f.). Und auch hier bleibt das spekulare Prinzip des Immer-bei-sich-selbst-Bleibens wirksam: »Von wem er also, was und wieviel er aufnehme, wie er's sich zueigne, nutze und anwende: das kann nur durch seine, des Aufnehmenden, Kräfte bestimmt werden...« (ebd., 337f.)

Zugleich hält HERDER aber auch diesen inneren Menschen von der juristischen Kategorie des Eigentums frei: Im Gegensatz zu der bis auf HOBBES und LOCKE zurückgehenden Kategorisierung des Menschen als primärer Privateigentümer seiner selbst, stellt er für diesen inneren Menschen auf die Kategorie des Besitzes ab, welche ganz andere Anschlüsse ermöglicht: Wie MARX 1845 in der Heiligen Familie ganz im Sinne FEUERBACHs und HERDERs bemerkt hat, liegt das »Interessante« am Besitz gerade nicht darin, »den anderen auszuschließen, sondern meine eigenen Wesenskräfte zu betätigen und zu verwirklichen« (MEW 2, 44).

Diese imaginäre Konstruktion eines innerlichen Menschen hatte eine durchaus nicht zu unterschätzende Schutzfunktion zur Abgrenzung des menschlichen Individuums als Person – von den Käufern ihrer Arbeitskraft (bzw. für die von HERDER artikulierten Erfahrungen sehr viel spezifischer, von den Ansprüchen staatlicher Dienstherren an ihr beamtetes Personal). Diese Seite seiner Konstruktion einfach wegzulassen, wie dies etwa LAZARUS und STEINTHAL (1860, 3) in der reaktionären Epoche nach 1848 unter der Hand taten, wenn sie formulierten »der Einzelne ist Mensch nur in der Gemeinsamkeit, durch die Theilnahme am Leben der Gattung«, vollzog dem gemäß nicht nur einen theoretischen Kurzschluss, sondern auch einen praktischen Rückschritt hinter die ‚formelle Freiheit' der abhängig Arbeitenden des Kapitals (bzw. des modernen Staates, der keine ‚geborenen' bzw. ohne ihre eigene freiwillige Mitwirkung ‚geschaffenen' Amtsträger mehr kennt).

Immerhin hatte HERDER klar gesehen, dass die menschliche Vernunft als solche Resultat und nicht einfach nur Voraussetzung des Prozesses der Menschheitsgeschichte ist und dass die Einheit dieser Geschichte auf einem Zusammenwirken Vieler beruht und nicht etwa den Rückgang auf ein einheitliches Subjekt erlaubt: »Die Fortpflanzung der Geschlechter und Traditionen knüpfte also auch die menschliche Vernunft aneinander, nicht als ob sie in jedem einzelnen nur ein Bruch des Ganzen wäre, eines Ganzen, das in einem Subjekt nirgends existiert« (251f.). Darin sieht HERDER die Differenz zwischen Menschen und Tieren: »Wie sich die Menschen fortpflanzen, pflanzen sich die Menschen auch fort, ohne dass eine allgemeine Tiervernunft aus ihren Geschlechtern werde« – für die Menschen ist aber die Vernunft unverzichtbares Produkt ihrer Geschichte: »aber weil Vernunft allein den Beharrungsstand der Menschheit bildet, musste sie sich als Charakter des Geschlechts fortpflanzen; denn ohne sie war das Geschlecht nicht mehr« (ebd., 252).

FEUERBACH (SW 1, 253) radikalisiert und systematisiert in seiner Religionskritik, was HERDER in seinem kritischen Verhältnis zur Tradition artikuliert hatte: »Denn wo die Religion im Widerspruch steht mit den wissenschaftlichen, politischen, sozialen, kurz geistigen und materiellen Interessen, da befindet sich die Menschheit in einem grundverdorbnen, unsittlichen

Zustand – im Zustand der Heuchelei.« Denn es sei »unmoralisch ..., nur den eignen, nicht auch den Glückseligkeitstrieb der Andern als eine berechtigte Macht theoretisch und praktisch anzuerkennen, nicht das Unglück Anderer wie eine Verletzung des eigenen Glückseligkeitstriebes zu Herzen zu nehmen« (FEUERBACH 1994, 414). Daraus hat er eine bemerkenswerte Schlussfolgerung gezogen: »Es gibt keine Glückseligkeit ohne Tugend, ihr habt Recht, ..., aber merkt es euch, es gibt auch keine Tugend ohne Glückseligkeit – und damit fällt die Moral ins Gebiet der Privatökonomie und Nationalökonomie, ins Gebiet überhaupt der sozialen und selbst politischen Wissenschaften. Die Tugend bedarf eben so gut als der Körper Nahrung, Kleidung, Licht, Luft, Raum« (GRÜN 1874, Bd.2, 285 vgl. – mit etwas variiertem Wortlaut – FEUERBACH 1994, 404ff.).[22)]

Schluss

HERDER und vor allem FEUERBACH wieder zu lesen, eröffnet einen Ausblick jenseits des engen Horizontes jenes von WINDELBAND durchaus würdig repräsentierten verhängnisreichen Entwicklungspfads, welchen die ‚klassische deutsche Philosophie', wie ENGELS sie ebenso treffend wie zweideutig apostrophiert hat, seit der gescheiterten demokratischen Revolution von 1848 eingeschlagen hat.

Es kann in einer derartigen philosophischen Neulektüre keineswegs darum gehen, dieser vorherrschenden ‚Linie' der Philosophieentwicklung, mit ihrer Marginalisierung der ‚Linie Herder-Feuerbach', gleichsam die Schuld an der ‚deutschen Misere' und an ihren aggressiven Bewältigungsversuchen zunächst durch den wilhelminischen Imperialismus und dann durch das ‚nationalsozialistische' Herrschafts- und Zerstörungsprojekt des deutschen Faschismus zu geben. Aber niemand wird davon ausgehen können, dass die in Deutschland ‚herrschenden Gedanken', die ‚deutsche Ideologie', mit dieser realen Aggressions- und Destruktionsgeschichte schlechterdings gar nichts zu tun haben.

Anmerkungen

1) Allererste Mitteilungen dazu finden sich in meiner Nachzeichnung der bisher nur auf Französisch veröffentlichten Feuerbachkritik ALTHUSSERs (WOLF 2004), in meinem Artikel ‚Humanismus' im Historisch-Kritischen Wörterbuch des Marxismus (Bd. 6.1, Hamburg 2004), sowie in meiner Arbeit über »Humanismus und Philosophie vor der westeuropäischen Neuzeit« (Berlin 2003).

2) MANUELA KÖPPE verdanke ich den Hinweis auf UWE SCHOTTs Referat der Feuerbachschen Herder-Exzerpte; ANDREAS ARNDT, PETER KEILER, WERNER SCHUFFENHAUER und CHRISTINE WECKWERTH vielfältige Zugänge zu feuerbachschen Texten, wie ich sie im Folgenden vorführe. Die Art und Weise, wie ich sie einer philosophischen Lektüre zu unterziehen versuche, habe ich selbst zu verantworten.

3) Seine tragenden Gründe für diese Exkommunikation aus dem ‚deutschen Geist' waren für diesen führenden Vertreter der wilhelminischen Philosophie, dass FEUERBACH »die Schweine der Materialisten« gehütet und »sich von den Träbern des Communismus« genährt habe, also eine explizite Inkompatibilität mit dem wilhelminischen Herrschaftsprojekt.

4) »Der letzte Teil dieses Satzes findet sich unterstrichen auch in Feuerbachs Exzerpten wieder« (SCHOTT, ebd., 58 Anm. 139).

5) Eine andere Frage ist es aber, ob deswegen Feuerbach mehr zugeschrieben werden kann als das Vorhaben, eine Philosophie zu begründen, welche die Schranken der Identitätsmetapysik durchbricht. Dieses Vorhaben teilte er offenbar mit HERDER – und antizipiert damit schon in der ersten Hälfte des 19. Jahrhunderts eine überwiegend erst bei NIETZSCHE wahrgenommene Selbstkritik der philosophischen Vernunft (vgl. SCHMIEDER 2004, 102). Aufgrund der Spekularität seiner grundlegenden anthropologischen Argumentation gelingt ihm aber genau dies nicht – so wenig, wie es HERDER vor ihm, KIERKEGAARD etwa gleichzeitig (vgl. ARNDT 1994, 13f.) und nach ihm NIETZSCHE gelingen konnte, die alle in ganz unterschiedlicher Weise die Erneuerung der Philosophie allein auf deren eigenem Boden zu vollziehen versuchten.

6) Die Aporien dieser »romantischen Dialektik« (ARNDT 1992, 76) hat ARNDT (1990) herausgearbeitet – deren Analogien bei DILTHEY (1992, 77f.) und der späteren Dialogphilosophie BUBERs (ebd., 79) er hervorhebt – sieht aber dennoch die »innere Widersprüchlichkeit der Feuerbachschen Philosophie« als »problemanzeigend für jeden Versuch, der dem Wiederholungszwang einer selbst spekulativen Kritik der spekulativen Konsequenzen Hegels entgehen will« oder, emphatischer, als »Wegbereiter einer dialektischen Alternative zu Hegel« (ebd., 80).

7) Die in der Gegenwart konkurrierenden Begriffe von ‚Humanismus' – der von NIETHAMMER ausgehende ‚bildungsbürgerliche' und der daneben vermutlich im Feld zwischen HERDER und FEUERBACH herausgebildete Begriff eines ‚emanzipatorischen Humanismus', wie er von PROUDHON international verbreitet worden ist und heute im ‚organisierten Humanismus' der IHEU und der EHF weiter wirkt – gehen offenbar beide auf diese Konfiguration der beginnenden Selbstkritik der neuzeitlichen, zutiefst bürgerlichen ‚Subjektphilosophie' zurück. Hier müsste eine gründlichere historische Untersuchung ansetzen.

8) Während es für ARISTOTELES noch ganz selbstverständlich gewesen war, dass auch der Mensch ein Lebewesen unter anderen ist.

9) Herder flicht allerdings ganz unbefangen ‚anthropologische‘ Nebenbemerkungen ein, wie etwa: »dass wir, beinah ohne Instinkt geboren, nur durch eine lebenslange Übung zur Menschheit gebildet werden, und sowohl die Perfektibilität als auch die Korruptibilität unsres Geschlechts hierauf beruhet« (338) – allerdings laufen sie immer wieder nur auf eines hinaus: auf die Artikulation von Bedingungen der von ihm ins Zentrum gestellten Geschichtlichkeit der Menschen.

10) Dieser Begriff sollte nicht im Sinne einer speziellen Erziehungslehre missverstanden werden – vielmehr ist die Menschheitsgeschichte selber der Prozess der »Bildung der Menscheit«, auf den sich HERDER schon in seiner kühnen Jugendschrift »Auch eine Philosophie der Geschichte zur Bildung der Menschheit« (1774) bezogen hatte.

11) Wie schon für KANT, der »Satzungen und Formeln« bereits als »mechanische Werkzeuge eines vernünftigen Gebrauchs oder vielmehr Missbrauchs« der »menschlichen Naturgaben« ansprach, ist damit die Tradition keineswegs bei HERDER (1965, 93f.), wie das seine konservative Umdeutung seit LAZARUS und STEINTHAL (vgl. KEILER 229 u. 273 Anm. 87) suggeriert hat, *per se* positiv bewertet: »Die Tradition ist eine an sich vortreffliche, unserm Geschlecht unentbehrliche Naturordnung; sobald sie aber sowohl in praktischen Staatsanstalten als im Unterricht alle Denkkraft fesselt, allen Fortgang der Menschenvernunft und Verbesserung nach neuen Umständen und Zeiten hindert, so ist sie das wahre Opium des Geistes sowohl für Staaten, als Sekten [Herder meint hier Denkrichtungen im Allgemeinen, etwa in Sinne der Terminologie der traditionellen Philosophiegeschichtsschreibung und nicht den sehr viel neueren speziell kirchenbezogenen Begriff, FOW] und einzelne Menschen.« Für ihn hat das »neue Bestreben« der »Nachwelt« angesichts jedes »Menschendenkmals« sogar einen eindeutigen Vorrang (342). Dem entspricht, dass HERDER ausdrücklich auch vom »Maschinenwerk der Revolutionen« feststellt, dass »es unserem Geschlecht so nötig [ist] wie dem Strom seine Wogen, damit er nicht ein stehender Sumpf werde« (343).

12) Wodurch sie sich vorab von der späteren ‚lebensphilosophischen‘ Linie (BERGSON, DILTHEY) unterscheidet, in der eben dieser ‚Widerstand‘ zur Restkategorie der Realität der Außenwelt wird.

13) Deren Status als »Vermittlungsresultat« (SCHMIEDER 2004, 109) zwar *an sich* unbestreitbar ist, m.E. jedoch von FEUERBACH letztlich immer wieder zugunsten eine spekular erlebten Identität bestritten wird – durch bloße »Umkehrung« (ebd., 110) ist der Zirkel der hegelschen ‚Selbstbegründung des absoluten Geistes‘ nicht aufzusprengen (vgl. so weit ganz richtig LÖWITH 1966, 195 – das Problem seiner Feuerbachinterpretation liegt darin, dass er in FEUERBACHs spekularem Kreisen um sich selbst einen »‚archimedischen Punkt‘« gefunden zu haben glaubt, »von dem aus Hegels Denkweise aus den Angeln gehoben werden kann«, auch wenn er konzediert, dass FEUERBACH das nur möglich war, »weil er hinter das Reflexionsniveau seines Lehrers zurückging« (ebd., 194, vgl. zu der davon ausgelösten kritischen Debatte SCHMIEDER 2004, 115ff.): Auch das »Reale« als »Subjekt seiner selbst«, dem eine »absolut selbständige, göttliche, primative, nicht erst von der Idee abgeleitete Bedeutung« zukommen soll (GW 9, 315) ist nur die bloße Forderung, etwas Anderes zu denken als den hegelschen ‚Geist‘. ANDREAS ARNDT (1992, 32) hat die Schwierigkeiten, in die sich FEUERBACH derart verwickelt, auf den Punkt gebracht. SCHMIEDER (2004, 112f.) arbeitet im Vergleich zu HEGELs Analyse der ‚sinnlichen Gewissheit‘, in der »die Dinge zu bloßen Momenten des absoluten Begriffs degradiert« (ebd. 113) werden, überzeugend heraus,

dass »Feuerbach in das andere Extrem einer Verdinglichung der sinnlichen Anschauung« verfällt, »die von der Reflexion abgekoppelt wird« (ebd.).

14) Dem an FREGE geschulten Leser fällt FEUERBACHs zur Begründung seiner Ablehnung der sprachlichen Vermitteltheit von Erkenntnis formulierte These auf, dass dem »sinnlichen Bewusstsein ... alle Worte Namen, nomina propria«, sind (GW 9. 43). – Diese Unfähigkeit, zwischen Begriffen und Eigennamen zu unterscheiden, ist allerdings keineswegs, ein feuerbachsches Spezifikum, sondern spukt durch die gesamte Logik, auf die sich die Philosophen von KANT bis zu HEGEL bezogen haben. Dabei liegt, wie ANDREAS ARNDT für FEUERBACH überzeugend herausgearbeitet hat (1992, 39f.) das Hauptproblem in einem mehrfach bestimmten Identitätsbegriff (vgl. Wolf 2002).

15) SCHMIEDER 2004 weicht dieser Frage aus, indem er den Übergang einfach in die historische gesellschaftliche Praxis ‚verlegt'. So erhellend auch seine Analysen zum »Eingang der klassischen Photographie« in das philosophische Denken der Zeit sind, kann er nicht überzeugend begründen, dass oder wie es FEUERBACH gelingt, die darin begründeten Veränderungen in der Stellung des Denkens zur Wirklichkeit selbst wiederum als Philosoph zu denken – anstatt sich auf die eigene Nähe zum Leben herauszureden.

16) Der Begriff der ‚Verobjektivierung' ist in diesem Zusammenhang eigens von FEUERBACH (GW 2, 225, vgl. KEILER 258 Anm. 43) gebildet worden. In FICHTEs ‚Wissenschaftslehre' (18-04) hatte »Objectivirung bzw. Objectiviren vorwiegend die Bedeutung des Als-außerhalb-des-Subjekts-und-unabhängig-von-ihm-existierend-Setzens« (KEILER 258 Anm. 47), »während ‚Entäußern' gleichbedeutend mit etwas von sich absondern ist« (ebd.).

17) In einer ‚hermeneutischen' Wendung, durch die die volle Ambivalenz dieser Spekularität zum Ausdruck kommt, knüpft FEUERBACH die menschliche Fähigkeit, sich überhaupt einem anderen ‚mitteilen' zu können, direkt an die Fähigkit, »sich selbst an die Stelle des andern setzen zu können« (GW 5, 29 Fn. 2).

18) Eine vergleichbare ‚Aneignung' als vollständige Assimilierung an das Eigene sieht FEUERBACH in seinen Aphorismen auch in den gesellschaftlichen Naturverhältnissen am Werk: »Viele Pflanzen und Tiere sogar haben sich unter der Pflege der menschlichen Hand so verändert, dass wir ihre Originale gar nicht mehr in der Natur nachweisen können.« (GW 10, 178). Der Gedanke, dass durch menschliche Einwirkung diese Originale ausgerottet worden sind, kommt FEUERBACH in diesem Zusammenhang nicht.

19) Mit dem Begriff der ‚Entäußerung' knüpft FEUERBACH auf einen bis zu KANT 1783/84 zurückverfolgenden Gedanken an, den FICHTE klassisch formuliert hat: »Die Idee von Gott, als Gesetzgeber durch's Moralgesetz in uns, gründet sich also auf eine Entäußerung des unsrigen, auf Übertragung eines Subjectiven in ein Wesen außer uns, und diese Entäußerung ist das eigentliche Prinzip der Religion, sofern sie zur Willensbestimmung gebracht werden soll.« (FGA I, 1, 33)

20) Das hier zugrundegelegte »Sich-selbst-Objekt-Werden des Subjektiven« liegt auch der identitätsphilosophischen Phase des Schellingschen Philosophierens zugrunde (vgl. SCHELLING, System des transzendentalen Idealismus' (1800), SW 1.3, 345, 470, 507, 534). PETER KEILER (260f. Anm. 50) hat die verschiedenen Bausteine aus FICHTE, LEIBNIZ und SCHELLING, aus denen FEUERBACH seine Entfremdungsphilosophie konstruiert prägnant zusammengestellt.

21) PETER KEILER (259) knüpft an diese Thesen FEUERBACHs, die in der spekularen Grundauffassung münden – »Kunst, Religion und Philosophie sind nur die Er-

scheinungen oder Offenbarungen des wahren menschlichen Wesens« (GW 9, 337) – , welche er allerdings als feuerbachsche »Inkonsequenz« deutet (KEILER 259), die bekannten marxschen Überlegungen zur »Industrie« als dem »aufgeschlagenen Buch der menschlichen Wesenskräfte« als eine Kritik der Entfremdung als »notwendiger Konsequenz bestimmter, sich auf das Privateigentum gründender und an den egoistischen Bedürfnissen der Einzelnen orientierter Produktionsverhältnisse ist« (ebd.). Die spannende Frage, die an dieser Stelle gestellt werden muss, ist aber m.E. ob der hier von MARX noch programmatisch formulierte Anthropologismus, mit seiner späteren Kritik der politischen Ökonomie (vgl. HEINRICH 2004) vereinbar ist, für welche die »Produktionsverhältnisse« weder einfach auf »Privateigentum«, noch auf »egoistischen Bedürfnissen der Einzelnen« beruhen, sondern auf der historisch durchgesetzten realen Existenz des ‚doppelt freien Lohnarbeiters' als Gegenpol zum Kapital.– Wie stark auch der junge MARX in dieser Phase noch in Kategorien der feuerbachschen Spekularität denkt, wird etwa daran deutlich, dass er für den hypothetischen Zustand einer aufgehobenen Entfremdung programmatisch formuliert: „»Unsere Productionen wären eben so viele Spiegel, woraus unser Wesen sich entgegen leuchtete.« (MARX 1988, 244)

22) Hier bezieht sich FEUERBACH als Beleg für die Lage »z.B. in den englischen Fabriken und Arbeiterwohnungen«, wo »auch der Moral aller Spielraum genommen«, wo »die Tugend höchstens nur ein Monopol der Herren Fabrikbesitzer, der Kapitalisten«, ist, ausdrücklich auf MARX: »man vergleiche hierüber die, wenigstens an unbestreitbaren Thatsachen interessantester, aber auch schauerlicher Art reiche Schrift von K. Marx ‚das Kapital'« (FEUERBACH 1994, ebd.).

Literatur

ALTHUSSER, LOUIS, 1965: Les «manifestes philosophiques de Feuerbach". In: Ders., Pour Marx, Paris, 35-44 (dt., Frankfurt a.M. 1968).

Ders., Sur Feuerbach (1967) In: Ders., Écrits philosophiques et politiques, hrsg. FRANÇOIS MATHÉRON, Bd. 2, Paris 1955, 169-251.

ARNDT, ANDREAS, 1984: Unmittelbarkeit als Reflexion. In: Selge 1985, 469-484

Ders., 1990: Unmittelbarkeit: Zur Karriere eines Begriffs in Feuerbachs und Marx' Bruch mit der Spekulation. In: Braun u.a. 1990, 503-527.

Ders., Vernunft im Widerspruch: Zur Aktualität von Feuerbachs ‚Kritik der unreinen Vernunft'. In JAESCHKE 1992, 27-47.

Ders., 1995: ‚Neue Unmittelbarkeit'. Zur Aktualisierung eines Konzepts in der Philosophie des Vormärz. In: JAESCHKE 1995, 207-233.

Ders., 1998: Krise und Prinzip: Die Logik des Übergangs zur Philosophie der Zukunft. In: Ludwig Feuerbachs Konzeption der Philosophiegeschichte. In: JAESCHKE/TOMASONI 1998, 3-15.

Ders., 2004: ‚Einfache Wahrheiten' Feuerbachs Konstruktion einer neuen Philosophie. In: MÜLLER 2004, 197-204.

Ders./JAESCHKE, WALTER, Hrsg., 2000: Materialismus und Spiritualismus. Philosophie und Wissenschaften nach 1848. Hamburg.

ASCHERI, CARLO, 1969: Feuerbachs Bruch mit der Spekulation: Einleitung zur kritischen Ausgabe von Feuerbach: Notwendigkeit einer Veränderung (1842). Frankfurt a.M.

BRAUN, HANS-JÜRG/SASS, HANS-MARTIN/SCHUFFENHAUER, WOLFGANG/TOMASONI, FRANCESCO, Hrsg., 1990: Ludwig Feuerbach und die Philosophie der Zukunft, Berlin.

FEUERBACH, LUDWIG: Sämtliche Werke. Leipzig 1846-1866 (zit. als SW).

Ders.: Gesammelte Werke. Hrsg. v. W. SCHUFFENHAUER, Berlin 1967ff. (zit. als GW).

Ders., 1969: [Notwendigkeit einer Veränderung, 1842]. In: ASCHERI 1969.

Ders., 1974: Vorlesungen über die Geschichte der neueren Philosophie. Hrsg. v. C. ASCHERI u. E. THIES, Darmstadt.

Ders., 1975: Einleitung in die Logik und Metaphysik (Erlangen 1829/1930). Hrsg. v. C. ASCHERI u. E. THIES, Darmstadt.

Ders., 1976: Vorlesungen über Logik und Metaphysik (Erlangen 1830/1831). Hrsg. v. C. ASCHERI u. E. THIES, Darmstadt.

Ders., 1982: Übergang von der Theologie zur Philosophie, Die Dialektik des Ensbegriffes. Nebst Anhang über den Cartesianischen Dualismus. In: F. TOMASONI, Feuerbach e la dialettica del essere. Con la publicazione di due scritti inediti. Firenze.

Ders., 1994: Zur Moralphilosophie (1868). Hrsg. v. W. SCHUFFENHAUER. In: BRAUN 1998, 353-430.

Ders., 1996: Entwürfe zu einer neuen Philosophie. Hrsg. v. W. JAESCHKE u. W. SCHUFFENHAUER, Hamburg 1996.

GRÜN, KARL, 1874: Ludwig Feuerbach in seinem Briefwechsel und Nachlass sowie in seiner Philosophischen Charakterentwicklung. 2 Bde., Leipzig/Heidelberg.

JAESCHKE, WALTER, 1978: Feuerbach redivivus: Eine Auseinandersetzung mit der gegenwärtigen Forschung im Blick auf Hegel. In: Hegel-Studien, Bd. 13, Bonn.

Ders., Hrsg., 1992: Sinnlichkeit u. Rationalität: Der Umbruch in der Philosophie des 19. Jahrhunderts: Ludwig Feuerbach. Berlin.

Ders., Hrsg., 1995: Philosophie und Literatur im Vormärz: Der Streit um die Romantik. Hamburg.

JAESCHKE, WALTER/TOMASONI, FRANCESCO, Hrsg., 1998: Ludwig Feuerbach und die Geschichte der Philosophie. Berlin.

KEILER, PETER, 1990: Die Bedeutung der Auffassungen Ludwig Feuerbachs für die Begründung einer materialistischen Philosophie. In: BRAUN u.a. 1990.

Ders., 1991: Gegenständlichkeit, Sozialität, Historizität: Versuch einer Rekonstruktion der Feuerbach-Wygotski-Linie in der Psychologie. Forum Kritische Psychologie, No. 27.

Ders., 1996: Was bedeutet ‚Vergegenständlichung' bei Feuerbach und Marx? In: Beiträge zur Marx-Engels-Forschung. Neue Folge, Berlin/Hamburg.

Ders., 1997: Feuerbach, Wygotski u. Co. Berlin/Hamburg.

LEFÈVRE, WOLFGANG, 1992: Wissenschaft und Philosophie bei Feuerbach In: JAESCHKE 1992, 81-100.

Ders., 1994: Feuerbach und die Grenzen der Ethik. In: BRAUN 1994, 125-140.

LÖWITH, KARL, 1928a: Feuerbach und der Ausgang der klassischen deutschen Philosophie, Tübingen.

Ders., 1928b: Das Individuum in der Rolle des Mitmenschen, Habilitationsschrift.

Ders., 1941: Von Hegel zu Nietzsche: Der revolutionäre Bruch im philosophischen Denken des 19. Jahrhunderts. Zürich/New York.

Ders., 1966: Vermittlung und Unmittelbarkeit bei Hegel, Marx und Feuerbach. In: Ders.: Sämtliche Schriften. Bd. 5, Stuttgart.

LÜBBE, HERMANN/SASS, HANS-MARTIN, Hrsg., 1975: Atheismus in der Diskussion: Kontroversen um Ludwig Feuerbach. München.

MUELLER, VOLKER, Hrsg., 2004: Ludwig Feuerbach: Religionskritik und Geistesfreiheit. Neustadt.

SASS, HANS-MARTIN, 1978: Ludwig Feuerbach. Reinbek.

SCHMIDT, ALFRED, 1967: Für eine neue Lektüre Feuerbachs, Einleitung. In: Ludwig Feuerbach, Anthropologischer Materialismus. Ausgewählte Schriften, Frankfurt a.M.

Ders., 1973, [2]1988: Emanzipatorische Sinnlichkeit: Ludwig Feuerbachs anthropologischer Materialismus. München/Zürich.

Ders., 1975: Erfordernisse gegenwärtiger Feuerbach-Interpretation. In: LÜBBE u.a. 1975.

SCHMIEDER, FALKO, 2004: Ludwig Feuerbach und der Eingang der klassischen Fotografie. Berlin/Wien.

SCHNEIDER, E., 1972: Die Theologie und Feuerbachs Religionskritik: Die Reaktion der Theologie des 19.Jahrhunderts auf Ludwig Feuerbachs Religionskritik. Mit Ausblicken auf das 20. Jahrhundert und einem Anhang über Feuerbach. Göttingen.

SCHOTT, UWE, 1973: Die Jugendentwicklung Ludwig Feuerbachs bis zum Fakultätswechsel 1825: Ein Beitrag zur Genese der Feuerbachschen Religionskritik. Göttingen.

SELGE, KURT-VIKTOR, 1985: Internationaler Schleiermacher-Kongreß Berlin 1984. Berlin/New York 1985 (Schleiermacher-Archiv 1), 469-484.

THIES, ERICH, Hrsg. 1976: Ludwig Feuerbach. Darmstadt.

VERÍSSIMA SERRAO, ADRIANA, Hrsg.: O homem integral. Antropologia e utopia em Ludwig Feuerbach. Lisboa 2001.

WECKWERTH, CHRISTINE, 1999: Die Krise der christlich-bürgerlichen Welt: Feuerbachs Begründung einer Epoche erneuter Einheit und Gemeinschaft der Menschen. In: Aufklärung und Kritik, Nürnberg.

Dies., 2002: Ludwig Feuerbach zur Einführung. Hamburg.

WINDELBAND, W., 1872: Zur Charakteristik Ludwig Feuerbach's. In: Im Neuen Reich, 2. Jg., Bd. 2, 735-743.

WINIGER, J., 1979: Feuerbachs Weg zum Humanismus. Zur Genesis des anthropologischen Materialismus. München.

Ders., 2004: Ludwig Feuerbach – Denker der Menschlichkeit. Berlin.

WOLF, FRIEDER OTTO, 2002: Radikale Philosophie. Aufklärung und Befreiung in der neuen Zeit. Münster.

Ders.: Althussers Feuerbach-Lektüre oder was die „Freiheit eines Kommunisten" im 21. Jahrhundert bedeuten kann. In: MUELLER 2004, 326-357.

GIANLUCA BATTISTEL

Naturphilosophie und Willensfreiheit – Problemaspekte in Feuerbachs Materialismus

1. Feuerbachs Naturphilosophie

1.1 *Die Teleologie*

In »*Das Wesen der Religion*« von 1845[1] beschäftigt sich FEUERBACH tiefgehend mit der Thematik Natur. Während in seinem Hauptwerk »Das Wesen des Christentums« die Natur nur in polemischer Funktion gegen den christlichen Dualismus zum Gegenstand philosophischer Reflexion wird und ein klar definierter Naturbegriff fehlt, wird in diesem späteren Werk das *Abhängigkeitsgefühl des Menschen von der Natur* als einzige Ursache für die Entstehung der Religion bestimmt. Die Natur selbst wird somit zum zentralen Thema von FEUERBACHs Schrift.

Im *Wesen der Religion* reduziert der Autor die Religion auf einen Ausdruck des *menschlichen Selbsterhaltungstriebes*. Der Mensch sei für sein Überleben auf die Natur angewiesen; da diese aber nur in sehr geringem Maße seiner Macht unterliege und seine Bedürfnisse oft unerfüllt lasse, könne der Mensch durch die Religion die Natur seinen Ansprüchen unterwerfen.[2] Für FEUERBACH liegt also im Verhältnis Mensch–Natur der wahre Ursprung der Religion. Dem Menschen sei das Heiligste die eigene Existenz[3], der Selbsterhaltungstrieb sein tiefster, mächtigster Instinkt. Seine Existenz hänge allerdings von den Möglichkeiten ab, in der Außenwelt die Bedingungen zur Befriedigung seiner Bedürfnisse zu finden. Die Natur zeige sich aber als vernunftlose, ziellose, dem menschlichen Schicksal gegenüber gleichgültige Wirklichkeit[4], und der Mensch selbst sei ihren oft unabsehbaren Wirkungen ausgeliefert. Meistens stünden also die subjektiven Ansprüche mit den objektiven Lebensbedingungen im Widerspruch.

Für FEUERBACH ist die Religion nichts anderes als die Notwendigkeit, diesen Widerspruch aufzuheben. Die Quelle des Glaubens, seine wahre Essenz, liege im Grunde nur in der Kluft zwischen dem, was der Mensch durch eigene Kraft vermöge, und dem, was die Befriedigung seiner Bedürfnisse, seiner Wünsche, seines Glückseligkeitstriebes erfordere.[5] Der Wirkungsbereich seines Handelns, die Möglichkeit, auf die eigene Umwelt zu agieren, um sie den eigenen Zwecken zu unterwerfen, ist beschränkt. Der Drang, die eigenen Bedürfnisse zu befriedigen, ist aber unbeschränkt. Dieser Gegensatz ist für FEUERBACH der Kern der Religion. Gott ist nämlich das Wesen, das den Widerspruch zwischen den Grenzen unserer Kräfte und der Unbedingtheit unserer Wünsche aufzuheben vermag. Was für uns unmöglich ist, wird durch Gott wahr.

FEUERBACHs Zurückführung der Religion auf den Gegensatz zwischen den subjektiven Bedürfnissen des Menschen und der objektiven Möglichkeit, in der Natur die Bedingungen zu deren Befriedigung zu finden, führt uns zu einem grundlegenden Aspekt seiner Naturphilosophie: *die radikale Ablehnung der Teleologie*. Der teleologische Irrtum beruht für FEUERBACH auf einer *perspektivischen Verzerrung*, wodurch die objektive Beschaffenheit der Natur aufgrund der subjektiven Ansprüche des Menschen interpretiert wird. Der Autor zeigt, dass die Teleologie nur scheinbar auf einer empirischen Grundlage beruht. Die vermeintlich objektive Bestätigung dafür, dass der Natur ein die menschliche Existenz als Ziel bestimmender Plan zugrunde liege, werde von all jenen Naturphänomenen geliefert, die sich für den Menschen als besonders günstig erweisen. Es handle sich in Wirklichkeit um völlig zufällige Erscheinungen, die auf vollkommen willkürliche Weise aus der unendlichen Mannigfaltigkeit der Natur als Beweis deren Zweckmäßigkeit hervorgehoben würden.[6)] Für FEUERBACH ist nämlich die Teleologie nichts anderes als eine *irrtümliche Umkehrung von Ursache und Wirkung*. Was in der Natur aus blinder Kausalität entstehe und sich zur Befriedigung menschlicher Bedürfnisse als günstig erweise, werde auf eine Absicht, einen Plan, eine Weisheit zurückgeführt. Die letzte Wirkung einer Kausalkette werde dadurch als ihre eigentliche Ursache, die Gesamtheit der Ursachen einer hervorgebrachten Wirkung als eigentliche Wirkung derselben betrachtet. Dadurch entstehe ein anthropozentrisches Bild der Natur, wodurch ihre blinde, ziellose Kausalität als zweckmäßig und vernünftig aufgefasst werde. Die Wahrnehmung der für die Existenz des Menschen notwendigen, aber in Wirklichkeit aus bloßem Zufall entstandenen Naturwirkungen sei also die Quelle des teleologischen Irrtums.

Die Kritik und Ablehnung jeglicher Teleologie ist eine notwendige Voraussetzung einer konsequenten materialistischen Philosophie. Im *Wesen der Religion* enthält diese Kritik aber einen Mangel, der deren Stichhaltigkeit in Frage stellt. Es geht darum, aufgrund einer antiteleologischen Weltanschauung die *Entstehung des organischen Lebens* erklären zu können. FEUERBACH ist sich dieser Schwierigkeit bewusst, lässt aber das Problem ungelöst.

Um die Entstehung des Organischen aus dem Anorganischen zu begründen, beruft er sich auf die Tatsache, dass Organisches auf eine besonders komplexe Zusammensetzung anorganischer Materie reduziert werden kann. Die Frage aber, *wie* eine solche Zusammensetzung entstehen kann, wie eine blinde, ziellose Kausalität Wesen hervorbringen kann, deren Organe äußerst komplexe Funktionen verrichten und dadurch das Überleben der jeweiligen Lebensformen ermöglichen, bleibt unbeantwortet. FEUERBACH behauptet, er gebe lediglich »den indirekten Beweis, dass das Leben keinen anderen Ursprung haben könne, als die Natur.«[7] Er gesteht zwar, keine wissenschaftliche Erklärung für die Entstehung des organischen Lebens anführen zu können, er betrachtet aber trotzdem die These des natürlichen Ursprungs des Lebens als unbestreitbar. Die Tatsache, dass das Organische aus derselben Materie des Anorganischen bestehe, sei zur Annahme dieser Theorie völlig ausreichend. Die Frage nach dem *Ursprung* des Organischen aus dem Anorganischen bleibt allerdings unbeantwortet.

Die Evolutionstheorie von CHARLES DARWIN liefert die Lösung des Problems. FEUERBACH kann aber zur Zeit der Verfassung dieses Werkes die Evolutionslehre nicht als wissenschaftliche Theorie anerkennen[8] und muss deshalb seine Unfähigkeit eingestehen, die Entstehung des organischen Lebens zu erklären. Ohne DARWINs Theorie kann nämlich diese Entstehung nur auf einen Schöpfungsakt zurückgeführt werden. In der Unmöglichkeit, die Evolutionstheorie anzuwenden, stellt deshalb diese Entstehung für eine materialistische, jegliche Teleologie ablehnende Weltanschauung ein unlösbares Problem dar. Offensichtlich war sich FEUERBACH dessen vollkommen bewusst.

Im *Wesen der Religion* äußerst sich der deutsche Philosoph über die Evolutionstheorie mit ausdrücklicher Skepsis. Die ihm bekannten Formulierungen dieser Theorie (FEUERBACH sind die ersten Forschungen von CHARLES DARWIN nicht unbekannt[9]) scheinen ihn nicht zu überzeugen. Die Vorstellung einer aufsteigenden Entwicklung von einfachen zu komplexeren Lebensformen erweckt in ihm offensichtlich den Verdacht einer impliziten Teleologie. Er kritisiert z. B. die Ansicht, wonach bestimmte Arten von Lebewesen nur als Nahrungsmittel anderer betrachtet werden, weil dadurch Naturphänomenen eine Zweckmäßigkeit zugeschrieben werde.[10]

Ob er auch DARWINs Prinzip der *natürlichen Auswahl* abgelehnt hätte, ist fraglich. TOMASONI behauptet, dass hinter diesem Prinzip eine geheime Teleologie stecke, weil die Anpassungsfähigkeit »den Begriff des Zweckes und die latente Voraussetzung einer wiederherzustellenden Harmonie mit der äußeren Natur« mit sich bringe[11], und dass deshalb FEUERBACHs Kritik auch auf dieses Prinzip übertragen werden kann. Diese Hypothese ist meines Erachtens unbegründet. Die natürliche Auswahl erfolgt nicht aufgrund eines *Planes*, dessen Ziel der ontologische Stufengang vom Schlechteren zum Besseren wäre. Die höhere Anpassungsfähigkeit einzelner Individuen ist die Konsequenz völlig *zufälliger* individueller Unterschiede (*Variationen* oder *Mutationen*), die sich für das Überleben in einer bestimmten Umwelt als besonders günstig erweisen. Die höheren Überlebenschancen dieser Individuen und die damit verbundene höhere Wahrscheinlichkeit, sich fortzupflanzen und dadurch die eigenen Erbanlagen zu übertragen, bewirkt eine *Selektion*, die im Laufe der Generationen zur Weiterentwicklung der Art führt. Der Evolutionsprozess erfolgt also aus *bloßer Naturnotwendigkeit* und rechtfertigt in keiner Weise die Annahme einer *Zweckmäßigkeit der Natur*. Die höhere Anpassungsfähigkeit der Individuen einer Art oder der Art selbst ist nicht das *Ziel* der Evolution, sondern nur deren *Wirkung*. Die teleologische Interpretation des Darwinismus beruht also auf einer *Verwechslung von Ursache und Wirkung*. Die Behauptung, dass der Evolutionstheorie eine unausgesprochene Teleologie zugrundeliege, erscheint deshalb als irrtümlich. Gerade DARWINs Lehre ermöglicht nämlich, zur Erklärung der Entstehung komplexer Lebensformen auf jegliche Teleologie (und dadurch auf jegliche religiöse Vorstellung) zu verzichten.

Die Evolutionstheorie liefert also dem Materialismus ein ausschlaggebendes Argument. FEUERBACHs skeptische Äußerungen im *Wesen der Religion* beruhen in Wirklichkeit nur auf der Unkenntnis ihrer wissenschaftlichen Formulierung. Dass die Teleologie jedoch ohne diese Theorie *nicht* widerlegt werden kann, ist allerdings gerade durch FEUERBACHs Argumentation deutlich zu erkennen. In einer besonders interessanten Textpassage versucht der Autor, das von der Theologie angeführte Argument der Nützlichkeit der Organe der Lebewesen, die notwendigerweise auf die Weisheit eines Schöpfers zurückgeführt werden müsse, zu entschärfen.[12] Als konkretes Beispiel führt er dafür die Flugkunst der Vögel an, die in den Augen der Theologen die Kenntnis von Naturgesetzen voraussetze, die Tiere natürlich nicht besitzen könnten und deshalb auf Gott zurückgeführt werden müsse. FEUERBACH versucht, dieses Argument als reine Projektion auszulegen. Indem der Theologe die Kenntnis von Naturgesetzen als Voraussetzung der Flugkunst der Vögel betrachte, verwechsle er in Wirklichkeit seine eigene Einsicht in die Mechanik des Fliegens mit den realen, natürlichen Ursachen, die den Flug der Vögel ermöglichten. Das erkennende Subjekt betrachte dadurch seine eigene Wissenschaft als das Wesen der Natur.

FEUERBACHs Argumentation ist allerdings unwirksam. Dass die Fähigkeit des Vogels zu fliegen keine Kunst im eigentlichen Sinne sei, dass das Fliegen in seiner Natur, in seinem Wesen liege, ist eine Selbstverständlichkeit, die die Teleologie in keiner Weise widerlegt. Die Frage ist nämlich, wie eine vernunftlose und ziellose Natur ein Wesen hervorbringen kann, dessen Organe so strukturiert sind, dass sie den Flug überhaupt ermöglichen. Die Flügel des Vogels besitzen eine enorme Vielzahl von physischen Eigenschaften, die zusammen kombiniert ihre Flugtauglichkeit ergeben. FEUERBACH beschränkt sich darauf, die Annahme eines schöpferischen Verstandes abzulehnen und die Entstehung komplexer Lebensformen aus bloßer Naturnotwendigkeit zu *behaupten*, kann aber nicht erklären, *wie* dies erfolgt.[13]

Die Ablehnung jeglicher Teleologie ist nur dann vertretbar, wenn man die Entstehung komplexer Lebensformen aus bloßer Naturnotwendigkeit erklären kann. Dies zu erklären vermag aber nur DARWINS Theorie, dessen Buch »*Über die Entstehung der Arten durch natürliche Zuchtwahl*« jedoch zur Zeit der Abfassung von FEUERBACHS Werk noch nicht erschienen war.

1.2 *Natur als Organismus*

Ein weiterer problematischer Aspekt von FEUERBACHS Naturphilosophie liegt in der Ablehnung eines die Materie auf quantitative Maßstäbe reduzierenden Begriffs und in der Behauptung der qualitativen Beschaffenheit der Natur. FEUERBACH definiert die Auffassung der Materie als durch bloß quantitative Unterschiede differenziertes Sein als inhaltslose Abstraktion. Die Vorstellung einer kausal-mechanisch, mathematisch bestimmten Materie, die z.B. von den französischen Materialisten des 18. Jahrhunderts vertreten wird, betrachtet er als Ausdruck einer als Materialismus verkleideten Metaphysik. Eine konkrete Anschauung der Natur müsse hingegen die qualitativen Differenzen, wodurch sich die einzelnen Dinge voneinander unterscheiden, als wesentliche, objektive Bestimmungen des Seins betrachten. Die qualitative Bestimmtheit eines Gegenstandes sei nämlich nicht nur die subjektive Form der sinnlichen Wahrnehmung desselben, sondern seine reale, substantielle, ontologische Beschaffenheit. Dies gelte nicht nur für die Dinge unserer unmittelbaren Erfahrung, sondern auch für die atomaren Grundelemente der Materie, deren Reduktion auf ein gleichförmiges, rein quantitativ bestimmbares Substrat als reine Schimäre zu betrachten sei.[14)] Das *Wesen* der Materie liege in ihrer Differenzierung, in ihrer Mannigfaltigkeit, in ihrer qualitativen Vielfalt.

Ein Objekt ist für FEUERBACH also nur durch seine spezifischen, individuellen Qualitäten als konkreter Gegenstand gegeben. Die *Qualität* führt allerdings unmittelbar auf die *sinnliche Wahrnehmung* zurück, weil sie außerhalb von ihr kein Bestehen hat. FEUERBACHS Naturphilosophie muss also in engem Zusammenhang mit seiner *Erkenntnistheorie* analysiert werden.

In einer Textstelle aus den *Vorlesungen über das Wesen der Religion* wird dies besonders deutlich. FEUERBACH identifiziert hier die *chemischen* Eigenschaften des Sauerstoffgases mit den *sinnlichen* Eigenschaften desselben.[15)] Die *von uns* wahrgenommenen Qualitäten des Sauerstoffes unterscheiden *diesen* Stoff von allen anderen, sie bestimmen ihn in seiner spezifischen, konkreten Individualität. Die sinnlichen Eigenschaften eines Gegenstandes sind für Feuerbach kein bloßes Abbild, sondern die objektive Beschaffenheit, die wahre Natur, das innerste Wesen desselben. Sinnlichkeit und Sein sind für ihn ein und dasselbe.

Der deutsche Philosoph postuliert somit die *Identität von subjektiver Wahrnehmung und objektiver Existenz*, die aber ein grundlegendes Problem mit sich führt. Wenn nämlich nicht nur die *Erkenntnis* der Außenwelt, sondern auch ihre *Existenz* auf die menschliche Erfahrung zurückgeführt wird, ist die Behauptung der Existenz einer vom menschlichen Bewusstsein unabhängigen Realität unmöglich.

In den *Vorläufigen Thesen zur Reformation der Philosophie* und den *Grundsätzen der Philosophie der Zukunft* erklärt FEUERBACH die Sinnlichkeit zum Grundprinzip der wahren, objektiven, jede Form des Theismus und der Metaphysik widerlegenden Philosophie. Nur durch die Sinne sei Erkenntnis möglich; jede Idee, die ohne Bezug zur Sinnlichkeit gedacht werde, sei nichts anderes als eine leere Abstraktion. Das sensualistische Prinzip ist das Wesen der von FEUERBACH proklamierten neuen Philosophie, die Basis seiner Erkenntnistheorie, seiner Ontologie und selbst seiner Ethik.

Die Frage ist, wie FEUERBACH die Existenz einer vom Bewusstsein des erkennenden Subjekts unabhängigen Realität behaupten und gleichzeitig die These vertreten kann, dass diese objektive Wirklichkeit nur im Bezug zur sinnlichen Wahrnehmung besteht. In den *Vorläufigen Thesen zur Reformation der Philosophie* führt der Autor nicht nur die sinnliche Wahrnehmung auf objektives Sein, sondern auch umgekehrt die Existenz des Realen auf die sinnliche Wahrnehmung zurück.[16)] Die Beziehung zwischen Empfindung und Sein ist für ihn also absolut symmetrisch: die Wahrnehmung besteht nicht ohne das Wahrgenommene, genauso wie das Wahrgenommene nicht ohne die Wahrnehmung besteht. Während aber die erste Hälfte dieser Aussage sehr wohl angenommen werden kann, erscheint die zweite als äußerst problematisch. Dass das Sein, wie FEUERBACH schreibt, die Realität des Bewusstseins sei, ist nachvollziehbar. Dass aber *das Bewusstsein die Realität des Seins* sei, ist für eine materialistische Philosophie unannehmbar. Der deutsche Philosoph beschränkt sich offenbar nicht darauf, die Möglichkeit einer objektiven, adäquaten Erkenntnis durch die Sinneswahrnehmung zu behaupten; er bestimmt die Sinnlichkeit auch als *Fundament der Existenz der Außenwelt*.

In den *Grundsätzen der Philosophie der Zukunft* finden wir diesbezüglich eine Bestätigung. FEUERBACH führt die Existenz von äußeren Gegenständen unmittelbar auf die Leidenschaft des Menschen, auf die *Liebe* zurück. Die Liebe sei »der wahre *ontologische* Beweis vom Dasein eines Gegenstands außer unserm Kopfe«[17)], und nur das, was Gegenstand unserer Leidenschaft sei, habe wahre, objektive Existenz. Die menschliche Empfindung wird also nicht nur als Grundlage einer empiristischen Erkenntnistheorie betrachtet, sondern als Fundament einer *neuen Metaphysik*: FEUERBACH sieht in Empfindung und Leidenschaft den *Ursprung des Seins*.

In diesen zwei Werken zeichnet sich somit eine Form von *sensualistischem Idealismus* ab. Wenn die Wirklichkeit nur *innerhalb* der menschlichen Wahrnehmung besteht, kann *außerhalb* der Wahrnehmung nicht nur nichts erkannt werden, sondern auch nichts existieren. Dadurch, dass FEUERBACH *die Wirklichkeit auf die Erkenntnis zurückführt*, leugnet er unwillkürlich den *materialistischen Grundsatz der Objektivität des Seins*.

Der deutsche Philosoph wird sich in den Jahren nach der Verfassung dieser Schriften dieses Widerspruchs bewusst. Der Beweis dafür liegt in der Tatsache, dass er in den späteren Werken seine diesbezügliche Ansicht teilweise revidiert. Im *Wesen der Religion* entwickelt FEUERBACH eine Erkenntnistheorie, wonach die Existenz der Außenwelt *nicht* deren Wahrnehmung voraussetzt.[18)] Dadurch löst er den Widerspruch, in den er sich in den *Vorläufigen Thesen zur Reformation der Philosophie* und den *Grundsätzen der Philosophie der Zukunft* verwickelt. Die Natur bestehe nicht nur als Gegenstand der menschlichen Empfindung und Leidenschaft, sondern unabhängig von unserer Wahrnehmung derselben. Sie könne zwar nur durch menschliche Kategorien erfasst, ihre Existenz aber nicht auf diese reduziert werden.[19)] Für FEUERBACH bedeutet dies auch, dass Wahrnehmung und Kategorien nur den *subjektiven Schein* der Außenwelt wiedergeben. Zwischen der Natur *für uns* und der Natur *an sich* müsse deshalb klar unterschieden werden.

FEUERBACH scheint hier *Kants Kategorien von Phänomen und Ding an sich* zu übernehmen. Die Erkenntnis könne nur die menschliche, subjektive Wahrnehmung der Natur zum Gegenstand haben; die objektive, von Sinnlichkeit und Bewusstsein unabhängige Realität bleibe dem Menschen verborgen. Diese Erkenntnistheorie ermöglicht FEUERBACH, den Widerspruch der *Vorläufigen Thesen* und der *Grundsätze* zu lösen. Allerdings bringt diese Lösung ein weiteres Problem mit sich. Die Frage ist nämlich, wie FEUERBACH auf der einen Seite die Unerkennbarkeit der Natur und gleichzeitig auf der anderen die Wahrheit der materialistischen und die Unwahrheit der teleologischen Naturphilosophie behaupten kann. Wir haben gesehen, dass FEUERBACH die Natur als alle Lebensformen hervorbringende, ihren Bedürfnissen gegenüber aber gleichgültige Wirklichkeit betrachtet, und die Teleologie als perspektivische Verzerrung, durch die der Mensch sich selbst als Zweck der Natur wähnt, darstellt. Wie kann FEUERBACH erklären, dass seine materialistische, antiteleologische Naturphilosophie *nicht* auf einer perspektivischen Verzerrung beruht, wenn er *alle* menschlichen Begriffe als inadäquat betrachtet? Wenn für ihn *jede* Erkenntnis subjektive Maßstäbe voraussetzt und diese nicht auf die vom menschlichen Bewusstsein unabhängige Natur angewandt werden können, wie kann er seine eigene Naturauffassung als wahr behaupten? Die These der prinzipiellen Unerkennbarkeit der Natur führt unmittelbar zum *Skeptizismus*, der jede Theorie als rein subjektives Konstrukt herabsetzt und die Gleichwertigkeit aller möglichen Weltanschauungen folgert. FEUERBACH betrachtet aber Materialismus und Teleologie keineswegs als gleichwertige Philosophien und gerät dadurch mit seiner eigenen Erkenntnistheorie in Widerspruch.

FEUERBACHs Naturphilosophie weist noch weitere Problemaspekte auf. Im *Wesen der Religion* vergleicht der Autor die Veränderungen und Entwicklungen der Natur mit denen der pflanzlichen Organismen.[20] Genauso wie die Pflanzen in bestimmten Momenten ihrer Entwicklung Funktionen ausübten, die zu wesentlichen Veränderungen ihrer Struktur führten, erkenne man auch in der Entwicklungsgeschichte der Erde Phasen der geologischen Revolutionen. FEUERBACH spricht diesbezüglich von Zeiten, in denen die Erde ihre *zoologische Produktionskraft* entfaltet.

Dieser Vergleich ist äußerst problematisch. Die Natur wird hier nämlich mit organischen Lebensformen verglichen und als *lebender Organismus* dargestellt.[21] Während in anderen Textstellen das Organische auf das Anorganische zurückgeführt wird, scheint hier die Gesamtheit des Anorganischen als Organisches aufgefasst zu werden. Die Vorstellung der Natur als *produktives Subjekt* ist aber mit einem rigorosen Materialismus nicht vereinbar und weist eher auf eine *pantheistische* Weltanschauung.[22]

Eine Bestätigung dafür, dass FEUERBACHs Naturphilosophie anthropomorphe Züge aufweist, finden wir außerdem in der Definition der Materie als *leidendes Wesen*. Dadurch projiziert FEUERBACH ein ausschließlich menschliches Attribut auf die Objekte der Außenwelt und verfällt dadurch unwillkürlich dem *Vitalismus*. In den *Vorläufigen Thesen zur Reformation der Philosophie* wirft FEUERBACH SPINOZA vor, die Materie zwar als Attribut der Substanz, nicht aber als *Prinzip des Leidens* aufgefasst zu haben.[23] Dadurch entferne er von der Materie gerade die Eigenschaft, die sie vom Attribut Denken grundsätzlich unterscheide, so dass sie in seinem System in der Form einer inhaltslosen Abstraktion erscheine. Die Materie wird von FEUERBACH jedoch nicht nur deshalb als Prinzip des Leidens definiert, weil *der Mensch* von den materiellen Dingen der Außenwelt *affiziert* wird. Wie er in den *Grundsätzen der Philosophie der Zukunft* ausdrücklich betont, ist für ihn *die Materie selbst ein leidendes Wesen*.[24]

FEUERBACHs subjektivistische Erkenntnistheorie mündet also in eine vom *Anthropomorphismus* geprägte Naturphilosophie. Die Zurückführung der Erkenntnis auf die Leidenschaften und auf das Gemüt des erkennenden Subjekts führt ihn zur Auffassung der Natur als organisches, lebendes, leidendes Wesen. Es überrascht nicht, dass FEUERBACH diesbezüglich gegen SPINOZA, der aus seinem System jede Form von Anthropomorphismus verbannt, polemisiert. Es wird deshalb auch nicht überraschen, dass wir gerade in SPINOZAs System die theoretischen Voraussetzungen für eine *materialistische Emendation* von FEUERBACHs Naturphilosophie finden werden.

SPINOZA eliminiert in seinem System jegliche Form von Anthropomorphismus. Dies gilt für die Vorstellung Gottes als persönliches Wesen, für die der Zweckmäßigkeit der Natur wie auch für die Auffassung der Natur als organisches, zeitlich homogenes Ganzes. Dieser letzte Aspekt ist von besonderer Wichtigkeit. Obwohl FEUERBACH einerseits in seiner Ablehnung des Theismus und der Teleologie die diesbezüglichen Ansichten SPINOZAS teilt, betrachtet er andererseits die Natur als einheitlichen Organismus, was hingegen von SPINOZA entschieden zurückgewiesen wird. Während FEUERBACH also einem unwillkürlichen Pantheismus verfällt, liefert uns demgegenüber SPINOZAS Philosophie das *materialistische Gegenmittel*.

Die Vorstellung der Natur als Organismus setzt nämlich die Idee voraus, dass jedem ihrer Teile eine bestimmte Funktion zukomme, die durch die spezifische Stellung der Teile innerhalb des Ganzen und von deren *Wechselwirkung* zur Totalität bestimmt werde.[25)] Die Natur als Organismus auffassen bedeutet also, ihren Teilen einen *Zweck* zuzuschreiben. Dass diese Vorstellung eine Form von Teleologie impliziert, liegt auf der Hand.

In *Die Naturwissenschaft und die Revolution*, eine Schrift von 1850, ist dies recht deutlich zu erkennen. FEUERBACH behauptet, in der Natur stehe alles in einem notwendigen Zusammenhang zueinander.[26)] Die Unterschiede zwischen den verschiedenen Gattungen würden zwar die Unterteilung der Naturwesen in verschiedene Klassen ermöglichen, diese Unterschiede würden aber in der Einheit der Totalität aufgehoben, weil der Grund, der *Zweck* der spezifischen Bestimmungen der Gattungen nur in der *Harmonie des Ganzen* liege.

SPINOZAS Naturphilosophie stellt diesbezüglich eine radikale Alternative dar. Die Natur ist für den Autor der *Ethik* eine offene Totalität, ohne Grenzen, ohne Mittelpunkt, ohne Sinn, ohne Ziel. Die Einheit der Substanz ist für ihn nichts anderes als die Gesamtheit des Seins, Gesamtheit, der weder eine *organische Einheit*, noch eine *zeitliche Homogenität* zugeschrieben werden kann. Während die *imaginatio* die einzelnen Dinge als *Subjekte* des zeitlichen Verlaufs betrachtet, werden sie durch den Begriff der *Dauer* als *Wirkungen* derselben aufgefasst. Ein einzelnes Ding, ein Individuum, ist für SPINOZA nichts anderes als die *Relation zwischen seinen Teilen*, das Produkt der *Harmonie von Bewegung und Ruhe* der Elemente, woraus es zusammengesetzt ist. Die Dauer eines einzelnen Dings ist das Anhalten dieser Harmonie, dieser Relation. Sie setzt das Ding nicht voraus, sondern bewirkt es. Für SPINOZA gibt es also *keine homogene Zeitlichkeit der Totalität des Seienden*, jeder Modus hat eine *eigene* Dauer. Die Ewigkeit ist nicht das einheitliche Maß der *natura naturata*, sondern das unaufhörliches Verfließen der einzelnen Modi und deren Verflechtungen. SPINOZAS Begriff der Dauer impliziert somit die Ablehnung der Vorstellung der Natur als organisches Ganzes und dadurch jeglicher teleologischen Naturauffassung.

2. Die Willensfreiheit

In *Über Spiritualismus und Materialismus, besonders in Beziehung auf die Willensfreiheit* versucht FEUERBACH, die Widersprüche in der Auffassung von Geist und Körper als ontologisch getrennte Realitäten hervorzuheben, um dann im Zusammenhang mit dieser Argumentation die Idee der Willensfreiheit in Frage zu stellen. Der Autor behauptet, dass die Vorstellung einer unkörperlichen, übersinnlichen Seele zur Unmöglichkeit führt, ihre Relation zum Körper zu erklären. Die Seele werde nämlich einerseits aufgrund ihrer Unkörperlichkeit als »unräumliches, unörtliches Wesen« aufgefasst, während sie aber andererseits durch ihre Beziehung zum Körper an den Ort desselben gebunden sei.[27] Der Widerspruch bestehe also darin, dass eine immaterielle Seele jenseits, *außerhalb* des Raumes stehen müsse, während ihr Verhältnis zum Leib ihre Existenz *innerhalb* des Raumes voraussetze. FEUERBACH zeigt, dass das Wesen der Seele die Möglichkeit einer Relation zum Körper grundsätzlich ausschließt. Die Unkörperlichkeit der Seele impliziere die *Unmöglichkeit* dieser Relation.

Genauso widersprüchlich erscheint FEUERBACH der Leib-Seele-Dualismus im Hinblick auf die *Zeitlichkeit*. Der Autor kritisiert in diesem Zusammenhang die Moralphilosophie KANTs, in der der Wille jenseits der Kausalität, also außerhalb der Zeit angenommen wird. FEUERBACH hebt den dualistischen Charakter dieser Auffassung hervor, um sie dann durch den Beweis der Unmöglichkeit einer ontologischen Trennung von sinnlicher und übersinnlicher Realität, von empirischer Wirklichkeit und reinem Willen zu widerlegen.[28]

Seine Kritik richtet sich vor allem gegen KANTs Trennung des Willens vom sinnlichen Begehrungsvermögen des Menschen. In der *Kritik der praktischen Vernunft* werde die bloße *Form* des Gesetzes, d.h. das Gesetz unabhängig von seinem empirischen Inhalt, als Gegenstand des Willens festgelegt. Damit bestimme KANT aber das Objekt des Wollens, und somit auch den Willen selbst, als leere Kategorie. Der Gegenstand des Wollens sei nämlich immer empirischer, sinnlicher Natur. Dadurch, dass KANT den Willen vom sinnlichen Begehrungsvermögen trenne, reduziere er ihn auf ein bloßes Gedankending.

Der Wille könne also nicht von der sinnlichen, empirischen Welt getrennt, also außerhalb der Zeit gedacht werden. FEUERBACH zeigt aber, dass gerade in der Annahme eines außerhalb der Zeit stehenden Willens die grundlegende Bedingung zur Behauptung der Willensfreiheit liegt. Wenn nämlich die Zeitlichkeit des Willens behauptet werde, müsse daraus deduziert werden, dass er dem *Kausalitätsprinzip* unterliege. Da aber die Relation zwischen Ursache und Wirkung eine notwendige sei und die Zeitlichkeit des Willens dessen Auffassung als Wirkung von Ursachen impliziere, müssten alle einzelnen Willensakte ausnahmslos als notwendige betrachtet werden. Aus diesem Grunde sei KANT gezwungen, den Willen außerhalb der Zeitlichkeit zu denken.[29]

FEUERBACH behauptet, dass KANT den Willen aus der Ebene der Zeitlichkeit entfernt, um ihn aus seiner kausalen Bestimmung zu befreien. Wenn nämlich der Wille nur *in* der Zeit wirke, müsse jeder seiner Akte auf seinen vorhergehenden Zustand zurückgeführt und deshalb als Wirkung von Ursachen betrachtet werden.[30] Wenn aber der Wille eine Wirkung von Ursachen sei, könne er nicht frei sein. Die Willensfreiheit könne demnach nur durch die Verneinung der Zeitlichkeit des Willens, also durch das Postulat seiner *Unkörperlichkeit* vertreten werden. Die Ablehnung jeglichen Dualismus' und die daraus folgende Behauptung der Körperlichkeit der Seele scheinen also FEUERBACH zu einer unausweichlichen Schlussfolgerung zu führen: jeder Willensakt ist notwendig, die einzige vertretbare These ist der *Determinismus*.

Diese Ansicht wird in mehreren Passagen des Textes formuliert.[31] Unsere Entscheidungen seien die notwendige Konsequenz unseres Wesens, unsere Willensakte die Wirkung unserer momentanen körperlichen und psychischen Verfassung. FEUERBACH beschränkt sich aber nicht darauf, die illusorische Natur der Willensfreiheit zu behaupten. Er identifiziert auch die Ursachen, aus denen diese Illusion resultiert.

Zum ersten sei es nicht immer möglich, die komplexe Totalität aller den Willen bestimmenden Ursachen vollständig zu rekonstruieren. In jenen Umständen, in denen sich nicht eine offensichtliche Vorherrschaft eines Triebes oder einer Neigung manifestiere, eine Tat hingegen von einer Summe vielfacher Ursachen bewirkt werde, von denen keine mit ausreichender Kraft alle anderen überwiege, um eindeutig wahrnehmbar zu sein, werde der Willensakt nicht auf die Gesamtheit seiner Ursachen zurückgeführt, sondern auf seine Freiheit.[32] Wenn aber einmal seine Körperlichkeit bewiesen sei, *müsse* er als Wirkung von Ursachen, also als notwendig, betrachtet werden.

Außerdem empfänden wir unsere Persönlichkeit und unseren Charakter nicht als etwas Zwingendes, als etwas Nötigendes, weil uns nur das als solches erschiene, was uns *von außen* zwinge und nötige.[33] Was zu unserem Wesen gehöre, nähmen wir nicht als ein von uns Unterschiedenes wahr: deshalb betrachten wir es als Produkt des Wollens. Wir seien uns zwar unseres Willens bewusst, nicht aber unseres *hinter* dem Bewusstsein stehenden Wesens, das ihn bestimmt. Die Idee der Freiheit beruhe also auf der Unkenntnis der *Ursachen* unseres Willens. Auch wenn uns nichts Äußerliches zwinge, etwas zu wollen, entspringe unser Wille immerhin aus unserem Wesen, das aber nicht vom Willen verursacht werde, sondern diesen bewirke. Und so schrieben wir unseren Willensakten die Freiheit zu und verneinten dadurch ihre kausale Bestimmung, die aber aufgrund des Beweises ihrer Körperlichkeit und Zeitlichkeit unleugbar sei.

Die Willensfreiheit sei zudem auch der Ausdruck eines *sozialen Bedürfnisses*, und zwar des Bedürfnisses, die *Strafbarkeit* uns schädigender und gefährdender Taten zu behaupten. Der Begriff der *Strafe* habe nämlich nur im Zusammenhang mit dem der *Schuld* einen Sinn, der aber wiederum die Willensfreiheit voraussetze. Als konkretes Beispiel führt FEUERBACH die Strafbarkeit des Diebstahles an.[34] Ihre gesetzliche Festlegung gründe in Wirklichkeit nicht auf der Freiheit aller Individuen, zu stehlen oder nicht zu stehlen, sondern lediglich auf dem Wunsch des Gesetzgebers, dass nicht gestohlen werde. Dieser Wunsch sei die wahre Quelle des Glaubens an die Willensfreiheit und an die Verantwortlichkeit der Menschen, des Glaubens, dass nicht gestohlen werden könne.

FEUERBACH scheint also einen kompromisslosen Determinismus zu vertreten. Die Negation jeglichen Dualismus' impliziere die Behauptung der Körperlichkeit der Seele und somit der Zeitlichkeit des Willens, die wiederum die Auffassung des Willens als Wirkung von Ursachen und deshalb die Verneinung seiner Freiheit zur Folge habe.[35] Dennoch finden wir in diesem Werk einige Textstellen, in denen der Autor den rigorosen Determinismus, zu dem ihn sein Materialismus notwendigerweise führt, zu umgehen scheint.[36]

Im ersten Paragraphen des dritten Kapitels (*Die Einheit des Willens und Glückseligkeitstriebes*) behauptet FEUERBACH, dass die Naturbestimmung des Menschen z.B. die Notwendigkeit einschließe, sich zu ernähren, aber in der Wahl, diese oder jene Speise zu essen, der Mensch frei sei.[37] Seine Abhängigkeit von der Gattung der menschlichen Nahrungsmittel sei ein Bestandteil seines Wesens, seiner Natur; aber die Wahl *innerhalb* dieser Gattung, die Wahl, eine bestimmte Speise einer anderen vorzuziehen, liege im Bereich der Willensfreiheit. Der Wille sei also »Selbstbestimmung, aber innerhalb einer vom Willen des Menschen unabhängigen Naturbestimmung«.

Im sechsten Kapitel (*Notwendigkeit und Verantwortlichkeit*) bestätigt FEUERBACH seine Ansicht. Im Unterschied zwischen der Gattung und ihren Individuen liege auch der Unterschied zwischen Notwendigkeit und Freiheit.[38] Während einerseits unsere Abhängigkeit von einer Gattung, z.B. die der Kleidungsstücke, von einem notwendigen, aus unserem innersten Wesen entspringenden Beweggrund bestimmt werde, könne die Wahl eines bestimmten Gegenstandes innerhalb dieser Gattung, z.B. eines rotkarierten Hemdes, von verschiedenen, unwesentlichen, ersetzbaren Beweggründen bewirkt werden. FEUERBACH lehnt also die Idee der Willensfreiheit nicht grundsätzlich ab. Er beschränkt sich lediglich darauf, ihre Grenzen klar zu definieren.

Wie rechtfertigt sich aber die These, wonach der Wille, obgleich innerhalb der Grenzen einer Gattung, der *Selbstbestimmung* fähig sei, wenn seine Körperlichkeit, seine Zeitlichkeit, und demnach seine kausale Bestimmtheit behauptet werden? FEUERBACH spricht diesbezüglich von *zufälligen Gründen*.[39] Was ist ein zufälliger Grund? Laut FEUERBACH eine nicht auf das

Wesen eines Individuums, sondern auf aleatorische Faktoren zurückführbare Ursache. Wenn einerseits z.B. die Freude am Lesen von Kriminalromanen ein konstitutives Element einer Persönlichkeit darstelle, entsprängen andererseits die Gründe, wofür jemand *diesen* spezifischen Kriminalroman wähle, nicht aus einer charakterlichen Prädisposition. Sofern also die Wahl innerhalb der Grenzen einer Gattung nicht Ausdruck des innersten Wesens einer Person sei (wie hingegen die Wahl der Gattung selbst), müsse der Wille als frei betrachtet werden.

Ist aber ein zufälliger Grund immerhin nicht selbst eine Ursache? Wenn wir diesen bestimmten Roman wählen, weil uns dessen Umschlag gefällt, weil wir den Namen des Autors mit einer besonderen Erinnerung assoziieren, weil durch unsere momentane seelische Verfassung beim Lesen des Titels eine besondere Suggestion hervorgerufen wird, ist dann die Summe dieser Faktoren nicht die Ursache unserer Wahl? Die vollständige Rekonstruktion der Gesamtheit aller psychologischen und umweltbedingten Ursachen, die unsere Entscheidungen bestimmen, mag aufgrund ihrer Komplexität äußerst problematisch sein und sich oft als unmöglich erweisen, aber die Demonstration der Körperlichkeit der Seele und der Zeitlichkeit des Willens zwingt uns zur Auffassung des Willens als Wirkung von Ursachen, egal welche Komplexität diese auch aufweisen mögen. Feuerbach scheint hier den Fehler zu begehen, den er selbst dem *Spiritualismus* vorwirft, und zwar für das, wofür er keinen Grund weiß, den Willen verantwortlich zu machen.[40)]

Die Körperlichkeit der Seele und die Willensfreiheit sind unvereinbare Begriffe. Die Behauptung der Willensfreiheit (auch nur innerhalb der Grenzen einer Gattung) beruht auf der Abstraktion des Willens aus der kausalen Bestimmtheit der Natur. Die Widerlegung des Leib-Seele-Dualismus in all seinen Aspekten und die Verurteilung jeder Form von Spiritualismus implizieren deshalb einen *rigorosen Determinismus*. Man kann die Willensfreiheit nur dann behaupten, wenn man die Unkörperlichkeit der Seele postuliert, genauso wie man die Unkörperlichkeit der Seele nur dann verneinen kann, wenn man auch die Willensfreiheit negiert. Deshalb führen die in einigen Textstellen dieser Schrift enthaltenen Zugeständnisse, die der Autor der Willensfreiheit gewährt, zu einer offensichtlichen Inkongruenz und stellen einen Schwachpunkt in FEUERBACHs Materialismus dar.

Anmerkungen

1) Ludwig Feuerbach, *Das Wesen der Religion*, Sämtliche Werke, Band 7, hrsg. von Wilhelm Bolin und Friedrich Jodl, Stuttgart.

2) Ebenda, S. 464.

3) Ebenda, S. 391.

4) Ebenda, S. 469.

5) Ebenda, S. 462-463.

6) Ebenda, S. 482.

7) Ebenda, S. 450.

8) Darwins *Entstehung der Arten durch natürliche Zuchtwahl* erscheint erst 1859.

9) Dazu siehe Francesco Tomasoni, *Feuerbachs Kritik der Wissenschaftsideologie und Evolutionstheorien*. In: Ludwig Feuerbach und die Philosophie der Zukunft, hrsg. von Hans-Jürg Braun, Hans Martin Sass, Werner Schuffenhauer, Francesco Tomasoni, Akademie-Verlag, Berlin, 1990, S. 89-90.

10) Ebenda, S. 91. In *Die Naturwissenschaft und die Revolution* begeht er allerdings denselben Fehler. Der Naturforscher sehe, »wie in der Natur immer das Alte abstirbt, und zwar *nur dazu, um den Dünger für eine bessere Zukunft abzugeben*« [Hervorhebung des Verfassers]; (Ludwig Feuerbach, *Die Naturwissenschaft und die Revolution*, Gesammelte Werke, Band 10, hrsg. von Werner Schuffenhauer, Berlin, S. 349).

11) Francesco Tomasoni, a.a.O., S. 91.

12) Ludwig Feuerbach, a.a.O., S. 484-485.

13) Ebenda, S. 485.

14) Ludwig Feuerbach, *Vorlesungen über das Wesen der Religion*, Gesammelte Werke, Band 6, hrsg. von Werner Schuffenhauer, Berlin, S. 147.

15) Ebenda, S. 147.

16) Ludwig Feuerbach, *Vorläufige Thesen zur Reformation der Philosophie*, Gesammelte Werke, Band 9, hrsg. von Werner Schuffenhauer, Berlin, S. 252.

17) Ludwig Feuerbach, *Grundsätze der Philosophie der Zukunft*, Gesammelte Werke, Band 9, hrsg. von Werner Schuffenhauer, Berlin, S. 318-319.

18) Dazu siehe Francesco Tomasoni, *Ludwig Feuerbach e la natura non umana. Ricostruzione genetica dell'*Essenza della religione *con pubblicazione degli inediti*, La Nuova Italia Editrice, Florenz, 1986.

19) Ludwig Feuerbach, *Das Wesen der Religion*, Sämtliche Werke, Band 7, hrsg. von Wilhelm Bolin und Friedrich Jodl, Stuttgart, S. 488.

20) Ebenda, S. 450.

21) Dazu siehe Alfred Schmidt, *Emanzipatorische Sinnlichkeit. Ludwig Feuerbachs anthropologischer Materialismus*, Carl Hanser Verlag, München-Wien, 1973, S. 148.

22) Dazu siehe Alfred Schmidt, a.a.O., S. 146-147; Gerd Haensch, a.a.O., S. 709-712.

23) Ludwig Feuerbach, *Vorläufige Thesen zur Reformation der Philosophie*, Gesammelte Werke, Band 9, hrsg. von Werner Schuffenhauer, Berlin, S. 253.

24) Ludwig Feuerbach, *Grundsätze der Philosophie der Zukunft*, Gesammelte Werke, Band 9, hrsg. von Werner Schuffenhauer, Berlin, S. 295.

25) Zum Begriff der Wechselwirkung siehe Vittorio Morfino, *Causa sui o Wechselwirkung: Engels tra Spinoza e Hegel*. In: *Friedrich Engels cent'anni dopo*.

Ipotesi per un bilancio critico, hrsg. von MARIO CINGOLI, Teti Editore, Mailand, 1998; zum Begriff der Wechselwirkung in Feuerbachs Philosophie siehe GERD HAENSCH, a.a.O., S. 710.

26) LUDWIG FEUERBACH, *Die Naturwissenschaft und die Revolution*, Gesammelte Werke, Band 10, hrsg. von WERNER SCHUFFENHAUER, Berlin, S. 349.

27) LUDWIG FEUERBACH, *Über Spiritualismus und Materialismus, besonders in Beziehung auf die Willensfreiheit*, Sämtliche Werke, Band 10, hrsg. von WILHELM BOLIN und FRIEDRICH JODL, Stuttgart, S. 172.

28) Ebenda, S. 107.

29) Ebenda, S. 102.

30) Ebenda, S. 102-103.

31) Ebenda, S. 10, 97, 98, 121, 128-129, 131-132, 133-134.

32) Ebenda, S. 142.

33) Ebenda, S. 147.

34) Ebenda, S. 135.

35) In seiner Einführung zur italienischen Ausgabe dieses Werkes behauptet ANDOLFI mit Recht, daß FEUERBACHs Ansicht nicht mit einem rohen, stumpfsinnigen Determinismus, der die Bestimmung des Willens auf eine einzige, konstant anhaltende Neigung zurückführt, identifiziert werden kann (FERRUCCIO ANDOLFI, *Spiritualismo e materialismo, specialmente in relazione alla libertà del volere*, 2. Ausgabe, Editori Laterza, Rom-Bari, 1993, S. 34). Für FEUERBACH wirke in einem Individuum eine Vielheit von Impulsen, deren zeitliche Dynamik in verschiedenen Momenten zur Vorherrschaft des einen oder des anderen führen könne.

Auch CESA hebt diesen Aspekt hervor, fügt aber hinzu, daß sich nach FEUERBACH aus der Vielheit der Instinkte die Möglichkeit der Wahl, der Freiheit, und somit die Möglichkeit für den Eingriff des Willens ergebe (CLAUDIO CESA, *Introduzione a Feuerbach*, Editori Laterza, 2. Ausgabe, Rom-Bari, 1995, S. 129-130). Tatsächlich behauptet der deutsche Philosoph, dass die Neigungen überwunden werden können, wenn man »die geeigneten [...] materiellen, körperlichen Heilmittel dagegen ergreift« (SW Bol 10, S. 152), und dass die Verneinung dieser Fähigkeit das Unvermögen bedeuten würde, sich vom geringsten Übel zu befreien. Es stellt sich aber die Frage, ob er diese Fähigkeit als Freiheit versteht oder sie vielmehr mit der Ausarbeitung rationaler Strategien identifiziert, deren Ursprung und Ziel letztendlich aber doch der Glückseligkeitstrieb bleibt. Obwohl sich FEUERBACH diesbezüglich nicht ausdrücklich äußert, kann meines Erachtens nur die zweite Hypothese angenommen werden.

36) HÜSSER erklärt seine Verwunderung darüber, daß FEUERBACH die eigene Behauptung, wonach der Mensch nicht wie ein fallender Stein determiniert ist, nicht auf den Willen (hier im kantschen Sinn) zurückführt, sondern auf die gleichzeitige Gegenwart mehrerer Triebe im Individuum (HEINZ HÜSSER, *Natur ohne Gott. Aspekte und Probleme von Ludwig Feuerbachs Naturverständnis*, Verlag Königshausen & Neumann, Würzburg, 1993, S. 125). Aufgrund der bisher analysierten Gedankengänge wäre allerdings FEUERBACHs Zurückführung der Freiheit auf den Willen weitaus überraschender.

37) Ebenda, S. 106-107.

38) Ebenda, S. 126.

39) Ebenda, S. 125.

40) Ebenda, S. 142.

Literatur

ASCHERI, CARLO: *Feuerbach 1842: necessità di un cambiamento. Ed altri saggi con un ricordo a cura di Claudio Cesa.* »Biblioteca di ‚De Homine'«, Florenz, G. C. Sansoni Editore, 1970.

BENSUSSAN GÉRARD: *Feuerbach, «traducteur» de Spinoza.* In: Archives de Philosophie, Nr. 62, Paris, Beauchesne Verlag, 1999.

BIELING, RAINER: *Spinoza im Urteil von Marx und Engels. Die Bedeutung der Spinoza-Rezeption Hegels und Feuerbachs für die Marx-Engelssche Interpretation.* Dissertation, 1979 an der Freien Universität Berlin vorgelegt.

BRAUN, HANS-JÜRG: *Ludwig Feuerbachs Lehre vom Menschen.* Stuttgart und Bad Cannstatt, Friedrich Frommann Verlag (Günther Holzboog), 1971.

BRAUN, HANS-JÜRG: *Die Religionsphilosophie Ludwig Feuerbachs. Kritik und Annahme des Religiösen.* Stuttgart und Bad Cannstatt, Friedrich Frommann Verlag (Günther Holzboog), 1972.

BRAUN, HANS-JÜRG: *Solidarität oder Egoismus: Studien zu einer Ethik bei und nach Ludwig Feuerbach. Sowie kritisch revidierte Edition „Zur Moralphilosophie" (1868) / besorgt von Werner Schuffenhauer.* »Societas ad Studia de Hominis Condicione Colenda«, Berlin, Akademie Verlag, 1994.

CESA, CLAUDIO: *Il giovane Feuerbach.* Bari, Editori Laterza, 1963.

CESA, CLAUDIO: *Ludwig A. Feuerbach. Opere.* Bari, Editori Laterza, 1965.

CESA, CLAUDIO: *Introduzione a Feuerbach.* »I Filosofi« 28, Rom-Bari, Editori Laterza, 1995 (2. Ausgabe 1978).

CORNEHL, PETER: *Feuerbach und die Naturphilosophie. Zur Genese der Anthropologie und Religionskritik des jungen Feuerbach.* In: Neue Zeitschrift für systematische Theologie, Nr. 11, Berlin, de Gruyter Verlag, 1969.

GEDÖ, ANDRÁS: *Bestandsaufnahme der philosophischen Moderne. Über Feuerbachs Philosophiegeschichtsschreibung.* In: Ludwig Feuerbach und die Geschichte der Philosophie, hrsg. von Walter Jaeschke und Francesco Tomasoni, Berlin, Akademie Verlag, 1998.

HAENSCH, GERD: *Ludwig Feuerbachs Beitrag zur Klärung des Begriffs «Pantheismus».* In: Deutsche Zeitschrift für Philosophie, Nr. 27, Berlin, Akademie Verlag, 1979.

HÜSSER, HEINZ: *Natur ohne Gott. Aspekte und Probleme von Ludwig Feuerbachs Naturverständnis.* Würzburg, Verlag Königshausen & Neumann, 1993.

HÖPPNER, JOACHIM: *Ludwig Feuerbach und seine materialistische Weltanschauung in ihrer historischen Bedeutung für die wissenschaftliche Philosophie.* Dissertation, Leipzig, 1960.

KLIMKEIT, HANS-JOACHIM: *Das Wunderverständnis Ludwig Feuerbachs in religionsphänomenologischer Sicht.* In: Untersuchungen zur allgemeinen Religionsgeschichte, 5, Bonn, Ludwig Röhrscheid Verlag, 1965.

LÜBBE, HERMANN; SASS, HANS-MARTIN (Hrsg.): *Atheismus in der Diskussion. Kontroversen um Ludwig Feuerbach.* München und Mainz, Kaiser Verlag - Matthias Grünewald Verlag, 1975.

MORFINO, VITTORIO: *Causa sui o Wechselwirkung: Engels tra Spinoza e Hegel.* In: Friedrich Engels cent'anni dopo. Ipotesi per un bilancio critico, hrsg. von Mario Cingoli, Mailand, Teti Editore, 1998.

MÜNZ, THEODOR: *Spinoza, Feuerbach und die Würde der Natur*. In: Ludwig Feuerbach und die Philosophie der Zukunft. Internationale Arbeitsgemeinschaft am ZiF der Universität Bielefeld 1989, hg. von Hans-Jürg Braun, Hans-Martin Sass, Werner Schuffenhauer, Francesco Tomasoni, Berlin, Akademie Verlag, 1990.

OITTINEN, VESA: *Zu den Wandlungen im Spinoza-Bild Feuerbachs*. In: Ludwig Feuerbach und die Geschichte der Philosophie, hrsg. von Walter Jaeschke und Francesco Tomasoni, Berlin, Akademie Verlag, 1998.

SCHUFFENHAUER, WERNER: *«Aut Deus – Aut Natura». Zu Ludwig Feuerbachs Spinoza- und Leibnizbild*. In: Archivio di filosofia, Rom, Tipografia agostiniana, 1978.

THIES, ERICH (Hrsg.): *Ludwig Feuerbach*. In: Wege der Forschung, CDXXXVIII, Darmstadt, Wissenschaftliche Buchgesellschaft, 1976.

TOMASONI, FRANCESCO: *Feuerbach e la dialettica dell'essere. Con la pubblicazione di due scritti inediti*. Florenz, La Nuova Italia Editrice, 1982.

TOMASONI, FRANCESCO: *Ludwig Feuerbach e la natura non umana. Ricostruzione genetica dell'Essenza della religione con pubblicazione degli inediti*. Florenz, La Nuova Italia Editrice, 1986.

TOMASONI, FRANCESCO: *Feuerbachs Kritik der Wissenschaftsideologie und Evolutionstheorien*. In: Ludwig Feuerbach und die Philosophie der Zukunft, hrsg. von Hans-Jürg Braun, Hans Martin Sass, Werner Schuffenhauer, Francesco Tomasoni. Akademie-Verlag, Berlin, 1990.

WINIGER, JOSEF: *Feuerbachs Weg zum Humanismus. Zur Genesis des anthropologischen Materialismus*. Humanistische Bibliothek, Reihe III: Skripten 4, München, Wilhelm Fink Verlag, 1979.

FALKO SCHMIEDER

Feuerbachs neue Philosophie als neue Religion[1]

Exposition

Den an der Philosophie interessierten Zeitgenossen gilt FEUERBACH als einer der bedeutendsten Religionskritiker und als der Begründer einer neuen materialistischen Philosophie. Sehr selten jedoch tritt ins Blickfeld, dass FEUERBACH seine neue materialistische Philosophie als Nachfolgerin der alten Religion und selbst als eine neue Form der Religion verstanden hat. »Die neue Philosophie [...], als die Philosophie des Menschen, ist auch wesentlich die *Philosophie für den Menschen* – sie hat, unbeschadet der Würde und Selbständigkeit der Theorie, ja, im innigsten Einklang mit derselben, wesentlich eine *praktische*, und zwar im höchsten Sinne praktische Tendenz; sie tritt an die Stelle der Religion, sie hat das *Wesen* der Religion in sich, sie ist in Wahrheit *selbst Religion*.«[2] Das häufige Übersehenwerden des Umstands, dass FEUERBACHs neue Philosophie den Anspruch erhoben hat, die alte Religion zu ersetzen und als Philosophie »an die Stelle der Religion«[3] zu treten, dürfte vor allem zwei Gründe haben:

Zum einen hatte FEUERBACH selbst erst kurz zuvor gegen HEGELs Identifizierung von Religion und Philosophie deren unaustilgbare Differenz herausgearbeitet und die Notwendigkeit betont, beide Formen *als Formen*, in ihrer spezifischen (medialen und psychologischen) Formbestimmtheit zu betrachten. Gemessen daran, scheint die neue Philosophie nun selber bestrebt zu sein, den Gegensatz von Religion und Philosophie aufheben und eine Anschauungsform entwickeln zu wollen, in der die objektive, auf Wahrheit und Erkenntnis ausgehende Betrachtungsweise der Philosophie mit der primär am subjektiven Bedürfnis orientierten Betrachtungsweise der Religion miteinander versöhnt sind.

Ein zweiter Grund dafür, dass die religiöse Dimension der neuen Philosophie häufig übersehen wird, liegt darin, dass FEUERBACH im allgemeinen Bewusstsein als Religionskritiker gilt, der sich große Verdienste um die wissenschaftliche Aufklärung religiöser Phänomene erworben hatte. Im *Wesen des Christentums* wurde von FEUERBACH die Religion als eine frühe Form des menschlichen Bewusstseins dargestellt, die zwar ihre historische Berechtigung hat, in der modernen Gesellschaft aber überwunden werden muss, weil sie mit den gesellschaftlichen und kulturellen Bedingungen der Moderne nicht mehr zu vereinbaren ist. Vor diesem Hintergrund ist es alles andere als erstaunlich, dass die Beiträge, die sich mit der Problematik der neuen Religion bei FEUERBACH auseinandergesetzt haben, zu äußerst kontroversen Einschätzungen gelangt sind. So hat der Theologe KLAUS BOCKMÜHL die Frage gestellt, »ob einer Religion an sich nicht notwendig ein Transzendieren eigentümlich ist, das er [FEUERBACH; F.S.] ablehnte und das ihm verweigern würde, seine neue Weltanschauung eine Religion zu nennen«[4]. Weil FEUERBACHs neue Weltanschauung in einem unmittelbaren Bezug zu den Gegebenheiten der sinnlichen Welt steht und jedes spekulative Darüberhinaus verwirft, kann sie BOCKMÜHL zufolge strikt genommen auch nicht als eine Religion angesehen werden.[5] Andererseits macht BOCKMÜHL in seiner Auseinandersetzung mit FEUERBACH aber die Beobachtung, dass FEUERBACHs Materialismus die Verhältnisse der bürgerlichen Gesellschaft in einer Weise anschaue und verkläre, die durchaus den Gedanken an die Religion nahelege. Aus diesem Grund bezeichnet BOCKMÜHL die neue Anschauung FEUERBACHs als eine »‚Religion' der Diesseitigkeit.«[6]

Anders als BOCKMÜHL, der FEUERBACHs Aussage, dass wir wieder religiös werden müssen, ernst nimmt und FEUERBACHs Neubegründungsversuch ein eigenes Unterkapitel widmet, geht WERNER SCHUFFENHAUER davon aus, dass FEUERBACH die im Zusammenhang der Darstellung der neuen Philosophie begegnenden Vokabeln »religiös«, »göttlich« usw. in einem »bewusst amphi- bzw. hyperbolisch« gemeinten Sinn verwendet hat[7]; SCHUFFENHAUER erwähnt sie deshalb auch nur im Zusammenhang seiner Erörterung von FEUERBACHs materialistisch-sensualistischer Erkenntnistheorie. Gegen SCHUFFENHAUER, demzufolge FEUERBACH nur »verschiedentlich« religiöse Ausdrücke gebraucht[8], lässt sich einwenden, dass FEUERBACH an wichtigen Stellen mehrerer Werke aus der Zeit des Umbruchs auf die religiöse Dimension seines Unternehmens verweist bzw. sich der religiösen Ausdrücke bedient, und dass dort, wo dies geschieht, ein ernster, beschwörender Tonfall vorherrscht.[9] Diese – auch von BOCKMÜHL und anderen gemachte[10] – Beobachtung stimmt gut mit Resultaten von kritischen Untersuchungen zusammen, die den Rahmen bloß geistesgeschichtlicher Betrachtungen des revolutionären Umbruchs der Philosophie um die Mitte des 19. Jahrhunderts sprengen und darum bemüht sind, FEUERBACHs Begründung einer neuen materialistischen Philosophie im Zusammenhang mit der zeitgenössischen gesellschaftlichen und kulturellen Entwicklung zu erfassen. Gerade solche, den gesellschaftlichen Kontext mitberücksichtigenden Studien legen es nahe, FEUERBACHs Festhalten an der religiösen Begrifflichkeit bzw. seinen Versuch einer Erneuerung der Religion als Ausdrücke tieferliegender, objektiv-geschichtlicher Probleme statt als stilistische Manöver des Philosophen anzusehen. Zwar schließt – das duldet keinen Zweifel – FEUERBACHs

Sensualismus die traditionelle, auf ein Jenseits fixierte Religion strikt aus, so dass – wird FEUERBACHs Anschauung allein in dieser Perspektive betrachtet – das rasche Vorübergehen an der Problematik der Religion berechtigt scheint. Andererseits aber sollte schon allein der Umstand, dass sich FEUERBACHs neue Philosophie als religiöses Unternehmen überhaupt begreifen kann, nachdem FEUERBACH die grundlegende Differenz zwischen Philosophie und Religion sowie das allgemeine Wesen der Religion herausgearbeitet hat, stutzig machen.

Um die Berechtigung der Verwendung des Religionsbegriffs im Zusammenhang der neuen Philosophie FEUERBACHs zu prüfen, soll im Folgenden nicht – wie dies bei BOCKMÜHL geschieht – mit dem traditionellen Religionsbegriff ein äußerer Maßstab angelegt, sondern soll FEUERBACHs eigenes Religionsverständnis zugrundegelegt werden.

Der erste Teil der Untersuchung wird sich deshalb mit FEUERBACHs Darstellung des allgemeinen Wesens der Religion beschäftigen. Der zweite Teil der Untersuchung soll dann der neuen Philosophie FEUERBACHs gewidmet sein. Insofern FEUERBACH einerseits beansprucht, das allgemeine Wesen der Religion erfasst zu haben, und andererseits seine neue Philosophie als neue Religion vorstellt, müsste die Untersuchung des allgemeinen Wesens der Religion auf Bestimmungen führen, die von wesentlicher Bedeutung für die neue Philosophie FEUERBACHs sind – andernfalls wäre entweder FEUERBACHs Anspruch, das allgemeine Wesen der Religion aufgedeckt zu haben, oder seine Behauptung, die neue Philosophie sei in Wahrheit selbst Religion, zunichte bzw. hinfällig geworden. Freilich wird sich – aus Gründen, die noch dargelegt werden – eine kritische Untersuchung der Problematik nicht damit begnügen können, FEUERBACHs eigene Einsichten bloß zu referieren. Um den tieferen – FEUERBACH selbst verborgen gebliebenen – Gehalt der Rede von der neuen Philosophie als neuer Religion zu ergründen, wird im dritten Teil der Untersuchung der Versuch unternommen, FEUERBACHs neue Philosophie zunächst in einer gesellschaftstheoretischen Perspektive, im Hinblick auf die Probleme der sich entwickelnden kapitalistischen Gesellschaft, und im Anschluss daran in einer kulturtheoretischen Perspektive, im Hinblick auf den zeitgenössischen medialen Strukturwandel zu untersuchen. FEUERBACH selbst legt einen solchen Untersuchungsansatz nahe, denn er hat wiederholt darauf aufmerksam gemacht, dass sein Bruch mit der alten Philosophie und sein Übergang zum »Realismus« nur im Kontext mit den Bedürfnissen und mit der Praxis seiner Epoche angemessen verstanden werden können.

1. Feuerbachs Bestimmung des allgemeinen Wesens der Religion

Dass FEUERBACHs neue Philosophie sich zugleich als »*Position der Religion*«[11] begreift, ist als ein Ausdruck ihres historisch neuen Wesens zu verstehen, das sich, so FEUERBACH, »toto genere«[12] vom Wesen der überkommenen Philosophie unterscheiden soll. Ist die vorangegangene Philosophie nach FEUERBACH als eine Philosophie der Entzweiung und der Gegensätze anzusehen, so setzt sich die neue Philosophie vor, diese Gegensätze (von Denken und Gefühl, Philosophie und Leben, Vernunft und Sinnlichkeit usw.) miteinander zu versöhnen. Als ein spezifisches Merkmal der alten Philosophie und als Ausweis ihrer Einseitigkeit sieht FEUERBACH ihre Unfähigkeit an, in das Wesen der Religion einzudringen. Seine Frontstellung ist dabei eine doppelte: sie richtet sich gegen HEGELs Religionsauffassung und indirekt auch gegen die Religionsauffassung der Epoche der Aufklärung. Formelhaft ausgedrückt ist es FEUERBACH darum gegangen, die Analyse der Religion auf eine im Vergleich zu HEGEL neue *materialistische* und im Vergleich zur Religionskritik der Aufklärung auf eine *neue* materialistische Grundlage zu stellen. FEUERBACHs Religionskritik steht vor dem Problem, gegenüber HEGELs absolutem Idealismus eine bündige Unterscheidung von sinnlichen und eingebildeten Gegenständen allererst begründen zu müssen, während sie andererseits gegenüber der materialistischen Religionskritik der Aufklärung den Objektivitätsgehalt des religiösen Gegenstandes herausarbeiten will, ohne doch dem »religiösen Objektivismus«[13] der Theologie Konzessionen zu machen. Der religiöse Gegenstand, darin weiß sich FEUERBACH mit der Aufklärung einig, existiert so, wie ihn die Religion auffasst, in der Wirklichkeit nicht; es entspricht ihm keinerlei objektive, sinnlich-gegenständliche Realität. Die Aufklärung hat daraus die Folgerung gezogen, dass die religiösen Gegenstände nur der Phantasie der Vertreter der herrschenden Klasse entspringen, die sich der Religion als eines Mittels zur Unterdrückung, Ablenkung und Täuschung der Bevölkerung bedient. Es ist klar, dass diese Form der Religionskritik die objektiven Voraussetzungen und die geschichtliche Notwendigkeit der Religion verkennen muss, die hier zu einer mehr oder weniger zufälligen Erscheinung gemacht wird. Der weitere große Mangel dieser Form der Religionskritik besteht in ihrem Rationalismus: Sie kann nicht erklären, warum die Masse der Unterdrückten für die religiösen, vermeintlich bloß ausgedachten Vorstellungsgebilde so überaus dauerhaft und nachhaltig empfänglich ist. Obwohl FEUERBACHs Grenzziehung zwischen sinnlichen und geistigen Gegenständen sowie seine wiederholte Bezeichnung der Religion als »Traum« bzw. »Illusion« den Eindruck einer Parallelität zu Positionen der Aufklärung nahelegen könnten, geht FEUERBACH doch mit dem Problem der Objektivität der religiösen Gegenstände auf eine Weise um, die die Schwächen der Aufklärer in wichtigen

Punkten überwunden hat.[14] FEUERBACH weist im Vorwort zur zweiten Auflage des *Wesen des Christentums* den Vorwurf, dass nach seiner Schrift »die Religion Unsinn, nichts, pure Illusion sei«, entschieden zurück.[15] Dass der religiöse Gegenstand so, wie ihn die Religion betrachtet, in der Wirklichkeit nicht existiert, bedeutet für FEUERBACH noch lange nicht, dass ihm keinerlei Objektivitätsgehalt zukommt. Für FEUERBACH ist die Religion eine Selbstvergegenständlichung der menschlichen Gattung. Ihr Grund ist das Streben des Menschen nach Glück sowie eine Gattungswirklichkeit, die die Menschen unbefriedigt lässt und zur Errichtung von Scheinwelten zwingt, in denen sie die eigenen Verhältnisse in himmlischer Verklärung, als Bilder von jenseitigen Zuständen erfahren. Eine große Leistung von FEUERBACHs Religionskritik besteht darin, das Problem der Pseudoobjektivität der Religion über den Weg einer Analyse des als zentral angesehenen Bild-Charakters und der mit diesem eng verbundenen Kategorien Bedürfnis, Sinnlichkeit und Gefühl in Angriff genommen zu haben. Für FEUERBACH steht unumstößlich fest: »Wer der Religion das Bild nimmt, der nimmt ihr die Sache.«[16] FEUERBACHs Religionskritik geht es darum, zu den Bildern der Religion in ein anderes Verhältnis als seine Vorgänger zu treten. In seinem *Wesen des Christentums* will er »die Bilder der Religion weder zu Gedanken – wenigstens nicht in dem Sinne der spekulativen Religionsphilosophie – noch zu Sachen« machen, sondern *»als Bilder«* betrachten.[17] Wie dieses Zitat schon zum Ausdruck bringt, grenzt sich FEUERBACH dabei in besonderer Weise von der Hegelschen spekulativen Religionsphilosophie ab, der er den Vorwurf macht, die Bilder zu rationalisieren und damit die Religion der Philosophie aufzuopfern. Die spekulative Religionsphilosophie sei »unfähig, *aus sich* herauszukommen«, und mache »die Bilder der Religion zu ihren eigenen *Gedanken*«[18] oder, mit anderen Worten, lasse die Religion nur sagen, was sie selbst gedacht und weit besser gesagt hat.[19] FEUERBACH zufolge ist HEGEL »ebendeswegen nicht in das eigentümliche Wesen der Religion eingedrungen, weil er als abstrakter Denker nicht in das Wesen des Gefühls eingedrungen ist.«[20] Anders als der Begriff, der sich an den Verstand des Menschen richtet, appelliert das Bild an dessen Gefühle und Emotionen, also primär an nichtrationale, nichtdiskursive Vermögen. Für wie grundlegend FEUERBACH diese Differenz ansieht, lässt die Arbeit *Über Philosophie und Christentum* erkennen, in der FEUERBACH erstmals offen gegen HEGELs Religionsphilosophie Stellung genommen hat. FEUERBACH betrachtet die Differenz zwischen Bild und Begriff hier als eine »unaustilgbare«, weil »beide auf entgegengesetzten Geistestätigkeiten [beruhen]«[21]. Die äußere Abbildung dieser entgegengesetzten Vermögen des Menschen bilden für FEUERBACH verschiedene mediale Substrate. Die Basis der Philosophie als der objektiven intellektuellen Tätigkeit, die sich allein nach den strengen, rücksichtslosen Gesetzen der Vernunft richte, bildeten das Denken und das Herz; das ihr entsprechende Medium sei das Wort bzw. der allgemeine Begriff. Aus diesem Grunde sei die Philosophie »adstringierend, bitter, herb, widerlich, unpopulär«[22]. Die Basis der Religion dagegen bildeten das Gemüt und die Phantasie. »Das Gemüt drückt Bedürfnis aus, die Phantasie Willkür – das höchste Gesetz des Gemüts ist, was befriedigt, das höchste Gesetz der Phantasie, was gefällt.«[23] Die adäquaten Medien der Religion seien daher der musikalische Ton sowie die ergreifenden und entzückenden Schauspiele und Wunderdramen.

Wenigstens angedeutet wird von FEUERBACH noch, dass seine strikte Trennung der Formen des Bildes und des Begriffs auch politische Implikationen hat, wie noch kurz anhand seines Aufsatzes *Über das Wunder* verdeutlicht werden soll. FEUERBACH stellt zunächst heraus, dass die Sinnlichkeit des religiösen Bildes eine tröstende, versöhnende, das Subjekt beruhigende Funktion hat; das religiöse Bild, wie es im Wunder seinen prägnanten Ausdruck findet, »entschädigt«[24] den Menschen für das, was er im alltäglichen Leben entbehrt. Andererseits aber vermögen die Bilder der Religion aufgrund ihrer spezifischen Formbestimmtheit auch, den Menschen zu betören und dessen Vernunft stillzustellen. Das Bild »besticht« »die schwache Seite des Menschen« und »betäubt« seine Vernunft, »es entfesselt die *niedern* Kräfte des Menschen, die sinnlichen Begierden und Affekte, um dadurch die höhern Kräfte, die Freiheit des Urteils und Entschlusses, gefangenzunehmen.«[25] Es lässt sich also resümieren, dass für FEUERBACH die Religion wesentlich eine Gefühlsbeziehung ist, die im innigsten Zusammenhang mit der praktischen Bedürftigkeit und Sinnlichkeit des Menschen verstanden werden muss. Die zentrale Kategorie der Religion ist das Bild. FEUERBACH macht HEGEL den Vorwurf, der Eigentümlichkeit der Form der (religiösen) Bilder nicht hinreichend Rechnung getragen zu haben. HEGEL gehe immer schon von der Voraussetzung des Begriffs aus und betrachte alles aus der Perspektive der Vernunft, weshalb er FEUERBACH zufolge auch zu keinem angemessenen Verständnis der unmittelbaren, nichtdiskursiven Äußerungsformen des Menschen kommen konnte.

2. Die neue Philosophie als neue Religion – Feuerbachs Hegelkritik

Wie FEUERBACHs Religionskritik, so ist auch seine neue Philosophie in direkter Abgrenzung zur Hegelschen Philosophie entstanden. Nachdem FEUERBACH in seiner *Geschichte der neuern Philosophie* die neuzeitliche Gedankenentwicklung unter dem Hauptaspekt des fundamentalen Gegensatzes von Vernunft und Glaube, Philosophie und Theologie untersucht hat, geht ihm an HEGELS Religionsphilosophie auf, dass sich auch der absolute Idealismus noch nicht vollständig von den theologischen Prämissen freigemacht hat. Eine Manifestation von HEGELs theologischer Befangenheit sieht FEUERBACH in dessen identitätsphilosophischer Bestimmung des Verhältnisses von Denken und Sein. Wie die gesamte neuere Philosophie beginne auch die Hegelsche Philosophie mit der unmittelbaren Voraussetzung der Philosophie bzw. mit einem unmittelbaren Bruch mit der sinnlichen Anschauung. Die spekulative Philosophie HEGELs habe von der Tradition den Begriff des Absoluten übernommen, ohne nach seinem Ursprung gefragt zu haben, und diesen unkritisch angeeigneten Begriff dann unmittelbar der ganzen weiteren Philosophie vorausgesetzt. Gegen diese Auffassungsweise, deren unkritische Hinnahme des Gegebenen FEUERBACH als Mangel an Vermittlungstätigkeit und als Mangel an Kritik begreift, geht FEUERBACH vor, indem er, erstens, gegen die unkritische Übernahme des Absoluten, eine genetisch-kritische Philosophie einfordert, deren Aufgabe die Untersuchung des Ursprungs der überlieferten Gegenstände ist; und indem er, zweitens, gegen die unmittelbare Voraussetzung der Philosophie, eine neue materialistische Philosophie einfordert, deren Aufgabe es ist, den »unvermeidlichen Bruch«[26] zwischen Philosophie und Nichtphilosophie ernst zu nehmen und zu vermitteln, indem die Philosophie sich aus der Nichtphilosophie erzeugt. Beide Denkbewegungen beziehen sich polemisch auf die theologische Erblast im Denken des spekulativen Idealismus. Der für die genetisch-kritische Philosophie konstitutive Zweifel, ob dem Gegenstand wirklich gegenständliche Realität zukommt oder ob er lediglich eine Vorstellung, bloß ein subjektiv-psychologisches Phänomen ist, soll den Einfluss aller übersinnlichen Autoritäten auf das Denken des Menschen ausschalten; die Forderung an das Denken, mit der Nichtphilosophie, mit dem Unmittelbaren zu beginnen, setzt dann von vornherein die Geltung theologischer Schöpfungsvorstellungen außer Kraft und zwingt das Denken, sich allein an den Gegebenheiten der materiellen Welt zu orientieren. Der Begriff der Unmittelbarkeit, den FEUERBACH der Identitätsphilosophie HEGELs vorhält, hat so zunächst eine dezidiert kritische Funktion. Er soll das Denken auf das Feld hinführen, von dem bisher unter dem Einfluss der Theologie in unzulässiger Weise abstrahiert worden ist: auf das Feld des Sinnlichen, der Materie, eben auf das Feld des allem Denken vorausliegenden Unmittelbaren. Zwar kenne auch die Hegelsche Philosophie den Begriff des Unmittelbaren, aber dieses Unmittelbare erweise sich in Wahrheit gerade nicht als ein solches, sondern vielmehr als ein vom Denken gesetztes. Das Sein, mit dem sich HEGEL am Beginn seiner *Phänomenologie* und *Logik* auseinandersetzt, ist, wie FEUERBACH kritisch herausstellt, nicht das wirkliche, konkrete Sein, sondern nur die Idee in *ihrer* Unmittelbarkeit. Es ist das Denken, das, »im Unterschiede *von sich*, als der Tätigkeit des Vermittelns, das Sein als das *Unmittelbare, nicht Vermittelte* [bestimmt]«[27]. Die Entgegensetzung von Denken und Sein bleibe so eine Entgegensetzung innerhalb des Denkens; das Sein im Gegensatz zum Denken ist bei HEGEL selbst wiederum nur ein Gedachtes. Die Hegelsche Philosophie trifft deshalb der Vorwurf, die Wirklichkeit immer nur auf eine vermittelte Weise, präokkupiert durch den vorausgesetzten Begriff, angeschaut zu haben. FEUERBACH wendet gegen HEGELs Identitätsphilosophie ein, dass das dem Denken Entgegengesetzte nicht wieder das Denken selbst, sondern nur etwas sein kann, das qualitativ vom Denken unterschieden und von dem das Denken fundamental abhängig ist. Dieser Gedanke der Abhängigkeit des Denkens von einem ihm Vorgängigen, das sich nicht in Denken auflösen lässt, wird von FEUERBACH nach zwei Richtungen hin entwickelt. Bezüglich der Seite des Objektes stellt FEUERBACH die Frage, warum sich die Idee überhaupt versinnliche, wenn die Sinnlichkeit für sich selbst nichts ist, und er gibt zur Antwort, dass an den Gedanken nur deshalb die Forderung ergeht, »sich zu realisieren, zu versinnlichen, weil *unbewusst* dem Gedanken die Realität, die Sinnlichkeit, *unabhängig* vom Gedanken, *als Wahrheit vorausgesetzt* ist.«28) Bezüglich der Subjektseite stellt FEUERBACH heraus, dass der Gedanke sein Wissen, dass es noch ein anderes Element gibt, nicht aus sich selbst haben kann, sondern nur aus der Anschauung, aus dem Sinn, der dem Denken vorgelagert ist und ihm erst den Stoff für seine Tätigkeit liefert. HEGEL erkenne zwar die Wahrheit der Sinnlichkeit an, aber aufgrund seiner Voraussetzung des Begriffs kann ihm diese »nur im Zwielicht der Reflexion«29), auf eine mittelbare Weise, nur durch die Negativität der Begriffsform hindurch erscheinen. Gegen diese bloß indirekte Anerkennung der Wahrheit der Sinnlichkeit geht FEUERBACH mit der Umkehrmethode vor, die er früher bereits gegen die Anschauungen der Religion und der Theologie in Anschlag gebracht hat: Wird bei HEGEL die Sinnlichkeit zu einem Prädikat der Idee und die Idee zum Subjekt des Prozesses gemacht, so braucht man FEUERBACH zufolge nur alles umzukehren, und die Wahrheit der Hegelschen Philosophie sei gefunden. Statt der Idee wird das Reale, das Sinnliche »zum *Subjekt seiner selbst*« gemacht, ihm komme »absolut selbständige, göttliche, primative, nicht erst von der Idee abgeleitete Bedeutung«30) zu. Eingedenk seiner Forderung, das Denken sei aus dem Sein zu erzeugen und diesem nicht einfach vorauszusetzen, hat es zunächst den Anschein, als ob es FEUERBACH darum geht, die Unmittelbarkeit (das Sein) als eine dem Denken vorgelagerte, eigenbestimmte, auf Denken nicht reduzierbare Instanz zu begreifen, die vom Denken gleichwohl begrifflich durchdrungen und aufbereitet werden soll. FEUERBACH aber setzt nicht nur das Unmittelbare dem Denken voraus und verteidigt gegen den Idealismus den Primat des Objekts, sondern er spricht dem Unmittelbaren – und zwar im Gegensatz zum Denken bzw. zur Vermittlung – zu, das Wahre zu sein: »‚Alles ist vermittelt', sagt die Hegelsche Philosophie. Aber *wahr* ist etwas nur, wenn es nicht mehr ein Vermitteltes, sondern ein Unmittelbares ist.«31) Wie auf der Seite des Objekts, so trennt FEUERBACH auch auf der Seite des Subjekts die Unmittelbarkeit von der Vermittlung ab: »Das Sein als Gegenstand des Seins [...] ist das *Sein des Sinns*, *der Anschauung*, *der Empfindung*, *der Liebe*. Das Sein ist also ein *Geheimnis* der Anschauung, der Empfindung, der Liebe. Nur in der Empfindung, nur in der Liebe hat ‚*Dieses*' – diese Person, dieses Ding – , d.h. das einzelne, absoluten Wert [...]. Aber eben weil ‚Dieses' nur in der Liebe absoluten Wert hat, so erschließt sich auch nur in ihr, nicht im abstrakten Denken, das Geheimnis des Seins.«[32] Damit hat FEUERBACH den Begriff, der kritisch gegen HEGEL gewendet den Bruch mit der Spekulation eingeleitet hat, mit einer neuen Bedeutung aufgeladen. ANDREAS ARNDT hat diese Wende treffend dargestellt: »Die Unmittelbarkeit erhält hier nicht allein die Bedeutung der Antithese oder Negation der Vermittlung im Denken, ist nicht bloß negativer Begriff als das vom Denken Un-vermittelte, sondern erhält eine positive Bedeutung als eine von der Reflexion getrennte aparte Sorte der Selbstvermittlung. Sie wird von der Unmittelbarkeit *für* ein bestimmtes, d.h. endliches Denken zur Unmittelbarkeit *an sich*«[33]. Mit dieser, wie ARNDT es in einem anderen Aufsatz nennt, »Verwandlung des negativen Abgrenzungsbegriffs in eine positive Qualität« gerät FEUERBACH, so ARNDT weiter, »in konzeptionelle und terminologische Schwierigkeiten«. »Konzeptionell: ist das Unmittelbare das Wahre, das Denken aber nur Vermittlung, wie kann dann das Denken Wahrheit beanspruchen? Terminologisch: Soll das Denken nicht in dieser Weise verabschiedet werden, wie kann dann etwas begrifflich als unmittelbar ausgezeichnet werden, was doch in die Vermittlung mit dem Denken eingeht und in sich selbst als Totalität ein Mannigfaltiges und darum Vermitteltes darstellt?«[34]

Verwunderlich mag FEUERBACHs Affirmation des Unmittelbaren erscheinen, weil sich FEUERBACH in seinem Kampf gegen das christliche Bewusstsein und gegen die spekulative Philosophie wiederholt auf die Fülle der praktischen Vermittlungen berufen hat, die ihm zufolge eine Überschreitung des religiösen Bewusstseins erfordern. So kann für FEUERBACH die Hegelsche Philosophie »schon deswegen nicht festgehalten werden, weil die verzwickte, untergeordnete, unnatürliche Stellung der Natur in ihr ganz der Bedeutung widerspricht, welche immer mehr im Leben und in der Wissenschaft die Natur gewinnt. Die wahre Stellung der Natur finden wir aber nur, wenn wir an die Stelle des abstrakten Spektrums des ‚Weltgeistes' den lebendigen Menschengeist setzen.«[35] Bringt FEUERBACH hier gegen HEGEL den lebendigen Menschengeist als Instanz der tätigen Vermittlung der Natur in Anschlag, so lässt FEUERBACH im Zuge seiner Affirmation der Unmittelbarkeit dessen Vermittlungsleistungen untergehen, ohne dass Denkmittel bereitgestellt werden, die erlauben würden, die Vermittlungen – und damit die Voraussetzungen seines eigenen Unternehmens – reflexiv einzuholen. Als Resultat seiner Hegelkritik scheint FEUERBACH zu einer Bestimmung der Unmittelbarkeit gelangt zu sein, in der die Dynamik, die im negativen, kritischen Unmittelbarkeitsbegriff noch enthalten war, vollständig stillgestellt ist. Um das noch einmal zu prüfen, soll die Auseinandersetzung um die sinnliche Gewissheit interessieren, in der sich die Problemlage in nuce darstellt.

Hegels Kritik und Feuerbachs Rehabilitierung der sinnlichen Gewissheit

Am Anfang der *Phänomenologie des Geistes* setzt sich HEGEL mit der sinnlichen Gewissheit auseinander. Charakteristisch für das Weltverständnis derselben ist ihr naiver Objektbezug, das fehlende Bewusstsein von der Vermitteltheit des Objekts und des Subjekts der Erkenntnis. Die sinnliche Gewissheit »sagt von dem, was sie weiß, nur dies aus: es *ist*; und ihre Wahrheit enthält allein das *Sein* der Sache.«[36)] Der Gegenstand wird von ihr aufgefasst als etwas, das »*ist*, gleichgültig dagegen, ob er gewusst wird oder nicht; er bleibt, wenn er auch nicht gewusst wird.«[37)] HEGEL befragt nun die sinnliche Gewissheit über ihre Wahrheit. Wenn sie Auskunft gibt über das, was sie meint, muss sie sich der Sprache bedienen. Die Sprache aber ist etwas Allgemeines. Der Widerspruch, der sich für die sinnliche Gewissheit ergibt, von dem sie aber kein Bewusstsein hat, ist der, dass sie das Besondere, Individuelle, das sie meint, als solches nicht aussprechen kann. Wenn sie von dem Besonderen spricht, das ihrer Auffassung nach unabhängig vom Bewusstsein vorhanden ist, dann kann sie dieses Besondere nur durch das Allgemeine hindurch namhaft machen. Damit aber wird die strikte Gegenüberstellung von Erkenntnisobjekt und Erkenntnissubjekt unhaltbar; weder das Erkenntnisobjekt noch das Erkenntnissubjekt ist ‚unmittelbar' gegeben. Die Wahrheit, auf die die sinnliche Gewissheit zielt, kann also nur als Verhältnis gefasst werden; sie lässt sich nur im Ganzen der Beziehung, in der dialektischen Verschränktheit von Subjekt und Objekt finden.

Aufgrund seines idealistischen Ausgangspunktes vermag HEGEL dieses Verhältnis allerdings nur in verzerrter Weise aufzufassen. Weil für HEGEL einem Gegenstand nur dann ontologische Realität zukommt, wenn er als Gegenstand in Wahrheit betrachtet werden kann[38)], muss das Einzelne, Besondere, auf das sich die sinnliche Gewissheit be- (und das sich dem Begriff ent-)zieht, ihm »als das Unwahre, Unvernünftige, bloß Gemeinte«[39)], und muss ihm allein das Allgemeine, als das das Sinnliche ausgesprochen wird, als »das Wahre der sinnlichen Gewissheit«[40)] erscheinen. FEUERBACHs Kritik an HEGEL setzt hier an. Zurecht weist FEUERBACH darauf hin, dass die Unmöglichkeit, das einzelne Sein auszusagen, die Realität dieses einzelnen Seins nicht aus der Welt schafft. Hätte HEGEL, statt die Wahrheit des Begriffs vorauszusetzen, sich »wirklich in das sinnliche Bewusstsein hineingestellt und hineingedacht«[41)], dann hätte er bemerkt, dass er »nicht das Hier, wie es Gegenstand des sinnlichen Bewusstseins und uns im Unterschiede vom reinen Denken Gegenstand ist, sondern das logische Hier, das logische Itzt [widerlegt]«[42]. Gegen HEGELs universelle Vermittlung, die die Dinge zu bloßen Momenten des absoluten Begriffs degradiert, betont FEUERBACH die Vorgängigkeit und Eigenständigkeit des Gegenstandes, der Sinnlichkeit. Er eröffnet damit die Möglichkeit, HEGELs Einsicht in die Vermitteltheit von Subjekt und Objekt auf einer materialistischen Grundlage neu anzueignen. FEUERBACH selbst indes versteht sich nicht darauf, die vorwärtsweisenden dialektischen Einsichten HEGELs für eine materialistische Theorie der Gesellschaft fruchtbar zu machen.[43] Hatte HEGEL die Sprache bzw. das Allgemeine hypostasiert, so fällt FEUERBACH in das andere Extrem einer Verdinglichung der sinnlichen Anschauung, die von der Reflexion abgekoppelt wird. »Dem sinnlichen Bewusstsein sind alle Worte Namen, nomina propia; sie sind für dasselbe an sich ganz gleichgiltig, sie sind ihm nur Zeichen, um auf dem kürzesten Wege seinen Zweck zu erreichen. Die Sprache gehört hier gar *nicht zur Sache*. Die Realität des sinnlichen einzelnen Seins ist uns eine mit unserem *Blute* besiegelte Wahrheit. Auf dem sinnlichen Gebiete heißt es: Auge um Auge, Zahn um Zahn. Ad rem: Worte hin, Worte her: *Zeige* mir, was du da sagst. Dem sinnlichen Bewusstsein ist eben die Sprache das Unreale, das Nichtige.«[44] Wie schon im ersten Durchgang, so ergibt sich auch nach der Diskussion der Problematik der sinnlichen Gewissheit, dass sich FEUERBACHs Philosophie in eine Aporie manövriert: FEUERBACH möchte gegen den Idealismus eine Philosophie etablieren, die sich des Vorrangs des Objekts und der sinnlichen Grundlage des Menschen sowie seiner Abhängigkeit von anderen Menschen bewusst ist. FEUERBACH vermag es indes aufgrund seiner Abkoppelung der Sinnlichkeit von der Reflexion und seines Sich-Einschließens in die Anschauung nicht, sein Programm einer Verbindung von Sinnlichkeit und Reflexion, Denken und Gefühl, Ich und Du auch einzulösen. Wie am nachdrücklichsten ERICH THIES herausgearbeitet hat, muss FEUERBACHs neue Philosophie *als Philosophie* scheitern, da Theorie ihre Gegenstände »nie unmittelbar geben kann und immer mehr sein muss als sie, nämlich Sprechen über sie, Darstellung«[45]. Was FEUERBACHs Unternehmen als philosophisches scheitern lässt – seine Verdinglichung der Anschauung und seine Fixierung einer primär gefühlsmäßigen Form, die sich reflexiv nicht mehr einholen lässt – qualifiziert es aber in besonderer Weise für das Projekt der Etablierung einer neuen Religion, der es, wie FEUERBACH selbst dargestellt hat, nicht um eine theoretische Durchdringung der Wirklichkeit, sondern um die Erfüllung subjektiver Bedürfnisse geht. Und tatsächlich zeigt sich einem Rückblick auf die Diskussion des allgemeinen Wesens der Religion, dass in FEUERBACHs neuer Philosophie zentrale Bestimmungen dieses Wesens in einer neuen Form wiederkehren.

3. Zur Kritik der neuen Philosophie als neuer Religion

... in gesellschaftstheoretischer Sicht

Die weitere Diskussion von FEUERBACHs neuer Philosophie geht von der These aus, dass der maßgeblich von FEUERBACH eingeleitete »revolutionäre Bruch im Denken des neunzehnten Jahrhunderts«[46] nur dann angemessen verstanden werden kann, wenn die geistesgeschichtliche Perspektive durchbrochen und FEUERBACHs »Bruch mit der Spekulation«[47] vor dem Hintergrund der einschneidenden Umwälzungen der zeitgenössischen gesellschaftlichen und kulturellen Praxis betrachtet wird. Nur in dieser – von FEUERBACH selbst nahegelegten – Perspektive kommt der tiefere Gehalt der Rede von der Überwindung der Philosophie, der Notwendigkeit der Durchsetzung einer welthistorisch neuen Anschauungsweise und dgl. ungeschmälert in den Blick und tritt die Besonderheit der neuen Philosophie hervor, von der her dann zugleich auch eine neue Sicht auf die Arbeiten von HEGEL und MARX möglich wird. Insbesondere der dem Historischen Materialismus verpflichtete Strang der Feuerbachforschung hat bereits wichtige Ansätze zur Erklärung der Probleme von FEUERBACHs anschauendem Materialismus geliefert. Während etwa für KARL LÖWITH der Ausbruch aus HEGELs System der totalen Vermittlung offenbar nur auf die von FEUERBACH vollzogene Weise möglich gewesen war, womit sich FEUERBACHs Stehenbleiben bei der Unmittelbarkeit als unumgängliche Notwendigkeit darstellt[48], ist diesen Interpreten FEUERBACHs Position weithin als Resultat einer theoretischen Inkonsequenz, als Produkt einer gewaltsamen Sistierung der Bewegung des Gedankens erschienen. Es ist geradezu verblüffend zu sehen, mit welcher Regelmäßigkeit dieses – schon in den Marxschen *Ökonomisch-philosophischen Manuskripten* von 1844 anklingende – Motiv in kritischen Arbeiten zu FEUERBACH auftaucht: ENGELS zufolge tat FEUERBACH den Schritt nicht, der doch getan werden musste[49]; er sträube sich[50] und bleibe auf halbem Wege stehen[51]; WERNER SCHUFFENHAUER spricht von FEUERBACHs »bürgerliche[r] Ausflucht«[52] und seinem »Zurückschrecken«[53] vor den gesellschaftlich-politischen Realitäten; ALFRED SCHMIDT spricht von einer instinktiven Scheu FEUERBACHs, sich auf die wirkliche Praxis einzulassen[54]; ANDREAS ARNDT schließlich spricht von der Hemmung der Reflexion und von FEUERBACHs »Tendenz, [...] aus dem Begriff [...] zu fliehen«[55] usw. Von der Grundanlage von FEUERBACHs philosophischem Ansatz her betrachtet wäre ein Gang in die Vermittlung dringend erfordert gewesen.[56] Wenn FEUERBACH diesen Gang in die Vermittlung scheut und sich mit der Anschauung der Dinge und der Propagierung von liebevollen Beziehungen begnügt, dann kann dieses Phänomen nur im Zusammenhang mit FEUERBACHs Einsicht in die Destruktivität der bürgerlichen Gesellschaft verstanden werden, vor deren weiterer theoretischer Durchdringung der bürgerliche Denker FEUERBACH zurückschrecken muss.[57] Denn die »Unmittelbarkeit« theoretisch zu erhellen würde bedeuten, den Egoismus, die Abstraktion, den Widerspruch, die Zerrissenheit als konstitutive Elemente der bürgerlichen Gesellschaft anzusehen, was dem auf Harmonie bedachten und um Ausgleich besorgten FEUERBACH offenbar nicht möglich war. Das objektive Dilemma von FEUERBACHs neuer Philosophie besteht darin, dass FEUERBACH die Menschen gerade in dem historischen Moment zur Wirklichkeit hinführen und zu einem illusionslosen Studium derselben ermuntern will, in dem sich die Probleme der kapitalistischen Gesellschaft immer deutlicher zeigen.[58] Die optimistischen Erwartungen der Epoche der Aufklärung sind an der Realität zuschanden geworden: Es ist kein Himmel auf Erden, sondern für die Mehrheit der Menschen ein Leben in Elend und voller Entbehrung entstanden. Als bürgerlicher Theoretiker konnte und wollte sich FEUERBACH mit diesen Verhältnissen nicht näher beschäftigen. Statt in eine Theorie gegenständlicher Vermittlung einzutreten und sich konkret mit den gesellschaftlichen Verhältnissen auseinanderzusetzen, hält FEUERBACH nach Formen Ausschau, die den Menschen mit der Widersprüchlichkeit der Wirklichkeit versöhnen könnten. Es muss auffallen, daß FEUERBACH unter dem Druck der Verhältnisse alle diejenigen Positionen in neuer Form wiederherzustellen gezwungen ist, die er nur kurze Zeit vorher selber der Kritik unterzogen hatte.[59] Am prägnantesten kommt das vielleicht an der Kategorie der Vermittlung zum Ausdruck. FEUERBACH hatte in seinem *Wesen des Christentums* die »Selbsttätigkeit«, also die Arbeit, die FEUERBACH hier weithin als Synonym für Vermittlung begreift[60], als Voraussetzung der Emanzipation von der theologischen Anschauung und als grundlegend für das Verständnis der bürgerlichen Gesellschaft angesehen: Allein sie habe den Standpunkt der Freiheit vermittelt. Gegen den kontemplativen religiösen Egoismus bringt FEUERBACH den arbeitenden, praktischen, vermittelnden Menschen in Stellung: »Der Mensch, der sich nicht die Vorstellung der Welt aus dem Kopf schlägt, die Vorstellung, dass alles hier nur vermittelt ist, jede Wirkung ihre natürliche Ursache hat, jeder Wunsch nur erreicht wird, wenn er zum Zweck gemacht und die entsprechenden Mittel ergriffen werden, ein solcher Mensch betet nicht, er arbeitet nur [...]. Im Gebete dagegen schließt der Mensch die Welt und mit ihr alle Gedanken der Vermittlung, der Abhängigkeit, der traurigen Notwendigkeit von sich aus.«[61] Nur zwei Jahre später zeigt sich die neue Philosophie dann selber offensiv darum bemüht, sich und andern die Vorstellung, dass alles hier nur vermittelt ist, aus dem Kopf zu schlagen: »‚Alles ist vermittelt', sagt die Hegelsche Philosophie. Aber wahr ist etwas nur, wenn es nicht mehr ein Vermitteltes, sondern ein Unmittelbares ist.«[62] Was sich an diesen beiden Stellen zur Vermittlung schlagend zeigt, ließe sich an vielen anderen Kategorien und Motiven von FEUER-

BACHs Religionskritik und neuer Philosophie verfolgen: FEUERBACHs Abwendung von der gesellschaftlichen Praxis, auf die er sich bei seinem Bruch mit HEGEL doch zentral beruft; FEUERBACHs Fallenlassen des dialektischen und geschichtlichen Denkens; FEUERBACHs Tendenz, aus dem Begriff zu fliehen, und – damit verbunden – seine Inthronisation nichtreflexiver, atheoretischer Vermögen; der kompensatorische, die Wirklichkeit verdoppelnde und verklärende Charakter der neuen Philosophie usw. – an allen diesen Phänomenen zeigt sich, dass in FEUERBACHs neuer Philosophie tatsächlich zentrale Bestimmungen der Religion wiederkehren.

KARL MARX hat in seinen Studien zur Geschichte der politischen Ökonomie Beobachtungen gemacht, die von hohem Interesse für den Entwicklungsweg des Feuerbachschen Denkens und speziell für das Verständnis von FEUERBACHs neuer Religion sind. Das allgemeine Thema, mit dem MARX sich im hier interessierenden Zusammenhang beschäftigt, ist die historisch wechselnde Bestimmung und Bewertung der unproduktiven, »immateriellen« Arbeit, die MARX als theoretischen Ausdruck der ökonomischen und politischen Entwicklung der bürgerlichen Gesellschaft begreift. »Es war dies [die Einreihung der „höheren« Arbeiter wie der Staatsbeamten, Militärs, Virtuosen, Ärzte, Pfaffen, Richter, Advokaten usw. in die unproduktive Arbeiterschaft und die damit verbundene ökonomische Gleichstellung derselben mit den Possenreißern, Dienstboten usw.; F.S.] eine sonderbare Entheiligung grade der Funktionen, die bisher mit einem Heiligenschein umgeben waren, abergläubische Verehrung genossen. Die politische Ökonomie in ihrer klassischen Periode, ganz wie die Bourgeoisie in ihrer Parvenuperiode, verhält sich streng und kritisch zu der Staatsmaschinerie etc. Später sieht sie ein und – [das] zeigt sich auch praktisch – lernt sie durch die Erfahrung, dass aus ihrer eignen Organisation die Notwendigkeit der ererbten Gesellschaftskombination aller dieser zum Teil ganz unproduktiven Klassen hervorwächst. [...] Die bürgerliche Gesellschaft produziert alles das in ihrer eignen Form wieder, was sie in feudaler oder absolutistischer Form bekämpft hatte.«[63] An einer anderen Stelle sieht Marx es als ein Erfordernis an, dieser »eignen Form« besondere Beachtung zu schenken: »Um den Zusammenhang zwischen der geistigen Produktion und der materiellen zu betrachten, vor allem nötig, die letztre selbst nicht als allgemeine Kategorie, sondern in *bestimmter historischer* Form zu fassen. Also zum Beispiel der kapitalistischen Produktionsweise entspricht eine andre Art der geistigen Produktion als der mittelaltrigen Produktionsweise.«[64] Nachdem dargetan wurde, dass FEUERBACHs Proklamation einer neuen Religion keineswegs eine bloße Redensart ist, sondern objektive gesellschaftliche Bedürfnisse artikuliert und tatsächlich einer wesentlichen Dimension von FEUERBACHs neuer Philosophie Rechnung trägt, gilt es nun, FEUERBACHs neue Religion »in ihrer *spezifischen histo-*

rischen Form«[65] aufzufassen, die sie grundlegend von der traditionellen Religion unterscheidet.

... in kulturtheoretischer Sicht

Charakteristisch für die alte Religion ist ihre Transzendierung der bestehenden Wirklichkeit und ihre Ausrichtung auf eine jenseitige, übernatürliche Welt. Für die neue Religion, die BOCKMÜHL zutreffend als »,Religion' der Diesseitigkeit« bezeichnet hat, ist dagegen kennzeichnend, dass sie sich nur auf die Anschauung des Gegebenen, des materiell Existierenden beschränkt. Um sie besser zu verstehen, ist es erforderlich, sie im Gesamtzusammenhang der Entwicklung der bürgerlichen Gesellschaft und insbesondere im Zusammenhang mit den zeitgenössischen Umwälzungen und Bedürfnissen zu betrachten.

Für FEUERBACH hat die Menschheit in neuerer Zeit »die Organe für die übersinnliche Welt und ihre Geheimnisse«[66] verloren. Ihrer materialistischen Grundtendenz entsprechend hat sie neue »Organe« geschaffen, deren Wesen in der »*Vergötterung des Wirklichen*, des *materiell Existierenden*«[67] besteht, und die für den Empfang jenseitiger, metaphysischer Botschaften konstitutiv unfähig sind. Das Fernrohr, das Mikroskop, die Camera obscura: Alle diese neuzeitlichen Apparate nehmen nur noch das auf, was wirklich »*außer* dem Menschen da« ist.[68] Dementsprechend setzt der moderne Mensch »seine Luftschlösser [...] nur aus *natürlichen Materialien*« zusammen.[69] Auf dieser praktischen Grundlage stellt FEUERBACH nun für die Theorie die Forderung auf, eine neue, »aus unserm eignen Fleisch und Blut erzeugte Anschauung der Dinge [zu] schaffen.«[70] Die Dinge sollen »*im Original*, in der *Ursprache*«, auf eine »*unverfälschte[n], objektive[n]*«[71] Art und Weise angeschaut werden. Das *Wesen des Christentums* versteht sich ganz in diesem Sinne als »optisches Remedium«[72], als »optisches Wasserbad«[73], dessen natürliche Wirkung von der – wie KARL SCHWARZ sie im Anschluss an FEUERBACHs Bilder nennt – »eigentümliche[n] Sehkrankheit«[74], der blumig-bilderreichen Anschauungsweise der traditionellen Religion befreien und eine nüchterne, die Welt so, wie sie ist, auffassende Anschauung etablieren will. Wie aus diesen Bemerkungen hervorgeht, lässt sich die neue Religion von der traditionellen Religion insbesondere durch ihr verändertes Organ unterscheiden. Die alte Religion lebt wesentlich von der subjektiven Einbildungskraft, die im Dienste der Wünsche und Bedürfnisse des Subjekts arbeitet und die gegebene, als unzulänglich erfahrene Wirklichkeit ständig übersteigt. Das Organ der neuen Religion kommt dagegen ohne die Spontaneität des Subjektes aus, ja, es schließt eine solche streng genommen aus: Die Wirklichkeit soll unverfälscht, objektiv, also im gewissen Sinne ohne die Vermittlung durch ein Subjekt, unter Abstraktion von allem Subjektiven wiedergegeben werden.[75] Gleichwohl bleibt die neue Religion an den Bedürfnissen der Subjekte orientiert. Die Befriedigung, die in der traditionellen Religion dem Subjekt aus seiner phantastischen Übersteigung der Realität erwachsen war, soll die neue Religion dem Subjekt durch eine objektive Repräsentation des materiell Gegebenen gewähren. Es ist – insbesondere vor dem Hintergrund von FEUERBACHs Verweis auf die praktischen Fundamente sowie auf die spezifische Modernität seines Unternehmens[76] – klar, dass die neue Anschauung nur eine technische, auf der Basis der modernen Industrie funktionierende sein kann. Von hier aus wird auch verständlich, warum FEUERBACH das Projekt einer neuen Religion in einem Atemzug mit einer wissenschaftlichen Betrachtungsweise nennen und eine Synthese von subjektiv-religiöser (atheoretischer) und objektiv-wissenschaftlicher (theoretischer) Anschauung anstreben kann.[77] Die Technifizierung der Einbildungskraft, die technische Vergegenständlichung einer – überhaupt erst auf der Basis der neuzeitlichen Fortschritte von Technik und Wissenschaft so zu bezeichnenden – »objektiven«, »unverfälschten« Sehweise schließt das Subjekt auf eine historisch neuartige Weise mit der Wirklichkeit zusammen. Die neue Form der Repräsentation macht es möglich, die »Sache selbst«[78] – ohne unmittelbare Dazwischenkunft einer subjektiven Vermittlung – ‚sprechen' zu lassen. In der von FEUERBACH proklamierten ‚Anschauung' schießt die Totalität der Wirklichkeit in dem einen Punkt suggestiver Unmittelbarkeit zusammen, der zugleich als objektives Abbild der Wirklichkeit gilt.[79] Wenn oben von FEUERBACHs Abwendung bzw. von seiner Flucht vor der Wirklichkeit gesprochen worden ist, dann darf diese Flucht also keinesfalls als ein fiktives Übersteigen der Realität begriffen werden; die neue Religion »flieht« und verklärt vielmehr die Wirklichkeit, in dem sie sie getreu reproduziert.[80] In der Schlussanwendung des *Wesen des Christentums* hat FEUERBACH noch einmal eindringlich festgehalten, auf welche Weise sich die neue Religion konstituiert: Man brauche nur »den gewöhnlichen gemeinen Lauf der Dinge zu unterbrechen, um dem Gemeinen *ungemeine* Bedeutung, dem *Leben als solchem* überhaupt *religiöse Bedeutung* abzugewinnen.«[81]

Resümierend lässt sich feststellen, dass FEUERBACHs neue Philosophie tatsächlich Elemente enthält, die sie als Form einer neuen Religion erscheinen lassen. Die kulturellen Voraussetzungen dieser neuen Form der Religion liegen in einer historisch neuen Wahrnehmungstechnologie, von der her FEUERBACHs Proklamation einer objektiven und unverfälschten Sichtweise erst voll verständlich wird. Die Affinität von FEUERBACHs ‚Anschauung' zu dieser neuen medialen Form, die wesentliche Aspekte der neuen Religion technisch implementiert und damit auf Dauer stellt, fordert die gängige Durchbrechung der geistesgeschichtlichen Betrachtung des anschauenden Materialismus. Sie fordert eine neue Sicht auf die qualitative Eigenart und Eigenständigkeit des anthropologischen Materialismus und eine Revision seines Verhältnisses zum Historischen Materialismus heraus.

Anmerkungen

1) Der vorliegende Aufsatz stützt sich auf Gedanken, die ich in meiner Studie *Ludwig Feuerbach und der Eingang der klassischen Fotografie* im weiteren Rahmen einer Untersuchung des Verhältnisses von anthropologischem und Historischem Materialismus näher ausgeführt habe.

2) LUDWIG FEUERBACH, *Gesammelte Werke* (im folgenden abgekürzt: GW) Bd. 9, S. 340; vgl. auch ebd., S. 256.

3) LUDWIG FEUERBACH, *Notwendigkeit einer Veränderung*, S. 123.

4) KLAUS BOCKMÜHL, *Leiblichkeit...* , S. 89.

5) Vgl. ebd., S. 58.

6) Ebd., S. 89, vgl. auch S. 56. HELMUT GOLLWITZER, *Die marxistische Religionskritik ...*, S. 61 spricht von »einer eudämonistischen Ersatzreligion.«

7) Vgl. WERNER SCHUFFENHAUER, *Feuerbach und der junge Marx*, S. 72 und 74. SCHUFFENHAUER orientiert sich hier sachlich und terminologisch an FEUERBACHs Replik auf STIRNER (vgl. GW 9, S. 428), die aber nicht nur bezüglich des hier interessierenden Aspektes äußerst problematisch ist.

8) Vgl. ebd., S. 72.

9) Vgl. etwa LUDWIG FEUERBACH, GW 5, S. 454; sowie ders., *Notwendigkeit einer Veränderung*, S. 123ff.

10) Vgl. KLAUS BOCKMÜHL, Leiblichkeit ..., S. 89, 91f., ERICH SCHNEIDER, *Die Theologie und Feuerbachs Religionskritik*, S. 97. Am nachdrücklichsten hat wohl UDO KERN in *Der andere Feuerbach* auf die diesseitsreligiöse Dimension von FEUERBACHs Anschauung aufmerksam gemacht.

11) LUDWIG FEUERBACH, GW 9, S. 256.

12) LUDWIG FEUERBACH, GW 5, S. 15; GW 9, S. 341.

13) LUDWIG FEUERBACH, GW 5, S. 347, 378.

14) In mancher Hinsicht fällt FEUERBACH aber auch hinter Einsichten der Religionskritik der Aufklärung zurück, insbesondere was die sozialen Aspekte der Religion betrifft; vgl. dazu GOTTFRIED STIEHLER, *Ludwig Feuerbachs Kritik der Religion*, S. 1141, ERICH SCHNEIDER, *Die Theologie und Feuerbachs Religionskritik*, S. 100Fn., ERNST BLOCH, *Atheismus im Christentum*, S. 65.

15) LUDWIG FEUERBACH, GW 5, S. 19.

16) Ebd., S. 6.

17) Ebd.

18) Ebd., S. 4.

19) Vgl. ebd., S. 3.

20) LUDWIG FEUERBACH, GW 9, S. 230.

21) Ebd., S. 232.

22) Ebd., S. 195.

23) Ebd., S. 221.

24) LUDWIG FEUERBACH, GW 8, S. 328.

25) Ebd., S. 316. FEUERBACH verweist in diesem Zusammenhang auf ATHANASIUS KIRCHER (1601-1680), der sich insbesondere des modernen optischen Apparats der laterna magica bediente, um das Publikum zu bestricken und an den Glauben zu fesseln, vgl. GW 8, S. 309Fn.

26) LUDWIG FEUERBACH, GW 9, S. 42Fn.

27) Ebd., S. 303.

28) Ebd., S. 315.

29) LUDWIG FEUERBACH, GW 9, S. 323.

30) Ebd., S. 315.

31) Ebd., S. 321.

32) Ebd., S. 317f.

33) ANDREAS ARNDT, *Unmittelbarkeit...*, S. 511.

34) ANDREAS ARNDT, *Vernunft im Widerspruch*, S. 32.

35) LUDWIG FEUERBACH, GW 9, S. 238. Vgl. auch GW 5, S. 26.

36) G.W.F. HEGEL, *Phänomenologie des Geistes*, S. 82.

37) Ebd., S. 84.

38) Vgl. ROLF-PETER HORSTMANN, *Wahrheit aus dem Begriff*, S. 75.

39) G.W.F. HEGEL, *Phänomenologie des Geistes,* S. 92.

40) Ebd., S. 85.

41) Es ist sehr aufschlußreich, dass FEUERBACHs Kritik an HEGELs Auseinandersetzung mit der sinnlichen Gewissheit strukturell der Kritik an HEGELs Religionsauffassung gleicht (vgl. GW 9, S. 43ff. und GW 9, S. 230f.): Beidemale wird HEGEL der Vorwurf gemacht, sich nicht wirklich in die sinnlichen Formen hineingestellt, sondern abstrakt über sie hinwegphilosophiert zu haben.

42) GW 9, S. 45.

43) Zurecht weist HENNING RÖHR (*Endlichkeit und Dezentrierung*, S. 32), der es allerdings fragwürdig begründet, gegen die Auffassung, derzufolge es FEUERBACH nicht gelungen sei bzw. vermocht habe, »den Hegelschen Gedanken der – subjektiven – Vermitteltheit alles sinnlich Unmittelbaren *gegen* dessen idealistische Form zu kehren und damit festzuhalten« (ALFRED SCHMIDT, *Emanzipatorische Sinnlichkeit*, S. 25) darauf hin, »dass es gar nicht Feuerbachs Ziel sein konnte, Hegels Einsichten in eine materialistische Theorie ‚hinüberzuretten'.« Ohne Zweifel ist es u.a. diese – wie RÖHR (*Endlichkeit und Dezentrierung,* S. 33) bemerkt, »noch auf dem Gedanken von einem linearen Fortschritt in der Geschichte« beruhende – Auffassung gewesen, die insbesondere in der marxistischen Theorietradition eine angemessene Würdigung der spezifischen Besonderheit und Eigenständigkeit der von FEUERBACH konzipierten neuen Philosophie blockiert hat.

44) LUDWIG FEUERBACH, GW 9, S. 43. In einem nachgelassenen Manuskript, das in den Kontext der neuen Philosophie gehört, schreibt FEUERBACH: »Das Sein ist das ‚Unsagbare'; aber warum willst Du es dann doch sagen, was es ist? Du kannst das Unsagbare nicht sagen, ohne Dir zu widersprechen, eben darum überlasse es dem Gefühl.« (zit. nach ERICH THIES, *Ludwig Feuerbach,* S. 480Fn.).

45) ERICH THIES, *Ludwig Feuerbach,* S. 445.

46) Vgl. KARL LÖWITH, *Von Hegel zu Nietzsche*.

47) Vgl. CARLO ASCHERI, *Feuerbachs Bruch mit der Spekulation.*

48) Vgl. KARL LÖWITH, *Vermittlung und Unmittelbarkeit*, insbes. S. 195. Wie die Hegelanalysen aus THEODOR W. ADORNOS *Negativer Dialektik* und wie im Grunde schon FEUERBACHS Ausführungen im *Zweifel*-Fragment zeigen, bedarf es keineswegs – wie LÖWITH meint – eines Standpunktes außerhalb des Hegelschen Systems der Vermittlung, um dessen Identitätsbann aufzusprengen; vielmehr ist es gerade die – von HEGEL allzuoft peinlich vermiedene – konsequente Verfolgung der Dialektik, die auf den Primat des Objekts hinführt; vgl. THEODOR W. ADORNO, *Negative Dialektik,* S. 35-63, 126f., 193, 295-353; LUDWIG FEUERBACH, GW 10, S. 155f.

49) FRIEDRICH ENGELS, *Ludwig Feuerbach ...*, Marx-Engels-Werke, Bd. 21, S. 290.

50) Ebd.

51) Ebd., S. 291.

52) WERNER SCHUFFENHAUER, *Feuerbach und der junge Marx*, S. 150.

53) Ebd., S. 151.

54) ALFRED SCHMIDT, *Emanzipatorische Sinnlichkeit*, S. 49.

55) Vgl. ANDREAS ARNDT, *Vernunft im Widerspruch*, S. 40 und 33.

56) Es muss auffallen, dass diese Sistierung im weiteren Gang der Philosophie sofort aufgehoben wird. Während FEUERBACH HEGEL der Abhängigkeit von der Theologie zeiht und dessen Negation der Negation, die er als Ausdruck des Hegelschen Schwankens zwischen Philosophie und Theologie begreift, die unmittelbare sinnliche Gewissheit entgegenstellt, sieht bereits der junge MARX HEGELS Negation der Negation als Ausdruck für die Bewegung der Geschichte an und weist mit großer Entschiedenheit auf die Notwendigkeit einer Beschäftigung mit den im Begriff der Unmittelbarkeit untergegangenen gegenständlichen Vermittlungen hin (vgl. KARL MARX, *Ökonomisch philosophische Manuskripte*, MEW, Erg.-Bd. 1, S. 569- 577).

57) Vgl. ALFRED SCHMIDT, *Emanzipatorische Sinnlichkeit*, S. 27, der zutreffend festhält: »Feuerbachs erkenntnistheoretische Befangenheit gegenüber den empirischen Befunden erweist sich als eine politische.« Vgl. auch HELMUT REICHELT, *Texte zur materialistische Geschichtsauffassung,* S. 9, 13 sowie TODOR OISERMANN, *Probleme der menschlichen Emanzipation ...*, S. 425.

58) Zum zeithistorischen Erfahrungshintergrund vgl. u.a. Deutscher Bundestag, Referat Öffentlichkeitsarbeit, *Fragen an die deutsche Geschichte*, S. 61, 77, 81 und 90, MACHTAN/ MILLES, *Die Klassensymbiose*, S. 15, HELGA GREBING, *Arbeiterbewegung*, S. 38 sowie die von WERNER SCHUFFENHAUER, *Feuerbach und der junge Marx*, S. 161 zitierte lange Passage aus dem Grundriss der Geschichte der deutschen Arbeiterbewegung und weiterführend die bei SCHUFFENHAUER (ebd., S. 161) angegebene Literatur.

59) Als ein starkes Argument gegen die Auffassung einer bloß rhetorischen Bedeutung der Rede von der neuen Religion lässt es sich ansehen, dass FEUERBACH keineswegs der Einzige gewesen ist, der unter den Bedingungen der Moderne eine Neubegründung der Religion ins Auge gefasst hat; vielmehr scheint es so, als ob beachtliche Teile der zeitgenössischen bürgerlichen Intelligenz von der Notwendigkeit eines Ersatzes für die de facto untergegangene alte Religion überzeugt gewesen waren; vgl. dazu ENGELS' Auseinandersetzung mit CARLYLE (MEW 1, S. 542-549); MARX' und ENGELS' Auseinandersetzung mit KRIEGE (MEW 4, S. 3-17) und DAUMER (MEW 7, S. 198-203); ENGELS' Auseinandersetzung mit der Bewegung der wahren Sozialisten (MEW 4, S. 248-290) sowie

die Problematik einer neuen Religion bei D.F. STRAUSS (vgl. dazu KLAUS BOCKMÜHL, *Leiblichkeit...*, S. 92). Am eindringlichsten legen vielleicht die programmatischen kunsttheoretischen Schriften von RICHARD WAGNER dar, wie FEUERBACHs Versuch einer Neubegründung der Religion aufzufassen ist. Seinen Essay Über Religion und Kunst etwa eröffnet Wagner, *Religion und Kunst,* S. 211, mit dem folgenden Satz: »Man könnte sagen, dass da, wo die Religion künstlich wird, der Kunst es vorbehalten sei, den Kern der Religion zu retten, indem sie die mythischen Symbole, welche die erstere im eigentlichen Sinne als wahr geglaubt wissen will, ihrem sinnbildlichen Werte nach erfasst, um durch ideale Darstellung derselben die in ihnen verborgene tiefe Wahrheit erkennen zu lassen.« Es empfiehlt sich, die Interpretation dieses Satzes, die JÜRGEN HABERMAS, *Der philosophische Diskurs...,* S. 109 vorgelegt hat, im Hinblick auf FEUERBACH zu lesen: »Eine zum Kunstwerk gewordene religiöse Feier soll mit der kultisch erneuerten Öffentlichkeit die Innerlichkeit der privat angeeigneten historischen Bildung überwinden. Eine ästhetisch erneuerte Mythologie soll die in der Konkurrenzgesellschaft erstarrten Kräfte der sozialen Integration lösen.« – SIMON RAWIDOWICZ hat sich im Rahmen seiner Feuerbachstudie recht ausführlich mit WAGNER beschäftigt, vgl. ders. *Ludwig Feuerbach,* S. 388-410; vgl. zum Verhältnis FEUERBACH-WAGNER weiter GEORG BIEDERMANN, *Ludwig Andreas Feuerbach,* S. 116f., JENS F. DWARS, *Anthropologische Historie...,* S. 165Fn., MANUEL CABADO-CASTRO, *Feuerbachs Kritik...*

60) Vgl. LUDWIG FEUERBACH, GW 5, S. 222, 249, 266f., 323ff.

61) Ebd., S. 222.

62) LUDWIG FEUERBACH, GW 9, S. 321.

63) KARL MARX, *Theorien über den Mehrwert*, MEW 26.1., S. 145. Vgl. dazu auch die instruktiven Ausführungen von HELMUT GOLLWITZER, *Die marxistische Religionskritik*, S. 47.

64) KARL MARX, *Theorien über den Mehrwert*, MEW 26.1., S. 256f.

65) Ebd., S. 257.

66) LUDWIG FEUERBACH, GW 9, S. 286.

67) Ebd., S. 285.

68) LUDWIG FEUERBACH, GW 5, S. 45.

69) Ebd., S. 207.

70) LUDWIG FEUERBACH, GW 9, S. 236.

71) Ebd., S. 326.

72) LUDWIG FEUERBACH, GW 5, S. 8.

73) Ebd., S. 9.

74) KARL SCHWARZ, *Zur Geschichte...,* S. 207.

75) Da für FEUERBACH »die *wirkliche* Erkenntnis gewährenden Bestimmungen [...] immer nur *die*, welche den *Gegenstand durch den Gegenstand selbst bestimmen – seine eigenen, individuellen* Bestimmungen – also *nicht allgemeine*« (GW 9, S. 332) sind, ließe sich FEUERBACHs positivistisches Erkenntnisideal sinnlicher Gewissheit als Ideal einer Selbstaufzeichnung, eines Selbstausdrucks bzw. einer Selbstdarstellung des »Lebens« – oder im Hinblick auf EDMUND HUSSERL als Ideal »originär gebender Anschauung« umschreiben.

76) Vgl. LUDWIG FEUERBACH, *Notwendigkeit*, S. 119. Es ist falsch, die »Praxisfremdheit« von FEUERBACHs Sensualismus darin zu sehen, dass dieser »den bestehenden, vom schrankenlosen Utilitarismus gegenüber der Natur beherrsch-

ten Zustand unter dem Aspekt einer – künftigen – ‚ästhetischen Praxis' verwirft« (ALFRED SCHMIDT, *Emanzipatorische Sinnlichkeit*, S. 192Fn.). Vielmehr soll die anachronistisch gewordene religiöse Anschauung einer realistischen weichen, die nicht mehr im Widerspruch zur materiellen Wirklichkeit steht; wie MARX gesehen hat, »fixiert« FEUERBACH die bestehende Praxis (vgl. KARL MARX, *Thesen über Feuerbach*, MEW 3, S. 5).

77) Keinesfalls stehen beide Dimensionen im Widerspruch zueinander, wie dies CHRISTINE JANOWSKI, *Der Mensch als Maß*, S. 91 anzunehmen scheint: »Das nicht zu bestreitende [...] Wahrheitsmoment im Insistieren auf einer Anschauung, die die Dinge in ihrem reinen Dass- und Sosein hinnimmt und in ihrer Schönheit entdeckt, passt wenig zum Insistieren auf den neuzeitlichen Fortschritten von Technik und Wissenschaft gegenüber der ‚fixen Idee' des Christentums.«

78) LUDWIG FEUERBACH, GW 5, S. 16.

79) Bezogen auf die neue *Philosophie* FEUERBACHs hat dies der junge ALFRED SCHMIDT *Der Begriff der Natur*..., S. 145Fn. so ausgedrückt: »Indem der reiche Vermittlungszusammenhang Hegels bei Feuerbach zu der einen positiven Unmittelbarkeit zusammenschrumpft, wird sein naiver Materialismus zum ebenso naiven Idealismus«. Diese Deutung berührt sich eng mit der – vom späteren SCHMIDT scharf angegriffenen – Feuerbach-Kritik von ERICH THIES, Philosophie und Wirklichkeit, S. 444f., der von einem »*irrationalen Objektivismus* oder *Subjektivismus*, was in diesem Fall dasselbe ist«, gesprochen hatte.

80) Marcel Xhaufflaire, *Feuerbach und die Theologie*..., S. 73 zufolge will FEUERBACH die Wirklichkeit »genau kopieren.«

81) LUDWIG FEUERBACH, GW 5, S. 454.

Literatur

ADORNO, THEODOR W.: Negative Dialektik, Frankfurt/ M. 1995.

ARNDT, ANDREAS: Unmittelbarkeit. Zur Karriere eines Begriffs in Feuerbachs und Marx' Bruch mit der Spekulation. In: BRAUN, HANS-JÜRG; SASS, HANS-MARTIN; SCHUFFENHAUER, WERNER; TOMASONI, FRANCESCO (Hrsg.), 1990.

ARNDT, ANDREAS: Vernunft im Widerspruch. Zur Aktualität von Feuerbachs »Kritik der unreinen Vernunft«. In: JAESCHKE, WALTER (Hrsg.), 1992.

ASCHERI, CARLO: Feuerbachs Bruch mit der Spekulation. Einleitung zur kritischen Ausgabe von Feuerbach: Notwendigkeit einer Veränderung (1842), mit einem Nachwort von KARL LÖWITH, Frankfurt/M.

BIEDERMANN, GEORG: Ludwig Andreas Feuerbach, Leipzig, Jena, Berlin, 1986.

BLOCH, ERNST: Atheismus im Christentum. Zur Religion des Exodus und des Reichs. Frankfurt/ M., 1973.

BOCKMÜHL, KLAUS ERICH: Leiblichkeit und Gesellschaft. Studien zur Religionskritik und Anthropologie im Frühwerk von Ludwig Feuerbach und Karl Marx. Göttingen 1980.

CABADO-CASTRO, MANUEL: Feuerbachs Kritik der Schopenhauerschen Konzeption der Verneinung des Lebens und der Einfluß seines Prinzips der Lebensbejahung auf das anthropologische Denken Wagners und Nietzsches. In: BRAUN, HANS-JÜRG; SASS, HANS-MARTIN; SCHUFFENHAUER, WERNER; TOMASONI, FRANCESCO (Hg.) (1990).

DEUTSCHER BUNDESTAG, REFERAT ÖFFENTLICHKEITSARBEIT (HRSG.): Fragen an die deutsche Geschichte: Ideen, Kräfte, Entscheidungen von 1800 bis zur Gegenwart. Bonn, 1991.

DWARS, JENS F.: Anthropologische Historie – Historische Anthropologie? Darstellung und Entwicklung der Geschichte des Feuerbachschen Geschichtsdenkens. Jena, 1986.

ENGELS, FRIEDRICH: Ludwig Feuerbach und der Ausgang der klassischen deutschen Philosophie. In: Marx-Engels-Werke, Berlin 1981.

FEUERBACH, LUDWIG: Gesammelte Werke, hrsg. von WERNER SCHUFFENHAUER 1967ff., hrsg. von der Berlin-Brandenburgischen Akademie der Wissenschaften durch WERNER SCHUFFENHAUER 1993ff.

FEUERBACH, LUDWIG: Notwendigkeit einer Veränderung. In: ders., Entwürfe zu einer Neuen Philosophie. Hrsg. von WALTER JAESCHKE und WERNER SCHUFFENHAUER, Hamburg 1996.

GOLLWITZER, HELMUT: Die marxistische Religionskritik und der christliche Glaube. Gütersloh 1981.

GREBING, HELGA: Arbeiterbewegung. Sozialer Protest und kollektive Interessenvertretung bis 1914. München, 1985.

HABERMAS, JÜRGEN: Der philosophische Diskurs der Moderne. Frankfurt/ M. 1988.

HEGEL, GEORG WILHELM FRIEDRICH: Phänomenologie des Geistes. In: G.W.F. HEGEL, Werke, Bd. 3, Frankfurt/ M. 1986.

HORSTMANN, ROLF-PETER: Wahrheit aus dem Begriff. Eine Einleitung in Hegel. Frankfurt/ M. 1990.

JANOWSKI, J. CHRISTINE: Der Mensch als Maß. Untersuchungen zum Grundgedanken und zur Struktur von Ludwig Feuerbachs Werk. Zürich, Köln, 1980.

KERN, UDO: Der andere Feuerbach. Sinnlichkeit, Konkretheit und Praxis als Qualität der »neuen Religion« Feuerbachs. Münster 1998.

LÖWITH, KARL: Von Hegel zu Nietzsche. Der revolutionäre Bruch im Denken des neunzehnten Jahrhunderts. Hamburg 1995.

LÖWITH, KARL: Vermittlung und Unmittelbarkeit bei Hegel, Marx und Feuerbach. In: ders., Sämtliche Schriften, Bd. 5, Stuttgart 1988.

MACHTAN, LOTHAR; MILLES, DIETRICH: Die Klassensymbiose von Junkertum und Bourgeoisie. Zum Verhältnis von gesellschaftlicher und politischer Herrschaft in Preußen-Deutschland 1850-1878/79. Frankfurt/ M., Berlin, Wien, 1980.

KARL MARX: Ökonomisch philosophische Manuskripte. In: Marx-Engels-Werke, Erg.-Bd. 1, Berlin 1968.

KARL MARX: Thesen über Feuerbach. In: Marx-Engels-Werke, Bd. 3, Berlin 1986.

KARL MARX: Theorien über den Mehrwert. In: Marx-Engels-Werke, Bd. 26.1-26.3., Berlin 1986.

OISERMANN, TODOR: Probleme der menschlichen Emanzipation in der Philosophie Feuerbachs. In: BRAUN, HANS-JÜRG; SASS, HANS-MARTIN; SCHUFFENHAUER, WERNER; TOMASONI, FRANCESCO (Hrsg.), 1990.

REICHELT, HELMUT: Texte zur materialistischen Geschichtswissenschaft. Frankfurt/ M., Berlin, Wien, 1975.

RÖHR, HENNING: Endlichkeit und Dezentrierung. Zur Anthropologie Ludwig Feuerbachs. Würzburg, 2000.

SCHMIDT, ALFRED: Der Begriff der Natur in der Lehre von Marx. Frankfurt/ M., 1962.

SCHMIDT, ALFRED: Emanzipatorische Sinnlichkeit. Ludwig Feuerbachs anthropologischer Materialismus. München 1988.

SCHMIEDER, FALKO: Ludwig Feuerbach und der Eingang der klassischen Fotografie. Zum Verhältnis von anthropologischem und Historischem Materialismus. Berlin 2004.

SCHNEIDER, ERICH: Die Theologie und Feuerbachs Religionskritik. Die Reaktion der Theologie des 19. Jahrhunderts auf Ludwig Feuerbachs Religionskritik. Mit Ausblicken auf das 20. Jahrhundert und einem Anhang über Feuerbach. Göttingen, 1972.

SCHUFFENHAUER, WERNER: Feuerbach und der junge Marx. Zur Entstehungsgeschichte der marxistischen Weltanschauung. Berlin, 1965.

SCHWARZ, KARL: Zur Geschichte der neuesten Theologie. Leipzig 1869.

STIEHLER, GOTTFRIED: Ludwig Feuerbachs Kritik der Religion. In: Deutsche Zeitschrift für Philosophie 20, Berlin, 1972.

THIES, ERICH (HRSG.): Ludwig Feuerbach. Darmstadt, 1976.

THIES, ERICH: Philosophie und Wirklichkeit. Die Hegelkritik Ludwig Feuerbachs. In: THIES (1976).

WAGNER, RICHARD: Religion und Kunst. In: Sämtliche Schriften und Dichtungen, Bd. 10, Leipzig 1915.

XHAUFFLAIRE, MARCEL: Feuerbach und die Theologie der Säkularisation. München 1972.

ALFRED SCHMIDT

Feuerbachs Übergang vom Anthropologismus zum Naturalismus

I

Im Jahre 1852 charakterisierte FEUERBACH sein bisher erschienenes Werk in einem Artikel des Brockhausschen Konversationslexikons wie folgt: »Da F. die Theologie in die Anthropologie, die Religionsphilosophie in die Psychologie, den absoluten Geist in den endlichen, subjektiven auflöst, so war es natürlich, daß er einerseits von der Theologie des Atheismus beschuldigt [werden], andererseits von den übrigen philosophischen Richtungen vielfache Anfeindungen erfahren mußte.«[1] FEUERBACH erinnert hier an seine bahnbrechenden religionskritischen, mit der Absage an das Hegelsche System einhergehenden Einsichten der frühen vierziger Jahre. Vorbereitet wurden sie schon 1830 in FEUERBACHs *Gedanken über Tod und Unsterblichkeit*, worin er, wie es in seinem Artikel weiter heißt, versucht habe, »sich durch die Bekämpfung des Unsterblichkeitsglaubens von der ganzen bisherigen philosophischen und theologischen Tradition loszureißen«.[2] Auch seine anschließenden, die Geschichte der neueren Philosophie betreffenden Studien, fährt FEUERBACH fort, seien zu verstehen als »Brücke zur kritischen Untersuchung über das Wesen der Religion und ihr Verhältnis zur Philosophie«.[3]

In der als kanonisch geltenden Schrift von 1885 wollte ENGELS FEUERBACH gegenüber eine »unabgetragene Ehrenschuld«[4] begleichen, auf dessen Schriften er und MARX »nie wieder zurückgekommen« waren, obwohl doch FEUERBACH, was ENGELS hervorhebt, »in mancher Beziehung« ein »Mittelglied«[5] zwischen HEGEL und der Marxschen Lehre bildete. Die offizielle Wissenschaft hat ENGELS' historisch berechtigtes, aber nur die vormärzliche Rolle des Philosophen berücksichtigendes Urteil nahezu uneingeschränkt übernommen.[6] Neuerdings jedoch ergibt sich die Möglichkeit eines vollständigeren Bildes der intellektuellen Biographie FEUERBACHs. Der umfangreiche, 1956 von SCHUFFENHAUER in der Münchener Universitätsbibliothek entdeckte Nachlass gestattet es, FEUERBACHs Darlegungen über Ursprung und Wesen nicht nur der christlichen Religion hinsichtlich ihrer wechselnden weltanschaulichen Prämissen differenzierter einzuschätzen. Forscher wie FRANCESCO TOMASONI können anhand der vorbereitenden Materialien zur Schrift *Das Wesen der Religion*, die den linkshegelianischen Boden der frühen Arbeiten verlässt, detailliert belegen, dass FEUERBACH in den Jahren 1846 und 1847 vom Anthropologismus übergeht zu einem Naturalismus eigener Art, was seiner Philosophie eine neue Qualität verleiht. TOMASONIs Studie *Ludwig Feuerbach und die nicht-menschliche Natur*[7])weist nach, wie unzulänglich Interpretationen sind, die, festgelegt auf das Frühwerk, in FEUERBACHs verändertem Denkansatz lediglich ein Symptom »für die Ausdörrung eines Denkers« erblicken, »der an seinem schöpferischen Höhepunkt den Akzent gerade auf die Tätigkeit des Menschen und die Notwendigkeit von dessen völliger Emanzipierung gelegt hatte«.[8]) Es handelt sich hier jedoch keineswegs um eine Abkehr vom Humanismus, sondern um einen »radikalen«, ihn umfassender begründenden »Wechsel der Gesamtperspektive der Feuerbachschen Entwicklung«.[9]) Es bedurfte, so TOMASONI, einer „kritische[n] Grundlage« die es FEUERBACH erlaubte, »sich von einem Anthropozentrismus idealistischer Prägung freizumachen und den neuen Wissenschaften anzunähern«.[10])

II

Indem FEUERBACHs Schrift von 1841, die seinen ebenso plötzlichen wie rasch verblassenden Ruhm begründen sollte, den Menschen als das »wahre ens realissimum«, als das »positivste Realprinzip«[11]) geltend macht, verbleibt er, Religion im emphatischen Sinn mit Christentum gleichsetzend, ungewollt auf Hegelschem Terrain.[12]) Wohl betonen schon FEUERBACHs vormärzliche Manifeste, freilich eher programmatisch, die Notwendigkeit, das menschliche Wesen abzuleiten aus der Natur, seiner Basis.[13]) Jetzt aber geht FEUERBACH insofern darüber hinaus, als er den Begriff der Religion erweitert und diese nicht mehr, wie zuvor, nur aus der menschlichen Natur, sondern aus der Natur überhaupt zu erklären bestrebt ist.

Dabei orientierte FEUERBACH sich an Materialien, die er, worauf TOMASONI hinweist, der Tageszeitung »Das Ausland« entnahm, die regelmäßig über neue ethnologische, geographische und geologische Entdeckungen berichtete.[14]) Ihre sorgfältige Lektüre lieferte ihm »nicht nur erschöpfende Daten über die Religionen und die Auffassung der Welt bei den sogenannten Primitiven«, sondern unterrichtete ihn auch über »Vorgänge innerhalb der neuen Wissenschaften und die damit verknüpften methodologischen Entwicklungen«.[15]) TOMASONI unterstreicht, daß FEUERBACH über der Kenntnisnahme von Fakten vergleichender Religionswissenschaft sein genuin philosophisches Interesse keineswegs vergaß. Er erfasste den vielfach provisorischen Charakter der Ergebnisse des wissenschaftlichen Erkenntnisprozesses und legte sich Rechenschaft ab von stillschweigenden Voraussetzungen der jeweiligen Berichterstatter über fremde Kulturen. Dabei fallen FEUERBACHs kritische Randglossen auf zu Exzerpten, die den Kolonialismus erörtern, rassistische Vorurteile, aber auch vorschnelle Wissenschaftsgläubigkeit.[16]

III

Mit Recht sieht TOMASONI die Schrift *Das Wesen der Religion* von 1846 gekennzeichnet durch einen qualitativ neuen Akzent, der sich auf die universelle, vor- und außermenschliche Natur bezieht und sich fortan in FEUERBACHs Arbeiten immer deutlicher durchsetzen wird. Der sensualistisch gefeierte Mensch, vordem alleiniges »Geheimnis der Religion«, wird nun in seinen bleibenden naturalen Bezügen sichtbar, die sich gerade auch in religiösen Mythen niederschlagen. Daran erinnert BLOCH im *Prinzip Hoffnung*: »Derart mußte ... Feuerbach, in späteren Jahren, seine allzu pure Anthropologie, soll hier heißen: seinen subjektiven Idealismus, hinsichtlich der religiösen Wunschwelt bedeutsam unterbrechen. Er konnte nicht umhin, wenn nicht im ausgelöschten Jenseits, so doch in der gleichfalls entgötterten Natur etwas zu finden, immer noch zu finden, das die Projizierung nicht mehr so ganz freischwebend macht. Da es die Natur ist, welche ihm an der religiösen Projizierung mitbeteiligt ist, treten sogar Gegenstände, nämlich solche der äußeren Sinnlichkeit, zu den bloßen Wunschbildern hinzu«.[17] Daher sieht Feuerbach in der *Theogonie*, seinem psychoanalytisch gefärbten Hauptwerk[18], in den Göttern nicht nur Wunsch-, sondern zugleich Naturwesen: »Der Wunsch ist wohl der Ursprung der Götter, und der Wunsch selber als solcher stammt aus dem Menschen; aber der Gegenstand des Wunsches stammt aus der äußern Natur, stammt aus den Sinnen ... Die Götter als solche sind keine vergötterte[n] oder personifizierte[n] Naturkräfte oder Naturkörper; sie sind personifizierte, verselbständigte, vergegenständlichte Gefühle, Empfindungen, Affekte; aber Affekte, die an die Naturkörper gebunden sind, durch sie erweckt oder bewirkt werden.«[19] Es tritt uns hier, so kommentiert BLOCH die angeführten Stellen, »ein schließlich objekthafter Feuerbach« entgegen, der an die sinnlichen Gegenstände in der Naturreligion erinnert, »die geblieben sind, auch nach Abzug ihrer Vergöttlichung«.[20]

Die *Theogonie* zielt, wie schon *Das Wesen der Religion*, darauf ab, jene »große Lücke« der Schrift von 1841 zu schließen, von der FEUERBACHs Heidelberger Vorlesungen feststellen, sie habe Anlass gegeben zu den »allertörichtesten Mißverständnissen«.[21] »Weil ich«, heißt es hier, »im Christentum, getreu meinem Gegenstande, die Natur ignorierte, weil das Christentum sie ignoriert, weil das Christentum Idealismus ist, einen naturlosen Gott an die Spitze stellt, einen Gott oder Geist glaubt, der durch sein bloßes Denken und Wollen die Welt macht, außer dessen Denken und Wollen sie also nicht existiert, weil ich also im 'Wesen des Christentums' nur vom Wesen des Menschen handelte, ... eben weil das Christentum nicht Sonne, Mond und Sterne, Feuer, Erde, Luft, sondern die das menschliche Wesen im Unterschied von der Natur betrachtenden Kräfte: Wille, Verstand, Bewußtsein, als göttliche Kräfte und Wesen verehrt, so glaubte man ..., daß ich das menschliche Wesen ... zu einem nichts voraussetzenden Wesen mache, und opponierte dieser meiner angeblichen Vergötterung des Menschen mit dem unmittelbaren Abhängigkeitsgefühl des natürlichen Verstandes und Bewußtseins, daß ... der Mensch ... ein abhängiges, entstandenes Wesen sei, also ... aus sich und über sich hinaus verweise auf ein anderes Wesen«.[22]

Diesem Einwand pflichtet FEUERBACH, widerstrebend, bei; denn auch für ihn ist ein »für sich und absolut gedachtes menschliches Wesen ... eine idealistische Chimäre«.[23] Dasjenige nun, worauf alles Menschliche sich gründet, »ist *nichts andres als die Natur*«.[24] Erst im *Wesen der Religion* kommt diese, als genealogischer Faktor, zu ungeschmälertem Recht. Bei der Behandlung der »vorchristlichen, heidnischen Naturreligionen«, betont FEUERBACH, habe sich die Gelegenheit ergeben, den »Schein idealistischer Einseitigkeit«[25] zu beseitigen, den er im *Wesen des Christentums*, wo er methodisch vom Menschen ausgeht, hervorgerufen hatte. – So mochte sich ihm der Sachverhalt aus der Sicht des Jahres 1848 darstellen. Wenn aber FEUERBACH von einer im *Wesen des Christentums* vorhandenen »Lücke« spricht, die durch Rekurs auf gegenständliche Natur auszufüllen sei, so ist dem zu entnehmen, daß er die noch von BLOCH geäußerte Kritik, die »allzu pure Anthropologie« vom 1841 impliziere einen »subjektiven Idealismus«[26], zwar für eigentlich unangebracht hielt, aber insgeheim doch beherzigt hat.

IV

Es verrät FEUERBACHs Herkunft aus HEGELs Schule, dass er im *Wesen der Religion* Logisches und Historisches miteinander verbindet. Indem er die »Essenz« von Naturreligion bestimmt, skizziert FEUERBACH zugleich den »Entwicklungsgang« des religiösen Bewusstseins von rohen Anfängen bis hin zur »idealistischen Religion«[27] des Christentums. Zwar enthalte seine Schrift, unterstreicht er, keine »eigentliche, förmliche Historie« der verschiedenen Religionen, wohl aber eine »gedrängte geistige oder philosophische Religionsgeschichte der Menschheit«.[28] Dieser Betrachtungsweise geht es, wie FEUERBACH des Näheren ausführt, abgesehen von dem »großen Unterschiede von Natur- und Geistes- oder Menschenreligion [,] ... mehr um das Gleiche, Identische, Gemeinschaftliche ... als um ihre oft so kleinlichen, willkürlichen Unterschiede«.[29]

FEUERBACHs Abhandlung untersucht die Religion, sofern *»ihr Gegenstand die Natur* ist«, von welcher bei der Erörterung des Christentums zu abstrahieren war, da dessen »Kern ... nicht der *Gott in der Natur* (ist), sondern *im Menschen*«.[30] Dasjenige nun, wovon wir uns, mit SCHLEIERMACHER zu reden, schlechthin abhängig fühlen, ist die all-eine Natur.[31] Sie ist, so FEUERBACHs Generalthese, »der *erste, ursprüngliche Gegenstand der Religion*, wie die Geschichte aller Religionen und Völker sattsam beweist.[32] Es lässt sich zeigen, dass die Natur in dieser Funktion zugleich »der *bleibende Grund*, der *fortwährende, wenn auch verborgne, Hintergrund der Religion*« ist.[33] So beruht der theistische Glaube, Gott sei ein von der Natur verschiedenes, sie transzendierendes, unabhängig vom Bewusstein des Menschen vorhandenes Wesen, FEUERBACH zufolge darauf, „daß das außer dem Menschen existierende, gegenständliche Wesen, die Welt, die Natur, ursprünglich selbst Gott ist«.[34] Als wahrhaft seiendes Wesen wird Gott nur deshalb vorgestellt, weil der Mensch sich genötigt sieht, seiner Existenz und seinem Bewußtsein »die *Existenz der Natur vorauszusetzen*«.[35] Im Glauben, dass Gott »schlechtweg existiert, gleichgültig, ob der Mensch ... ihn denkt oder nicht denkt, spukt die Natur, deren Existenz sich nicht auf die des Menschen, geschweige auf Gründe des menschlichen Verstandes und Herzens, stützt«.[36] Der »erste Grundbegriff Gottes«, so resümiert FEUERBACH diese (eher erkenntnistheoretischen) Erwägungen, kann nur der sein, dass er die der eigenen Existenz immer schon »vorangehende, *vorausgesetzte Existenz ist*«.[37]

Die Abhängigkeit von elementaren Naturfaktoren wie Licht, Luft, Wasser, Erde und ernährenden Stoffen ist im Tier und vorzivilisatorisch »nur eine unbewußte, unüberlegte; sie zum Bewußtsein erheben, sie sich vorstellen, beherzigen, bekennen heißt sich zur Religion erheben«.[38] So reflektiert sich in den Astralmythen des Alten Orients der Wechsel der Jahreszeiten, von dem alles Leben abhängt. Aber nur der Mensch, betont FEUERBACH, zelebriert diesen Wechsel in »dramatischen Vorstellungen, in festlichen Akten«.[39] Diese drücken die Abfolge der »Lichtgestalten des Mondes« aus und sind die »ältesten, ersten, eigentlichen Religionsbekenntnisse der Menschheit«.[40]

Die Einsicht, dass alle Religion, ob unmittelbar oder über vermittelnde Instanzen, auf der Abhängigkeit des Menschen von der Natur beruht, impliziert eine Reihe näherer Bestimmungen, die zum Grundbestand der Religionsgeschichte gehören. FEUERBACH erörtert sie in aphoristischer Kürze. Er stellt zunächst fest, dass die Individuen, die verschiedenen Völker und Stämme nicht von der Natur überhaupt abhängen, sondern von lokalen und regionalen Gegebenheiten, von Bergen, Gewässern, Flüssen und Quellen, die jeweils als Wohnsitz numinoser Mächte gelten oder mit ihnen identifiziert werden. Mit demselben Recht, erklärt FEUERBACH, mit dem in der christlichen, intellektuell fortgeschritteneren Ära »der universelle Mensch sein universelles Wesen als Gott verehrt, beteten ... die alten beschränkten, an ihrem Boden mit Leib und Seele haftenden, nicht in ihre Menschheit, sondern in ihre Volks- und Stammesbestimmtheit ihr Wesen setzenden Völker die Berge, die Bäume, die Tiere, die Flüsse und Quellen ihres Landes als göttliche Wesen an, denn ihre ganze Existenz, ihr ganzes Wesen gründete sich ja nur auf die Beschaffenheit ihres Landes, ihrer Natur.«[41]

Wenn der Mensch sich stufenweise über Wildheit und Barbarei erhoben hat, so nicht durch den Beistand von Göttern, Geistern, Genien und Engeln. Wohl bedurfte er fremder Hilfe. Diese aber kam nicht von Produkten seiner supranaturalistischen Einbildung, sondern von wirklichen, unter ihm stehenden Wesen, wie denn überhaupt »alle gute Gabe und Anlage nicht von oben herab, sondern von *unten* herauf, nicht aus der Höhe, sondern der Tiefe der Natur kommt«.[42] Die hilfreichen Wesen, »*Schutzgeister*« des Menschen, »waren insbesondre die *Tiere*«.[43] Nur vermittels ihrer, betont FEUERBACH, »erhob sich der Mensch über das Tier; nur unter ihrem ... Beistand konnte die Saat der menschlichen Kultur gedeihen«.[44] Diese dienende Rolle der Tiere, zumal in vor- und frühgeschichtlichen Zeiten, rechtfertigt die »religiöse Verehrung derselben«.[45] Ob Hunde, Reit- oder Zugtiere, von ihnen hing die »menschliche Existenz ab; das aber, wovon das Leben des Menschen abhängt, das ist ihm *Gott*«.[46] Wenn Christen die Natur nicht als göttliches Wesen verehren, so deshalb, weil nach ihrem Selbstverständnis ihre reale Existenz nicht von der Natur, sondern von einem von der Natur unterschiedenen Willen abhängt; gleichwohl aber, wendet FEUERBACH ein, »betrachten und verehren sie dieses Wesen nur deswegen als göttliches, d.i. höchstes, Wesen, weil sie es für den Urheber und Erhalter ihrer Existenz, ihres Lebens halten«.[47] FEUERBACH sieht den Grad der »Gottesverehrung« abhängig von der in ihr erscheinenden »Selbstverehrung« des Menschen. Wer sein Leben verachtet, wie sollte er preisen, wovon dieses erbärmliche Leben abhängt. Mit dem Wert, der letzterem zuerkannt wird, steigen auch »Wert und Würde« der Götter, der »Spender der Lebensgaben«.[48] FEUERBACH veranschaulicht sich den Sachverhalt durch einen Vergleich der »griechischen Mythologie« mit der »indianischen Fabellehre«; ihr krasser Gegensatz, behauptet er, reflektiere den zwischen der »griechischen Lebensfülle und Lebensliebe« und der »indianischen Lebensöde und Lebensverachtung«.[49] Manifestiert sich diese Bewertung des Daseins in totemistischen Vorstellungen wie der »großen indianischen Beutelratze« oder der »Klapperschlange, dem Großvater der Indianer«, so die griechische Weltansicht im »olympischen Vater der Götter und Menschen«.[50] Offenbar – das belegen die Zitate – glückt es Feuerbach nicht immer, seine Generalthese, Religion basiere auf dem naturbedingten »Abhängigkeitsgefühl des Menschen«[51], an spezifischem Material angemessen zu verifizieren. FEUERBACH geht ebenso beschreibend wie wertend vor, indem er – festumrissene Mentalitäten voraussetzend – die (zum Bildungskanon gehörende) Mythenwelt klassischen Griechentums abgrenzt gegen den, wie er meint, kruden, ihr unterlegenen indianischen Totemismus, wie er ihn aus spärlichen Berichten zeitgenössischer Autoren kennt.[52] – Vermitteltes steht *per se* über Unmittelbarem: HEGELs hierarchische Abfolge der Geistesstufen wirkt in FEUERBACH fort zu einer Zeit, in der er längst mit dem Idealismus gebrochen hat.

Im weiteren untersucht FEUERBACH Gottesvorstellungen und -beweise der theologischen und rationalistischen Tradition unter dem Gesichtspunkt ihres – uneingestandenen – naturalistischen Gehalts. Sie setzen insgeheim als wahr voraus, was sie bekämpfen. So sind die den Unterschied Gottes vom menschlichen Individuum begründenden Eigenschaften »ursprünglich oder der Grundlage nach nur Eigenschaften der *Natur*«.[53] Selbst der Apostel Paulus verweist auf die Welt »als das Werk ..., woraus Gottes Existenz und Wesen zu erkennen sei, denn das, was einer hervorbringt, enthält ja sein Wesen, zeigt uns, was er ist und vermag«.[54] Was wir in der Natur antreffen, denken wir *sub specie* ihres Urhebers, der in dieser Rolle »kein moralisches, geistiges, sondern nur ein *natürliches*, physisches Wesen«[55] ist. Ein »Gottesdienst«, gibt FEUERBACH zu bedenken, der sich hierauf beschränkte, ohne Gott zugleich als »politischen und moralischen, d.i. menschlichen Gesetzgeber« zu verehren, wäre »reiner Naturdienst«.[56] Wohl wird dem Urheber aller Dinge Verstand und Wille zuerkannt; »aber das, was eben dieser Wille will, dieser Verstand denkt, ist gerade das, wozu kein Wille, kein Verstand erfordert wird, wozu bloße mechanische, physische, chemische, vegetabilische, animalische Kräfte und Triebfedern hinreichen«.[57]

Die dem naiven Bewusstsein archaischer Zeiten entstammenden, auf sinnlicher »Anschauung der Natur« beruhenden Eigenschaften des höchsten Wesens werden später zu »abstrakten, metaphysischen Eigenschaften, wie die Natur selbst zu einem abstrakten Vernunftwesen«[58] [wird]. Sobald der Mensch den »Ursprung Gottes aus der Natur« vergisst, wodurch er sich in ein übersinnliches, nur noch »gedachtes Wesen«[59] verwandelt, erweist sich der nunmehr »vom eigentlichen menschlichen Gott unterschiedne, anthropomorphismenlose Gott«[60] als das der realen Welt ontotheologisch vorgeordnete »Wesen der Vernunft«.[61] Aus ihr, der *prima causa*, sollen die seienden, endlichen Dinge hervorgehen. Ihnen gegenüber ist das schöpferische Prinzip unermesslich und unendlich. Aber auch dieses höchste Wesen, betont FEUERBACH, drückt letztlich nur eine »Wahrheit der Natur«[62] aus; es ist das »räumlich oder optisch höchste Wesen: der Himmel mit seinen glänzenden Erscheinungen«.[63] Abermals erinnert FEUERBACH hier an astralmythische Spekulationen des Alten Orients: »Alle Religionen von einiger Schwungkraft versetzen ihre Götter in die Region der Wolken, in den Äther oder in Sonne, Mond und Sterne, *alle Götter verlieren sich zuletzt in den blauen Dunst des Himmels*«.[64] Selbst der spirituell vorgestellte christliche Gott hat seinen Sitz im physikalischen Himmel. Wird der über alle menschlichen Affekte und Nöte erhabene Welturheber als das unwandelbare, nach unverbrüchlichen Gesetzen waltende Wesen betrachtet, so verbirgt sich auch darin »die bei allem Wechsel sich selbst gleichbleibende, gesetzmäßige, unerbittliche, rücksichtslose, unwillkürliche Natur«.[65]

Wenn FEUERBACH in der Natur den ersten und fundamentalen Gegenstand der Religion erblickt, so mit dem Vorbehalt, dass sie selbst in den sie unmittelbar verehrenden Naturreligionen nicht »Gegenstand *als Natur*«[66] ist im Sinn des Theismus, der Philosophie oder der Naturwissenschaft. Vielmehr, erklärt FEUERBACH, ist Natur ursprünglich, angeschaut vom Menschen mit »religiösen Augen«, Gegenstand »als *das, was er selbst ist*, als ein persönliches, lebendiges, empfindendes Wesen«.[67] Magie und Animismus überführen Natur in ein »Symbol und Spiegel«[68] gesteigerter menschlicher Qualitäten. Da der Mensch sich ursprünglich nicht von der Natur und diese nicht von sich unterscheidet, »macht (er) ... die Empfindungen, die ein Gegenstand der Natur in ihm erregt, unmittelbar zu Beschaffenheiten des Gegenstandes selbst«.[69] Sie sind ambivalent, bald positiv, bald negativ: »Die wohltuenden, guten Empfindungen und Affekte verursacht das gute, wohltuende Wesen der Natur, die schlimmen, wehtuenden Empfindungen, Hitze, Kälte, Hunger, Schmerz, Krankheit, ein böses Wesen oder wenigstens die Natur im Zustande des Böseseins, des Übelwollens, des Zorns.«[70]

Derart macht der Mensch, zunächst »unwillkürlich und unbewußt«, in den späteren, eigentlichen Religionen mit vollem Bewusstsein »das Naturwesen zu einem *Gemütswesen*, einem *subjektiven, d.i. menschlichen Wesen*«.[71] Damit aber wird das zu Verehrende »zu einem durch das Gemüt des Menschen, seine Bitten, seine Dienstleistungen bestimmbaren Gegenstand«.[72] Der frühgeschichtliche Mensch macht sich die Natur gefügig, indem er sie seinen Affekten assimiliert, seinen Leidenschaften unterwirft.[73] Dabei werden der Natur nicht nur menschliche Motive, Absichten und Triebe beigelegt, sondern Naturkörper, vor allem Gestirne, von Indianern, Grönländern und im alten Mexiko für wirkliche Menschen gehalten.[74] Hierin sieht FEUERBACH seinen Satz im *Wesen des Christentums* bestätigt, dass der Gott des Menschen sein eigenes Wesen ist. Das gilt selbst für die elementarsten Arten von Religion, in denen der Mensch absonderliche, entlegene, ihm keineswegs ähnliche Dinge anbetet. Er legt seine Eigenschaften in sie hinein, weil er sie »von solchen Wesen erfüllt denkt, wie er selbst ist«.[75] – Religion, so resümiert FEUERBACH diese Beobachtungen, stellt den »notwendigen Widerspruch« dar, dass sie, theistisch oder anthropologisch (in seinem Sinn) ausgelegt, »das menschliche Wesen deswegen als göttliches verehrt, weil es ihr ... als ein nicht menschliches Wesen erscheint«, während sie, in naturalistischer Sicht, »das nicht menschliche Wesen deswegen als göttliches Wesen verehrt, weil es ihr als ein menschliches erscheint«.[76]

Fortwährender Wandel der Natur, zumal derjenigen ihrer Erscheinungen, die dem Menschen seine Grenzen vor Augen führen, ist FEUERBACH zufolge

»der Hauptgrund, warum sie dem Menschen als ein menschliches, willkürliches Wesen erscheint und von ihm religiös verehrt wird.[77] Der Wechsel von Tag und Nacht, die beständige Wiederkehr des Lichts erfüllen den Menschen mit tiefer Dankbarkeit. Sie drückt sich aus in zeremoniellen »Saat- und Erntefesten«, in denen sich widerspiegelt, dass die Erde »bald ihren Schoß öffnet, bald wieder verschließt«.[78] Deshalb, betont FEUERBACH, »erscheinen ihre Früchte als *freiwillige*, zu Dank verpflichtende Gaben«.[79] Ihre Quantität und Güte hängt nicht allein von der Bodenbeschaffenheit ab, sondern auch von klimatischen Bedingungen. Deren Unbeständigkeit ruft höhere, hilfreiche Mächte auf den Plan. Wo »mathematische Gewißheit« ausbleibt, stellt Theologie sich ein: »Religion ist Anschauung des Notwendigen – im Besonderen, Zufälligen – als eines Willkürlichen, Freiwilligen«.[80]

In diesen Kontext gehört der wohl wesentlichste Bestandteil der Naturreligionen: das *Opfer*. Es beruht, so FEUERBACH, auf dem »Gefühl der Abhängigkeit von der Natur«[81], verbunden damit, daß sie vorgestellt wird als ein willkürlich handelndes, persönliches Wesen. Abhängig von der Natur zu sein, bedeutet für den Menschen, dass er ihrer bedarf, ohne sie nicht wäre; unablösbar davon aber ist das »entgegengesetzte Gefühl« des Menschen, eigenständig zu sein, sich von der Natur, die seinen Zwecken dient, zu unterscheiden. »Das Bedürfnis«, betont FEUERBACH, »ist ... gottesfürchtig, demütig, religiös, aber der Genuß hochmütig, gottvergessen, respektlos, frivol.«[82] Diese Unbefangenheit aneignenden Genusses ist eine »praktische Notwendigkeit«, welche die materielle Existenz des Menschen allererst ermöglicht. Sie widerspricht jedoch seinem »theoretischen Respekt« vor der Natur als einem »empfindlichen Wesen, das sich ebensowenig etwas will gefallen und nehmen lassen als der Mensch«.[83] Diesem erscheint die »Aneignung der Natur« gleichsam als »Freveltat«.[84] Um daher sein Gewissen und den – in seiner Phantasie – »beleidigten Gegenstand« zu besänftigen, um darzutun, daß er ihn »aus Not, nicht aus Übermut« beraubt hat, »schmälert« der Mensch sich den Genuss und »gibt« im Akt des Opfers »dem Gegenstand etwas von seinem entwendeten Eigentum zurück«.[85]

An verschiedenen ethnographischen Beispielen kann FEUERBACH eben diese Genese des Opfers nachweisen, worin sich das »ganze Wesen der Religion ... versinnlicht und konzentriert«.[86] Wichtig ist hierbei die Differenz von Grund und Zweck des Opfers: Sein »Grund ... ist das *Abhängigkeitsgefühl* – die Furcht, der Zweifel, die Ungewißheit des Erfolgs der Zukunft, die Gewissenspein über eine begangne Sünde«; sein »Zweck« dagegen ist »das *Selbstgefühl* – der Mut, der Genuß, die Gewißheit des Erfolgs, die Freiheit und Seligkeit«.[87] Die Religion zeugt vom zwiespältigen Charakter des Menschen. Als »Knecht der Natur« schreitet er zum Opfer, als »Herr der Natur«[88] ist er bestrebt, sich diese zu unterwerfen. Grund der Religion ist das Gefühl des Menschen, von der Natur abzuhängen, ihre Intention hingegen »*die Aufhebung dieser Abhängigkeit*, die *Freiheit von der Natur*«.[89]) – FEUERBACH resümiert seine Kernthese wie folgt: »Die *Gottheit der Natur* ist wohl ... die *Grundlage* der Religion, und zwar aller Religion, auch der christlichen, aber die *Gottheit des Menschen* ist der *Endzweck der Religion*.«[90])

Wo immer der Mensch sich erhebt über die »unbeschränkte Wahlfreiheit« des »eigentlichen Fetischismus«, ist Gegenstand seiner Religion dasjenige, was realen Zwecken und Bedürfnissen entspricht, weshalb denn auch den ihm dienlichsten Naturgegenständen »allgemeinste und vorzüglichste Verehrung«[91]) zuteil wurde. Was aber menschlichen Zwecken und Bedürfnissen dient, hebt FEUERBACH hervor, ist stets auch »Gegenstand *menschlicher Wünsche*«.[92]) Deren religionsgeschichtlich bedeutsame Rolle beruht gerade darauf, dass sich Befriedigung nicht erzwingen lässt. Bloßer Wille vermag sich nicht durchzusetzen. Was jedoch physische Gewalt nicht erreicht, leistet in den Religionen der *Wunsch als solcher*. Was ich sehnsüchtig begehre, »das bezaubere, begeistere ich durch meine Wünsche«.[93]) Im religiösen Affekt entäußert sich der Mensch, »behandelt er das Leblose als Lebendiges, das Unwillkürliche als Willkürliches, beseelt er den Gegenstand mit Seufzern, denn es ist ihm unmöglich, im Affekt an ein gefühlloses Wesen sich zu wenden«.[94]) »Das Gefühl«, unterstreicht FEUERBACH, missachtet verstandesmäßige Schranken, »es übersprudelt den Menschen; es ist ihm zu enge im Brustkasten; es muß sich der Außenwelt mitteilen und dadurch das fühllose Wesen der Natur zu einem mitfühlenden Wesen machen.«[95])

Religion ist die vom menschlichen Gefühl »*bezauberte* Natur«, jene Natur, die das Gefühl wünscht, ihm entspricht, ihm assimiliert ist; die als ihrerseits »gefühlvolle *Natur ... Gegenstand der Religion, göttliches Wesen ist*«.[96]) Hier bereits formuliert FEUERBACH den Grundgedanken seiner *Theogonie*: »Der Wunsch ist der *Ursprung*, ist das *Wesen selbst der Religion*. – *Das Wesen der Götter ist nichts anderes als das Wesen des Wunsches*.«[97]) Im »theogonischen Wunsch«[98]), wie FEUERBACH sich im reifen Werk ausdrücken wird, sucht der Mensch den Abgrund zu überbrücken, zwischen dem, was er will, und dem, was er vollbringt. »*Vorstellung* und *Wirklichkeit*, *Denken* und *Sein*«[99]) befinden sich im Zwiespalt – der Wunsch soll sie versöhnen. »Die Götter«, so FEUERBACH, »sind die ... aufgehobenen Naturschranken des menschlichen Herzens und Willens.«[100])

Als spezielle, weil »*irreligiöse* Erscheinung« der übernatürlichen Macht des Religiösen kennzeichnet FEUERBACH die Zauberei vorzivilisatorischer Völker. Hier ist »der *bloße Wille* des Menschen der über die Natur gebietende Gott«.[101]) Anders sind die biblischen Wundergeschichten einzuschätzen. Wenn der alttestamentliche Gott auf Josuas Geheiß der Sonne Stillstand gebietet, Elias' Gebet erhört und es regnen lässt, wenn Jesus zum Beweis göttlicher Vollmacht den stürmischen See durch ein Wort besänftigt, Kranke heilt und Tote erweckt, so obsiegt auch hier, wie bei der Magie, »das bloße Wort als eine die Natur beherrschende Macht«.[102] Der Zauberer hofft, dieses imperiale Ziel dadurch zu erreichen, dass er »*in sich* verlegt«, was die biblischen Wundertäter »in Gott versetzen«; er erklärt »zum Gegenstand eines *ausdrücklichen* Willens, eines Befehls«, was jene »zum Gegenstand eines *stillen*, ergebenen Willens, eines frommen Wunsches machen«.[103] Was der Schamane »durch und für sich selbst tut«, tun sie »durch und mit Gott«[104]: kraft einer höchsten, transzendenten Instanz.

Wie der religiöse, mit göttlicher Allmacht von vornherein rechnende Mensch reale Grenzen seines Wollens nur als solche seiner schwachen »Vorstellung und Phantasie«, mithin mangelnden Gottvertrauens gelten lässt, so ist ihm auch »das unbeschränkte göttliche Wesen nur ein Wesen ... des von der Phantasie beherrschten Gefühles oder Gemütes«.[105] Dem entspricht, dass jeglicher Gegenstand kultischer Verehrung »nur Gegenstand *als ein Wesen des Gemüts, der Vorstellung, der Phantasie*«[106] ist. Daher die Ansicht, »daß die Menschen nicht die Steine, Tiere, Bäume, Flüsse selbst, sondern nur die Götter in ihnen, die Manitus, die Geister derselben, verehren«.[107] Nun sind aber diese Geister lediglich »Bilder«[108] jener sinnlichen Objekte, wie sie im Medium der Einbildungskraft erscheinen. Das religiöse Bewusstsein unterscheidet nicht zwischen dem vorgestellten und dem realen Gegenstand. In der Naturreligion wird diese »Selbsttäuschung« unübersehbar; »denn der Mensch macht hier seinem religiösen Gegenstande Augen und Ohren, er weiß, er sieht es, daß sie *gemachte*, *steinerne* oder *hölzerne* Augen und Ohren sind, und doch *glaubt* er, daß es *wirkliche* Augen und Ohren sind«.[109] Naturreligion, betont FEUERBACH, ist der »sinnfällige Widerspruch zwischen der Einbildung und Wahrheit«.[110] Ein roher Stein, ein Holzklotz wird vorgestellt als »lebendiges Wesen, *sichtbar kein* Gott, sondern etwas ganz andres, aber *unsichtbar*, dem Glauben nach ein Gott«.[111] Infolge dieser Ambivalenz ihrer Kultobjekte unterliegt die Naturreligion der beständigen Gefahr, als trügerisch durchschaut zu werden. Ein Axthieb belehrt darüber, daß aus ihren heiligen, weil beseelt vorgestellten Bäumen kein Blut fließt. Wie nun, fragt FEUERBACH, »entzieht sich die Religion diesen groben Widersprüchen, ... denen sie sich in der Verehrung der Natur aussetzt«?[112] FEUERBACHs historisch begründete Antwort lautet: »Nur dadurch, daß sie ihren Gegenstand selbst zu einem *unsichtbaren*, überhaupt *unsinnlichen* macht, zu einem Wesen, das *nur* ein Gegenstand des Glaubens, der Vorstellung, Phantasie, kurz des Geistes, also *an sich selbst* ein geistiges Wesen ist.«[113]

In eben dem Maße, wie der Mensch sich nicht länger momentanen Eindrücken und Affekten unterwirft, sondern ein »durch Grundsätze, Weisheitsregeln, Vernunftgesetze sich bestimmendes, ein denkendes, verständiges Wesen wird, ... so ist ihm auch die Natur, die *Welt* ein *von Verstand und Wille abhängiges, bestimmtes Wesen*«.[114] Den realen Hintergrund dieser Interpretation bildet die planmäßige, in der Frühen Neuzeit sich durchsetzende

»Herrschaft über die Natur«, die zur »höchste[n] Vorstellung«[115] des aufsteigenden Bürgertums wird. Daher erscheint auch »das *höchste Wesen* ... seiner Religion« als »Herr und Schöpfer der Natur, denn eine notwendige Folge der ... Herrschaft ist die Schöpfung«.[116] Ist nämlich der »Herr der Natur« nicht zugleich ihr Urheber, so ist jene unabhängig von ihm und seine Herrschaft bloß angemaßt. FEUERBACH räumt ein, dass auch die heidnischen Götter schon »Herren der Natur, aber keine Schöpfer derselben« waren, »darum nur ... in bestimmte Grenzen eingeschlossene, *nicht absolute Monarchen* der Natur«. Den Heiden hält FEUERBACH zugute, dass sie »noch nicht ... *radikale Supranaturalisten*«[117] waren. Ihre Naturidolatrie, betont er, ist technologisch angeeigneter, zum Rohstoff entwürdigter Natur vorzuziehen: »Dort ist die Natur ein Gegenstand der Verehrung, hier des Genusses, dort ist der Mensch für die Natur, hier die Natur für den Menschen, dort Zweck, hier Mittel, dort über, hier unter dem Menschen«.[118] – FEUERBACH ergreift Partei für die von Menschenhand unberührte Natur, deren Genuss für ihn »vor allem auch der *ästhetische, theoretische* Genuß«[119] ist.

V

Der sich in FEUERBACHs Bruch mit HEGEL ankündigende Übergang zu einer folgerichtig naturalistischen Weltansicht ist in seinen nach 1848 entstandenen Arbeiten abgeschlossen. »Natur«, heißt es in den Heidelberger Vorlesungen, »ist alles, was dem Menschen, abgesehen von den supranaturalistischen Einflüsterungen des theistischen Glaubens, unmittelbar, sinnlich, als Grund und Gegenstand seines Lebens sich erweist. Natur ist Licht, ist Elektrizität, ist Magnetismus, ist Luft, ist Feuer, ist Erde, ist Tier, ist Pflanze, ist Mensch, soweit er ein unwillkürlich und unbewußt wirkendes Wesen«.[120] Erinnert diese Definition der Natur noch an die romantische, Qualitäten gelten lassende Epoche, an den frühen SCHELLING, an GOETHE und SCHOPENHAUER, so entstehen FEUERBACHs Studien der zweiten Jahrhunderthälfte in einem politisch und weltanschaulich veränderten Klima. Er nimmt die mit dem beachtlichen Aufschwung von Naturwissenschaft und Technik einhergehenden, hitzigen Debatten des »Materialismusstreits«[121] interessiert zur Kenntnis. Ein vorbehaltloser Parteigänger der BÜCHNER, VOGT und MOLESCHOTT, mit dem er persönlich bekannt ist, wird FEUERBACH nicht. Seine eigene Position bestimmt er wie folgt: »Der Materialismus ist für mich die Grundlage des Gebäudes des menschlichen Wesens und Wissens; aber er ist für mich nicht, was er für den Physiologen, den Naturforscher engern Sinn, z.B. Moleschott ist, und zwar notwendig von ihrem Standpunkt und Beruf aus ist, das Gebäude selbst. Rückwärts stimme ich den Materialisten vollkommen bei, aber nicht vorwärts.«[122] Während die nachachtundvierziger

Autoren dazu tendieren, nur graduelle Unterschiede anzuerkennen, indem sie alles Qualitative auf quantitative Bestimmtheiten mechanisch bewegter Materie reduzieren, anerkennt FEUERBACH schon im *Wesen des Christentums* die Sonderstellung des Menschen: »Der *geistlose* Materialist sagt: ‚Der Mensch unterscheidet sich vom Tiere *nur* durch Bewußtsein, er ist ein Tier, aber *mit* Bewußtsein', er bedenkt also nicht, daß in einem Wesen, das zum Bewußtsein erwacht, eine *qualitative Veränderung und Differenzierung* des ganzen Wesen vor sich geht.«[123)] FEUERBACH bleibt auch im Spätwerk ein »geistiger Naturforscher«[124)], der »den Gedanken aus seinem Gegenteil, aus dem Stoffe ... erzeugt«, der sich zu seinem Objekt »erst sinnlich ... verhält«, ehe er es »denkend bestimmt«.[125)] In den Heidelberger Vorlesungen wird FEUERBACH seine Lehre in den Begriffen »Natur« und »Mensch« respektive »Anthropologie« und »Physiologie« zusammenfassen, wobei er letztere »in ihrem alten, universellen Sinne« versteht, »worin sie überhaupt die Naturwissenschaft bedeutete«.[126)] FEUERBACHs Ausgangspunkt ist die Natur als »das ewige, unentstandene Wesen, das erste Wesen, aber das erste der Zeit, nicht dem Rang nach, das *physisch*, aber nicht *moralisch* erste Wesen; das bewußte menschliche Wesen ist ... das zweite, das der Zeit nach entstandene, aber dem Range nach erste Wesen«.[127)] Der Mensch ist charakterisiert durch »Sinnlichkeit«, worunter FEUERBACH nicht die spekulativ ausgedachte, sondern »existierende Einheit des Materiellen und Geistigen«[128)] versteht. Dem Sensualismus kommt in seiner Philosophie nicht nur eine erkenntnistheoretische und ontologische Bedeutung zu, sondern auch und vor allem eine kulturhistorische. Es gibt rohe und gebildete Sinne. FEUERBACH zögert nicht, von sensualistischen Wurzeln selbst des Glaubens an Götter zu sprechen.

Obwohl durch philologische Gelehrsamkeit überfrachtet und daher schwer zugänglich, ist FEUERBACHs *Theogonie* (1857) diejenige seiner Schriften, worin er den philosophischen Hintergrund seines religionskritischen Lebenswerks am eindringlichsten dargestellt hat. Erörtert werden Genese und kulturgeschichtliche Funktion des frühgriechischen Mythos, hinter dem die biblischen und christlich-theologischen Quellen des Buches zurücktreten. Sein Verfasser ist davon überzeugt, in den Dichtungen Homers und Hesiods auf die wahren Wurzeln hellenischen Geistes zu stoßen[129)], haben sie doch, schon im Urteil der Alten, archaische Sagenstoffe systematisiert und eine heterogene Fülle mythologischer Motive für die gesamte Folgezeit kanonisch geordnet.[130)] »Die griechischen, die homerischen Götter«, betont FEUERBACH, »sind trotz ihrer menschlichen Schwächen und Fehler die klassischen Formen, die Modelle für alle Götter, weil sie zu sinnlicher, unmittelbarer Anschauung bringen, was bei andern, abgezognen Göttern erst auf Umwegen ermittelt wird.«[131)] Deshalb betrachtet FEUERBACH das Studium von Zeugnissen antiker Religiosität als besonders lohnende Aufgabe. Hier tritt ihm die Kindheit des menschlichen Geistes entgegen: urwüchsig, aber doch ihrer ersten Naivität entkleidet. Oft kommen daher die Mythen ihrer anthropologischen Interpretation auf halbem Wege entgegen. Da das Altertum nur ein »sensualistisches Wissen« kennt, das aus dem »Fühlen, Erleben, Erfahren« stammt, macht es »die Leiden der Menschen zu, wenn auch nur vorübergehenden oder doch möglichen, Leiden der Götter; denn die Hülfe der Götter beruht auf Teilnahme, die Teilnahme auf Mitgefühl, dieses auf Mitleiden, das Mitleiden auf Erfahrung derselben Leiden«.[132] Nicht selten drückt bei HOMER »der in der Natur oder durch sie wirkende Gott ... dem Inhalt der Wirkung nach« dasselbe aus, was »die Natur für sich selbst«[133] ausdrückt. So zeugt die gewaltige Stimme Jehovas im 29. Psalm nur von der Gewalt des Gewitters. Entsprechendes gilt in der *Ilias* von Handlungen, bei denen »Gott und Mensch so in eins zusammenfließen«, dass sie »ebensogut dem Menschen als dem Gott zugeschrieben« werden können, weil es »kein Kennzeichen gibt, göttliche und menschliche Handlungen zu unterscheiden«, so dass, »was die Götter tun oder wirken, auch recht gut die Menschen ohne Götter tun oder tun können«.[134]

Wenn FEUERBACHs Schrift der *Theogonie* des HESIOD ihren Titel entlehnt, so aus naheliegendem Grund. Das hesiodische Epos ist der älteste, uns überlieferte, vollständig erhaltene und systematisch gegliederte Text über die Entstehung eines physisch und moralisch geordneten Kosmos aus der vormenschlichen wie vorgöttlichen Nacht des Chaos. Der Bericht des böotischen Dichters, der früh schon neben HOMER genannt wird, gewährt nicht nur unsere Kenntnis ergänzende Einblicke in dessen Götterwelt, sondern verleiht dieser auch, wie sein Übersetzer hervorhebt, insofern einen weiterführenden, höheren Sinn, als er sie dynamisiert. Der HESIOD »wohlbekannte Himmel Homers formte sich ihm organisch in einer weisen Entwicklung des Kosmos und des Göttlichen unter dem Begriff einer Kausalität, einer Staffelung aus dem Chaotisch-Elementaren zu sittlichem Weltregiment, zu immer höher gezeugten Potenzen eines bewußt harmonisch gelenkten Alls. ... Die alten Mythen erhalten dadurch, trotz des naiven Vortrags, eine bestimmte Tendenz und wurden über das Phantasievoll-Schöne hinaus zu Werten des Volkes und zu einer geistigen Richtschnur, die als geschlossenes Gefüge Homer gänzlich mangelt«.[135] Dessen »lichtvolle[r] Schau einer jenseitigen Welt« kontrastiert die »grandiose Düsternis«, die in der *Theogonie* »über den dumpf-umnebelten Anfängen waltet«.[136]

Beide Epiker nehmen die tastenden Versuche der ionischen Naturphilosophen vorweg, den Urgrund der Dinge zu bestimmen, wobei HESIODs großem Entwurf das Verdienst gebührt, Mythos und Geschichte, Theogonie und Kosmogonie vereinigt zu haben. Die den Dichter inspirierenden Musen verkünden ihm, wie »alles von Anbeginn und was als erstes entstanden«.[137] In die Entstehungsgeschichte der materiellen Welt ist in chronologischer Abfolge die von ursprünglich herrschenden Gottheiten verwoben: Uranos,

Kronos, Zeus. Sie sind nicht eigentlich personhaft, sondern als Personifikationen schöpferischer Mächte zu verstehen. Ihnen entstammen in nahezu unüberschaubarer Fülle weitere numinose, ins Weltgeschehen und menschliche Leben eingreifende Wesenheiten. Der gähnenden Leere des Chaos entspringen Gaia, die Erde, und Tartaros, die Unterwelt, aus denen durch Eros, Urkraft beständiger Erneuerung, alle kosmogonischen Mächte, Wesenheiten und Naturelemente hervorgehen, die das menschliche Schicksal beeinflussen: Gestirne, Wechsel von Tag und Nacht, Berge, Winde und das Meer, aber auch Gesetz und Ordnung, Weisheit und Frieden. HESIOD ist bestrebt, die im Universum waltenden Kräfte, deren Widerstreit nach dem Sturz der Titanen zur Herrschaft des Zeus, zur Vollendung der Zeiten führt, anschaulich – erklärend – darzustellen.[138)]

HESIODs Weltbild changiert zwischen überlieferter Volksfrömmigkeit und poetischer, reale Zusammenhänge mitunter erahnender Naturerkenntnis. Mit dem bescheidenen Wissen seiner Zeit, auch mit Winkelzügen damaliger Politik, ist der Dichter vertraut.[139)] Die in seinem Epos allgegenwärtige, eigengesetzliche, von menschlichem Treiben unbehelligt bleibende Natur war ganz nach FEUERBACHs Sinn.[140)] HESIODs Götter sind nicht urewig, sondern werden gezeugt von den ersten Stadien des Chaos. Sie gehören zur Natur und stehen dieser nicht, wie in Theogonien des Orients, als transzendente Schöpfer gegenüber. – »Die stets pantheistische Auffassung der Griechen«, so schätzt THASSILO VON SCHEFFER den Sachverhalt ein, »ist also schon hier konsequent festgelegt und wird erst weit später durch philosophische Spekulation zeitweise durchbrochen.«[141)]

Auch in der *Theogonie* heißen FEUERBACHs antithetische Schlüsselbegriffe »Theologie« und »Anthropologie«. Sie beziehen sich auf das angemessene Verständnis HOMERs. Während die herkömmliche Interpretation behauptet, der Dichter habe »das Schicksal der Menschen vom Willen der Götter abhängig gemacht«, sieht »die Anthropologie, welche überall hinter die Theologie zurückgeht«, schon in den ersten Versen der *Ilias* »das Geheimnis der Theologie in ihrem ... Sinne aufgelöst«.[142)] Indem nämlich HOMER mit dem »verderblichen Zorn des Achilleus« beginnt, setzt er »dem Zeus den Achilleus, dem göttlichen Willen den menschlichen Unwillen voraus«.[143)] FEUERBACH entdeckt in den homerischen Epen eine wahre Fundstätte seiner Religionskritik: »eine Bibel – aber eine Bibel ... der Anthropologie – nicht der Theologie«.[144)] Den Theologen wirft FEUERBACH vor, dass sie »über dem Worte Gottes die Sache Gottes, den Menschen, ver[gessen]«.[145)] Auf ihn aber kommt es an. Die Götter, erklärt FEUERBACH, sind »die Stellvertreter der menschlichen Selbstliebe«. Sie »(erscheinen) nur in den Momenten notwendig, wo der Mensch sich selbst vergißt und verliert«; sie tun »nur ..., was der Mensch selbst tut oder wenigstens wünscht, getan zu haben, sowie er aus dem Taumel der Leidenschaft erwacht und zu sich selbst kommt«.[146)]

FEUERBACH beharrt hier auf seinem älteren, im *Wesen des Christentums* streng methodisch durchgeführten Denkansatz. Deshalb erscheint die *Theogonie* auf den ersten Blick als bloße Variante von bereits Bekanntem.[147] In Wirklichkeit ist der, verglichen mit der Theologie, »universellere und höhere Standpunkt«[148], den FEUERBACH hier geltend macht, der einer *naturalistischen* Antithese zur Religion, die sachlich über seinen vormärzlichen Anthropologismus hinausführt. Im *Wesen des Christentums* feiert FEUERBACH die Unendlichkeit des menschlichen Wesens[149]; der Mensch ist hier das »positivste Realprinzip« seiner neuen Philosophie, »das wahre ens realissimum«.[150] »Das Maß der Gattung«, unterstreicht FEUERBACH, »ist das *absolute* Maß, Gesetz und Kriterium des Menschen.«[151] Das religiöse Bewusstsein setzt sich, Gott von sich unterscheidend, in illusionärer Weise über »sein Wesen, sein absolutes Maß«[152] hinweg. Wohl kann der Gegenstand »an sich« vom Gegenstand, wie er »für mich« ist, unterschieden werden. Ist aber Gott als Vorstellung, worauf es FEUERBACH ankommt, unumgänglich dasjenige, »was er dem Menschen *überhaupt sein kann*«, so entfällt die Differenz von »An-sich-Sein und Für-mich-Sein«, da »diese Vorstellung selbst eine *absolute*«[153] ist.

Demgegenüber schlägt die *Theogonie* hinsichtlich des Menschen einen anderen Ton an. FEUERBACH beurteilt sein Wesen nüchtern-analytisch und hebt seine naturbedingte Begehrlichkeit und Triebhaftigkeit hervor, sein auf reale Gegenstände gerichtetes Glücksverlangen. Dies ausdrücklich *sub specie* der Frage nach Wesen und Ursprung der Religion. Pathos und Apotheose des Menschen weichen der Einsicht in seine unaufhebbare Verstricktheit in Natur, deren *Sein* »kein Wille, kein Wunsch vorausgeht«.[154] »Die Natur«, lehrt FEUERBACH, »ist autonom, Selbstgesetzgeberin, d.h. das Gesetz ist absolut eins mit ihrem Wesen, gleichgültig, ob nun der Mensch in seiner Unwissenheit und Beschränktheit diesen Zusammenhang, diese Einheit von Gesetz und Natur in bestimmten Fällen nachweisen kann oder nicht.«[155] Das in der Natur erscheinende Wesen ist von ihr selbst nicht zu unterscheiden.[156]

Der Naturalismus, für FEUERBACH synonym mit Sensualismus und Materialismus, weist ihn nicht nur als Schüler der westeuropäischen Aufklärung, sondern auch frühgriechischer Denkweise aus, mit der ihn die gründliche Lektüre HOMERs und HESIODs vertraut macht. Was ihn beeindruckt, ist deren – bei aller mythischen Befangenheit – entschiedene Diesseitigkeit. »Der Grieche«, stellt FEUERBACH fest, erblickt in der Erde das »Vaterland des Menschen«, dem er »noch im Tode« treubleibt. Er war Mensch »nicht nur für jetzt ..., sondern Mensch für immer, für alle Zeiten. Die Menschheit ... war sein Wesen, sein absolutes, sein zeitliches und ewiges Wesen«.[157] Natur wird denn auch von FEUERBACH, gerade hierin antikem Vorbild folgend, nicht metaphysisch verklärt, sondern dargestellt als Inbegriff jener Schranken, die menschlicher Hybris Einhalt gebieten: »Der Tod, der Schlaf, der Hunger, der Geschlechtstrieb sind Naturnotwendigkeit, den Menschen ohne Unterschied gemein.«[158] Darin besteht ihr »ethische[s] Schicksal«, das aber, so FEUERBACH, von HOMER »nur in ... Gestalt dieser sinnlichen Naturnotwendigkeiten betrachtet«[159] wird, weil er insgeheim das »Schicksal *über* dem Menschen« als das »Schicksal *im* Menschen«[160] interpretiert.

Dass FEUERBACH seinen Übergang zu bewusst materialistischen Positionen nicht weltanschaulich-bekenntnishaft, sondern in erster Linie kritisch-diagnostisch versteht, ergibt sich klar aus seiner Analyse der erkenntnistheoretischen und insbesondere psychologischen Wurzeln der Religion: »Nicht der Idealismus, nein, der Materialismus ist der Grund und Ursprung der Götter. Nur der Schwerfällige vergöttert die ätherische Leichtigkeit, nur der Irdische das Himmlische, nur der Materielle das Immaterielle, der Bedürftige das Bedürfnislose, nur der Hunger macht das Korn zur Demeter, nur der Durst die Quelle zur Nymphe, den Wein zum Bacchus.«[161] Religion ist jedoch mehr als kompensatorische Ideologie. Wenn alle Menschen der Götter bedürfen, so nicht aus einem »besondern ästhetischen oder religiösen Kitzel, sondern aus demselben Grunde, aus welchem sie des Lichts, des Wassers, des Kornes, des Hauses, der Familie, des Staats, kurz, der Natur und Kultur bedürftig sind.«[162]

Erörtern wir die Frage »genetisch und prinzipiell«, so leuchtet ein, »daß die allerersten und allerallgemeinsten Bedürfnisse und Triebe, die Grundlagen der menschlichen Existenz, auch die Grundlagen der Religion und der Götter, die allerersten, fundamentalen Bestimmungen der Götter *die* sind, [die den] Menschen erzeugen, ernähren, erhalten«.[163] Die Götter haben also eine durchaus irdische Basis; sie sind keine bloßen Kopfgeburten: »Sowenig der Kopf für sich allein zur Zeugung der Menschen, sowenig reicht er für sich allein zur Zeugung der Götter hin. Es ist eine höchst beklagenswerte, aber leider nicht wegzuleugnende Tatsache, daß die Götter sowohl als die Menschen ihr Dasein nur der Wahrheit des ‚Sensualismus und Materialismus' verdanken.«[164] Hieraus nun ergibt sich FEUERBACHs Distanz zu aufklärerischen Schriftstellern, die sich damit begnügen, Religion auf Priestertrug und politische Machenschaften zurückzuführen. Derlei ereignet sich zwar immer auch, vermag aber nicht, die Herkunft des überaus zählebigen Glaubens an transzendente Mächte angemessen zu erklären: »Die Götter sind eine ‚Erfindung', aber nicht der Priester und Regenten, die sie nur benützt und gepflegt haben, sondern der Not, des Unglücks, d.h. des unglücklichen, oft auch des von den Übeln der Natur und Menschenwelt beleidigten, getäuschten, zu Zeiten aber auch des von den Gütern der Erde übersättigten, entnervten Glückseligkeitstriebes.«[165]

VI

Die Gottheit ist ursprünglich kein »Vernunftgegenstand«, wozu eine späte Nachwelt sie gemacht hat, kein Produkt der Philosophie; Religionen gehen jedem Versuch einer rationalen Welterklärung voran.[166)] Sie entstehen schon früh: überall dort »wo der an Zeit und Raum gebundene Materialismus der Sinne, der werktätigen Hände und Füße aufhört, da beginnt ... der Wunsch sein göttliches, sein immaterielles, an keine Schranke gebundenes, aber eben deswegen auch nur ideales, d.h. vorgestelltes Wesen und Wirken«.[167)] Über der Materialität alltäglicher Praxis erhebt sich eine zweite, vorgestellte Welt idealen Seins; beide Sphären sind komplementär und reflektieren sich ineinander. »Die Gottheit«, so resümiert FEUERBACH diese Überlegungen, »ist wesentlich ein Gegenstand des Verlangens, des Wunsches; sie ist ein Vorgestelltes, Gedachtes, Geglaubtes, nur weil sie ein Verlangtes, Ersehntes, Erwünschtes ist. Wie das Licht nur ein Gegenstand des Verlangens für das Auge, so ist die Gottheit nur ein Gegenstand des Verlangens überhaupt, weil die Natur der Götter der Natur der menschlichen Wünsche entspricht.«[168)] Anhand der die westliche Religionsgeschichte seit PLATON beherrschenden Idee der Unsterblichkeit belegt FEUERBACH seine These vom »Vorrang des Wunsches vor dem Glauben«.[169)] Unsterblichkeit wird nicht gewünscht, weil man sie glaubt, gar beweist, sondern umgekehrt. Wohl kann in einer Person, die diesen Glauben lediglich der Tradition entnimmt, »erst durch die Glaubensvorstellung dieser Wunsch erzeugt werden«; Ursprung des Glaubens bleibt allemal der Wunsch; ohne ihn »wäre nie einem Sterblichen die Unsterblichkeit in den Kopf gekommen. Der produktive, ursprüngliche Glaube ... ist ein lebendiger Glaube, aber die belebende Seele des Glaubens ist ... nur der Wunsch.«[170)]

Wo immer Wünsche entstehen, erscheinen Götter. Das gilt selbst von einem Werk wie der *Ilias* HOMERS, »die doch«, wie FEUERBACH hervorhebt, »dem historischen oder vielmehr für uns vorgeschichtlichen Ursprung der Götter so ferne bereits stand, die schon eine reiche Götter- und Mythenwelt vor sich hatte, ist doch von dem Wahrheitsinstinkt des Dichters das Urphänomen der Religion dadurch ausgesprochen oder erraten, daß gleich die erste eigentliche Theophanie in derselben, der zürnende Gott Apollo, nur die sinnliche Erscheinung und Verwirklichung eines ausdrücklichen Wunsches, des priesterlichen Rachewunsches, ist«.[171)]

Die Götter, so stellt es sich FEUERBACH dar, sind auftauchende und verschwindende Erscheinungen, ob sie sich nun im Menschen oder außerhalb seiner manifestieren, personhaft oder in ihren Wirkungen, im Glauben oder als Vorstellung; »denn auch das religiöse Fest ... das Opfer, das Gebet sind Theophanien«.[172)] Was die Götter unterscheidet, ist die Deutlichkeit ihres Auftretens: »dort ... dem leiblichen, hier nur dem geistigen Auge gegenwärtig«.[173] Fragen wir, welche unter den vielen Göttern die »ursprünglichen, über ihr Wesen entscheidenden ... Erscheinungen« sind, so offenbar die »geistigen, innerlichen«, obgleich »für den Gläubigen, sobald einmal die Götter fix und fertig sind, sich dieses Verhältnis umkehrt, die leibliche oder persönliche Göttererscheinung sich nicht auf den Götterglauben, sondern umgekehrt sich dieser auf jene stützt«.[174] Ausdrücklich unterscheidet FEUERBACH jene elementaren Phänomene, denen unter religionswissenschaftlichem Aspekt »genetische Bedeutung« zukommt, von »eigenmächtigen Göttererscheinungen und Götterwirkungen«, die das »Dasein der Götter« schon voraussetzen, mithin nur poetisch notwendig sind, weil sie »durch keine Not, kein Verlangen hervorgerufen werden«.[175]

Bei alldem ist die religionsgeschichtliche Rolle der vor- und außermenschlichen Natur nicht zu vernachlässigen. »Allerdings«, räumt FEUERBACH ein, »stammt Zeus als ... persönliches, menschgemäßes, wunschgerechtes Wesen nicht aus der äußern Natur, sondern aus dem Menschen; aber sein gegenständliches Wesen, sein Element, das nicht von ihm abgesondert werden kann, sein charakteristischer Wirkungskreis, kurz, seine Sache ist Sache der Naturanschauung.«[176] Gleichwohl sind, nicht erst in der späteren Antike, sondern schon bei HOMER selbst Sache und Person geradezu identisch, so dass Hephaestos für Feuer, Zeus für Himmel, Ares, der Kriegsgott, für Kriegslust, selbst Eisen steht, Aphrodite für Liebesgenuß.[177] Wie später allgemein üblich, werden schon von HOMER Gott und Natur, letztere freilich nur in Gestalt *besonderer* Naturgewalten[178], sei's kausal, sei's instrumentell miteinander verbunden. »So ist es ... einerlei, ob ich den Tod des Agamemnon dem Poseidon und den Winden oder allein den Winden, den Seestürmen zuschreibe.«[179] Die Winde, mit denen Odysseus kämpft, sind Götter; sie sollen, wie FEUERBACH ironisch hinzufügt, den »naturwidrigen Schriftgelehrten« davon überzeugen, dass auch jene Götter, »deren Wesen sich nicht so leicht ... wie das der Winde in die Natur sich auflöst, doch ebensogut wie sie Naturwesen sind und der, freilich gegenständliche, außer dem Menschen existierende Grund ihrer Verehrung auch nicht außer dem Wesen und den Wirkungen ihres Naturelements zu suchen ist«.[180]

Mit der Einsicht in den aller Religion gemeinsamen Naturhintergrund relativiert sich für FEUERBACH der Unterschied von Poly- und Monotheismus.[181] So ist auch der Offenbarungsglaube keineswegs auf das Christentum beschränkt, sondern fällt, wie der in ihm sich offenbarende Gott, unter die Kategorien der Anthropologie.[182] Entsprechend gilt die vom neuzeitlichen Rationalismus aufgenommene Definition christlicher Theologen, Gott sei »das Höchste, was gedacht oder vielmehr in erster Instanz gewünscht werden kann, auch von den griechischen Göttern«.[183] Ihre Beschaffenheit belehrt FEUERBACH über die in wechselnden Formen religiösen Bewusstseins sich abzeichnende *Einheit der Natur*. Insofern sind Götter zwar kein

Produkt reiner Imagination. Aber sie müssen »Offenbarungen« der Wissenschaft weichen, »die ... nicht aus dem Kopfe und Herzen des Menschen entspringen, die ... ungeahnte und unbekannte, sein sich selbst überlassenes Denk- und Dichtungsvermögen übersteigende Tatsachen enthüllen, ... Offenbarungen der Sinne, denen allein wir heute noch die ,Wunder der Geologie' und die ,Wunder des Himmels' verdanken«.[184)]

Die Betrachtung der Mythen HOMERs gestattet FEUERBACH einen zweiten, genaueren Blick auf jene Phänomene der Naturreligion, worin sich vorsokratische Spekulationen, etwa des THALES, ankündigen: »So ist bei Homer Okeanos, der die Erde umflutende Weltstrom, ... Ursprung von allem, ... selbst der Götter ... Die Götter trinken nun zwar nicht, wie die Sterblichen, zur Bestätigung dieses ihres Ursprungs Wasser, selbst nicht Wein und haben deswegen und weil sie zugleich auch kein Brot essen, kein Blut in sich, aber doch einen Saft, ... welcher fließt ... und daher seinen Ursprung aus, seinen Zusammenhang mit dem Flußwasser des Okeanos ... nicht verleugnet. Wie aber Okeanos die Genesis, der Ursprung der Götter, so ist das Blut die (spezielle) Genesis des Menschen; denn nur aus dem Blute entspringt Leben und Bewußtsein. So erkennt der Geist oder Schatten der Mutter des Odysseus ihn sogleich, als sie Blut getrunken ... Wo also kein Blut ..., aber auch kein Fleisch, kein fester körperlicher Bestand und Zusammenhang, ... da ist auch kein Leben, keine Geisteskraft ..., überhaupt kein sich von einem Traumbild, einem Schatten ... unterscheidendes, kein widerstehendes, standhaltiges Wesen.«[185)]

Obwohl FEUERBACH akribisch darauf bedacht ist, diese Interpretation durch griechische Textstellen aus HOMER abzusichern, spricht er hier die damals zeitgemäße Sprache einer physiologischen Psychologie, die den antiken Dichter ausspielt gegen die »Kunststückchen der modernen Somnambulisten und Spiritualisten«, die noch immer von der »gänzlichen Verschiedenheit des Geistes vom Körper« überzeugt sind: »Homer ist ,*Materialist*'. Homer weiß nichts von einem vom Leibe unterschiedenen und unabhängigen Geiste; er weiß nur von einem Geiste *im* Leibe, nur von einem Verstande, einem Gemüt, einem Willen in oder mit Körperorganen ... Gleichwohl ist Homer Dichter – unübertrefflicher, unvergleichlicher Dichter. Und so hat denn das ebenso Kunst- als Naturgenie des griechischen Volks schon vor fast 3000 Jahren zur tiefsten Beschämung der ... Schwachköpfe der (gegenwärtigen) Geister- oder Schattenwelt, das Problem, wie mit dem Materialismus der Natur der Idealismus der Kunst sich vereinigt, wenigstens dichterisch, tatsächlich gelöst.«[186)] Auch anderswo verweist FEUERBACH auf die kryptomaterialistische Seite HOMERs, dessen Götter über die Unmöglichkeit belehren, die »Individualität« eines Wesens von der seines »Organismus« zu unterscheiden; sie wissen noch nichts »von dem ... Zwiespalt zwischen Leib und Seele, Geist und Materie ... Der von Natur unabänderlich fest bestimmte Beruf der Götter, ihre moira, ihr Talent, ist eins mit ihrem Leibe, ihrem Organismus, oder umgekehrt«.[187]

Freilich behält das naturalistischer Exegese sich anbietende Element in HOMER nicht durchweg das letzte Wort. Bald tritt es auf in trüber Einheit mit dem Mythos, bald dichterisch travestiert, oft aber auch in unvermitteltem Gegensatz zu dem, was FEUERBACH »theologisches Blendwerk«[188] nennt. So sagt Xanthos, Patroklos' Tod betreffend: »Der gewaltigste Gott, der Sohn der lockigen Leto, hat ihn getötet und Siegesehre dem Hektor gegeben.«[189] FEUERBACH beeilt sich jedoch hinzuzufügen, dass eben dies vor der »homerischen Anthropologie« sich als hinfällig erweist; »denn vor Archilleus' Seele steht Hektor mutterselig allein ohne göttliche, die Last der Schuld erleichternden Beistand, als der Urheber von Patroklos' Tod; auf sein Gemüt übt der elektrische Schlag Apollos keine Wirkung aus; sein Zorn ist ungeteilt und ungeschwächt nur gegen Hektor allein gerichtet.«[190]

Immer wieder kommt FEUERBACH zurück auf die Dialektik von Einheit und Differenz von Menschlichem und Natürlichem im religiösen Selbstverständnis HOMERs. Seine Götter sind widerspruchsvoll, janusköpfig; sie haben »doppelte Gesichter, ... von vorn menschliche, von hinten unmenschliche«.[191] Der griechische Gott ist ursprünglich »ein Naturwesen oder ein Naturelement, aber als ... menschliches Wesen eins mit der Natur und unterschieden von der Natur.« So ist der »Meermenschgott« Poseidon »so wenig an den Aufenthalt im Meere gebunden als ein Schiffer oder Fischer, aber doch zugleich ein in die Natur, in die Materie des Meers versenktes Wesen, was in der homerischen, die Götter durchaus vermenschlichenden Anschauung so ausgedrückt wird, daß Poseidon einen goldenen Palast im Grunde der See ... hat.«[192]

Damit aber, stellt FEUERBACH fest, hat HOMER die »ursprüngliche oder doch vorhomerische Naturreligion« nicht »entstellt«; allenfalls so, »wie das gelöste Rätsel das unaufgelöste entstellt«.[193] Die sich schon in HOMERs Anthropomorphismus anbahnende feuerbachianische Religionskritik kann nur jene enttäuschen, die in das »Rätsel als solches« verliebt sind und denen noch heute »zum Gegenstand bodenlosen Spekulierens wird«, was »vor fast 3000 Jahren die Poesie dem Homer, und zwar nicht mit der geschraubten Zweideutigkeit theologischer Orakel, sondern im Sonnenlicht der Naturwahrheit geoffenbart hat – daß nämlich das Geheimnis der Theologie die Anthropologie ist«.[194]

FEUERBACH legt dar, dass dieser Zusammenhang von archaischer Naturreligion und ihrer homerischen, sie anthropomorph auslegenden Fortentwicklung bereits in astralmythischen Vorstellungen des Alten Orients angelegt ist.[195] Wie Herakles, so FEUERBACH, »mit seinen zwölf Arbeiten ursprünglich kein Held oder Mensch, sondern der Sonnengott oder die Sonne in ihrem Laufe durch die zwölf Zeichen des Tierkreises war, so war ... ebenso ursprünglich der Naturreligion die Sonne nicht Sonne im Sinne der naturwissenschaftlichen Anschauung, der sie ein unmenschlicher Naturkörper, oder ... der Teleologie, der sie ein bloßes Licht und Zeitmaß zum ... Nutzen des Menschen ist, sondern ... ein wie der Mensch sich willkürlich bewegendes, ... kämpfendes, leidendes, unterliegendes, aber endlich wieder siegreich auferstehendes Wesen, kurz, ihr Lauf der Lebenslauf eines Helden«.[196)]

War in der überkommenen Weltansicht »die Sonne, die Natur das Subjekt, ... der Held, der Mensch das Prädikat«, so hat, wie FEUERBACH unterstreicht, die »homerische Anschauung« den Mythos insofern ein Stück weit entzaubert, als sie »mit konsequentem Wahrheitssinn ... dieses Prädikat zum Subjekt ... gemacht«[197)] hat. Zu beachten bleibt dabei, dass in der älteren, von HOMER abgewandelten Naturreligion die Sonne nur »wie ein Held oder Mensch« auftritt, ohne dass ihre Anhänger etwas wissen »von Allegorien, von Gleichnissen und Bildern im Sinne des zwischen Bild und Sache oder Gedanke unterscheidenden Verstandes; das Bild ist ihr Wesen; die Sonne daher wirklich ein Held, wirklich ein menschliches Wesen, welches folglich auch für sich selbst, ohne die Sonne, zum Gegenstand gemacht werden konnte, ja, mußte«.[198)]

Betet ein Parse oder Inder zum Feuer oder Wasser, so setzt er insgeheim voraus, daß die Effekte dieser Elemente »Willensäußerungen« sind; mithin – wie ein Mensch – durch Bitten und Gaben beeinflussbar; das »theologische Wesen des Feuers und Wassers« erweist sich als ein »kryptoanthropologisches Wesen«.[199)] HOMERs religionsgeschichtliches Verdienst erblickt FEUERBACH gerade darin, »daß er diesem menschlichen Wesen der Naturreligion ... auch einen menschlichen Körper gegeben, daß er den Proteus, den sich in Feuer und Wasser, Tier und Pflanze, kurz, alle Naturkörper verwandelnden und sich hinter sie versteckenden Menschen ... zu dem Geständnis gezwungen hat, daß die Theologie, so auch die Naturtheologie, nur ein betrügerisches ... Inkognito der Anthropologie ist.«[200)]

VII

FEUERBACHs Schritt aus dem »gotischen Dom des menschlichen Wesens« in den »heidnischen Tempel der Natur«[201)] ist schon zu seinen Lebzeiten als Rückfall hinter früher Erreichtes missbilligt worden. Man spielte den Anthropozentrismus des *Wesens des Christentums* gegen den Naturalismus seiner späteren Arbeiten aus. FEUERBACH ist jedoch bestrebt, jenen Schritt als wohlerwogen und notwendig zu rechtfertigen. Das Wesen des Menschen, wie er es seinerzeit ins Zentrum gerückt hatte, erscheint ihm jetzt als unterbestimmt; es ist das Wesen »*des* Menschen, welcher die Natur, die Materie, den Körper, den Leib, das Fleisch nur als eine Schranke, eine Negation seines Wesens weiß und daher in der Aufhebung dieser Schranke oder wenigstens ... in die Verwandlung dieser Natur in eine seinem Ideal entsprechende Natur ... sein höchstes Ziel und Wesen setzt«.[202] Das Christentum und die ihm verpflichtete Philosophie, so lautet FEUERBACHs Kritik, *denaturieren* die Natur, deren gegenständliches Wesen sie weder erkennen noch anerkennen. Überzugehen, betont FEUERBACH rückblickend, war daher zu einer positiven Stellungnahme zur Natur – aber so, »*wie sie Gegenstand der Religion* ist«.[203]

FEUERBACH liegt daran, weiterhin der Logik seiner bisherigen Entwicklung zu folgen. Seine Ausgangsfrage nach dem Wesen des Christentums führt ihn zur Frage nach dem Wesen von Religion überhaupt, damit zum Thema der Naturreligion. Diese »leitet den Ursprung des Menschen von der Natur ab, setzt also einen Zeitpunkt voraus, wo zwar Natur, aber noch nicht menschliches Wesen war«.[204] Im *Wesen der Religion* sowie in der *Theogonie* zeigt nun FEUERBACH, dass aus dieser vormenschlich gegebenen Natur Religion unmittelbar nicht zu erklären ist. Dazu bedarf es der »*Entstehung des Menschen*«[205] und einer seiner Beschaffenheit entsprechenden Natur. Handelt es sich um die »Genesis der Religion«, so ist auszugehen von den »natürlichen Elementen oder Gründen der menschlichen Existenz«[206] – nicht aber von spekulativ-idealistischen oder theistischen Prämissen. Der Geist spielt nämlich bei der Frage nach der Herkunft der Religion »nur ... die Rolle des Erklärers, nicht des Autors«.[207] Als sinnliches, physisches Wesen ist und bleibt der Mensch angewiesen auf die Natur: »Dieser dem Menschen bei jedem Schritt und Tritt, in Hunger und Durst, in Schmerz und Lust höchst empfindliche Grund seiner Existenz, zum Gegenstand des Geistes, des Bewußtseins, der Reflexion erhoben, ist der Grund der Religion.«[208] Zur Einheit von Natur und Mensch, die nicht genügt, wenn es gilt, Religion zu erklären, muss hinzutreten, »daß sich der Mensch zugleich von der Natur unterscheidet, die Natur als Gegenstand sich gegenübersetzt«.[209] Er tut dies als *selbstbewusstes* Wesen; »mit dem Dasein des Menschen« ist Bewusstsein und mit diesem die »Unterscheidung«[210] gesetzt.

Wodurch aber kommt es, dass die nicht-menschliche Natur »menschlich erscheint« und eben deshalb vom Menschen als »göttliches Wesen«[211] verehrt wird? Dichtet ihr der Mensch, wie dies HAYM, FEUERBACH missverstehend, behauptet, »von freien Stücken, ohne Grund«[212] seine eigene Beschaffenheit an? Davon, erklärt FEUERBACH, kann keine Rede sein: »So wie der Mensch seinen Stoff zur Poesie von außen schöpft, durch den Gegenstand in jene Stimmung, Rührung und Begeisterung versetzt wird, in welcher er nur in der Poesie den dem Gegenstand und ihm selbst entsprechenden Ausdruck findet, so schöpft er auch den Stoff zur Religion aus der Natur, so ist auch der Grund der Religion nicht nur ein subjektiver, sondern auch *objektiver*.«[213] Was naturreligiös als »Menschlichkeit der Natur« erscheint, ist in Wahrheit »ein subjektiver Ausdruck einer objektiven Beschaffenheit derselben; es liegt in der Natur selbst, daß sie als Gegenstand des Bewußtseins, der Empfindung, der Vorstellung – oder wie man sonst die subjektiven Elemente der Religion nennen mag – den Eindruck der Menschlichkeit macht.«[214] Der Mensch gehört zur gegenständlichen Natur und unterscheidet sich zugleich von ihr als bewusstseinsbegabtes Wesen; folglich, betont FEUERBACH, »ist ... die Natur im Kopfe und Herzen des Menschen eine von der Natur außer dem menschlichen Kopfe und Herzen unterschiedene Natur«.[215]

VIII

Höchster Ausdruck göttlicher Macht, so lautet die Kardinalthese der *Theogonie*, ist die »Gewährung menschlicher Wünsche«.[216] Menschen begehren, erstreben, wollen und wünschen; Götter dagegen vermögen ihre Wünsche zu erfüllen. »Der bloße Wille, welcher ebendeswegen nur Wunsch ist, daß etwas sei oder geschehe, ist und heißt Mensch, derselbe Wille aber, welcher geschieht, durchdringt, siegt, Erfolg hat, ist und heißt Gott.«[217] Ein Grundmotiv antiken Denkens, von dem auch die homerischen Epen thematisch ausgehen; es bildet, wie FEUERBACH zu belegen sucht, ihren eigentlichen »Gegenstand«.[218] Achill, der Held der *Ilias*, wird beherrscht von dem einen, unbändigen Drang, den Tod des Freundes Patroklos an Hektor zu rächen; Odysseus von unendlicher Sehnsucht nach Heimkehr zu seiner Gemahlin. Sein Schmerz wird geteilt von den ihm beistehenden Göttern. Sie lieben die Menschen, wie es bei EURIPIDES heißt, »nicht aus grundloser Willkür, sondern wegen ihrer dem eignen (der Götter) entsprechenden Vorzüge«.[219]

Wo immer es sich im Ernst um Glück oder Unglück handelt, kommen die Götter *im* Menschen zum Vorschein. Ihr Auftreten, betont FEUERBACH, ist notwendig und ursprünglich; »wo sich mit Notwendigkeit ein Wunsch in der menschlichen Brust erhebt«[220], treten sie nicht nur poetisch, sondern religiös in Erscheinung. Nur das »Wünschen« ist »ausschließliches Eigentum« des Menschen; es wurzelt in seiner psychosomatischen, irdischen Existenz, während »das Können, das Tun ... ein Gemeingut (ist), an dem die Außenwelt ebensoviel Anteil hat als er selbst«.[221] Wenn FEUERBACH im *Wunsch* das »Urphänomen der Religion«[222] erblickt, so handelt es sich hier um ein spezifisches Merkmal des Menschen, das uns den »Grundstoff, das Grundwesen«[223] seiner Götter erklärt. Ist der Wunsch »Ausdruck eines Mangels, einer Schranke, eines Nicht«, so ist er doch zugleich »ein sich dagegen wehrender, revolutionärer Ausdruck« der kategorischen Forderung, daß »dieser Mangel, diese Schranke, dieses Nicht nicht sei«.[224] Die Götter, denen, wie FEUERBACH sagt, der Mensch seine Kultur verdankt, sind nicht die des Aberglaubens; »diese Götter sind die ungeduldigen, revolutionären Wünsche der

Menschen, ihren Willen mit derselben Leichtigkeit ... zu verwirklichen wie die Götter«.[225] Die vom Aspekt des Wunsches absehenden Gottesbeweise gebärden sich, als gehe es hier um eine so »trockene Sache« wie eine mathematische Wahrheit. Sie wollen zeigen, dass das unter Gott vorgestellte Wesen »ein wirklich, d.h. vom Denken und Glauben unabhängig existierendes sei«.[226] Was aber allein, unterstreicht FEUERBACH, »bei Willens- und Tendenzvorstellungen, wie die Götter sind«, Denken und Sein verbindet, ist nicht wiederum selbstgenügsames Denken, sondern allemal der »auf Sein« abzielende Wunsch: der Wille, »daß das sei, was nicht ist«.[227]

Religiöser Glaube ist, so gesehen, eine auf »*zureichenden Wünschen*« beruhende Überzeugung; er realisiert als »wirklich seiend«[228], was der Wunsch begehrt. Der Glaube an die Macht der Götter ist zurückzuführen auf den Glauben an die »Macht der menschlichen Opfer, Gelübde und Gebete, kurz, der menschlichen Wünsche«.[229] Das erklärt, weshalb sich Glaube in der Bibel vorwiegend auf »Verheißungen« bezieht, auf »versprochene Erfüllungen von Wünschen«.[230] Namentlich die als historisch geltenden Tatsachen sind großenteils erfüllte Prophetien. Sie verbürgen, »daß auch die noch nicht erfüllten erfüllt werden«.[231]

Antike Götter sind keine sittlichen Mächte im modernen, gegen den Eudämonismus gerichteten Sinn, sondern »glückliche, an Leib und Seele gesunde, von allen Übeln, die der Mensch flieht und haßt, folglich auch natürlich von dem Übel der Laster, die er selbst haßt, befreite Wesen«.[232] Was Menschen nur im nächtlichen Traum sind: »glückliche, freie, übernatürliche, an keine Schranke des Naturalismus und Materialismus gebundene Wesen, das sind die Götter beständig, in Wirklichkeit, am hellen, lichten Tage«.[233] Hieraus nun leitet FEUERBACH die »Grundvoraussetzung des Glaubens an einen Gott« ab, die sich manifestiert in dem »unbewußte[n] Wunsch« des Menschen, »selbst Gott zu sein«.[234] Da jedoch sein empirisch vorfindliches »Wesen und Sein« diesem Wunsch widerspricht, wird, was der Mensch sein möchte, »zu einem nur idealen, vorgestellten, geglaubten Wesen – einem Wesen, das Nicht-Mensch ... ist, aber nur, weil die Erfahrung dem Menschen ... das schmerzliche Bewußtsein aufgedrungen hat, daß er ... Nicht-Gott ... ist«.[235] Die Vollkommenheit Gottes entspringt der – naturbedingten – Unvollkommenheit des Menschen. In Gott ist sein »höchste[r] Gedanke und Wunsch« realisiert: die »Einheit von Wunsch und Wirklichkeit«.[236]

Dem geblendeten Polyphem erteilen die Kyklopen den Bescheid, wenn niemand ihm Gewalt antue, so sei ihm nicht zu helfen; Krankheit vom großen Zeus sei nicht abwendbar. »Wie deutlich«, so kommentiert FEUERBACH die Dichtung HOMERs, »ist hier ausgesprochen, daß das von den Göttern verhängte Leid ein inneres Naturleiden, der von Göttern verhängte Tod im Gegensatz zu dem von Menschenhänden der natürliche Tod ist! Wie deutlich ist ... ausgesprochen, daß der Gott im Unterschied vom Menschen, d.h. vom absichtlichen, bewußten, willkürlichen Tun und Wesen, nur die Natur ist!«[237] FEUERBACH erinnert in diesem Zusammenhang daran, dass noch im Denken des späten Altertums die *res divinae*, die göttlichen Dinge und Gesetze im Unterschied zu menschlichen Dingen und Gesetzen, solche der Natur sind.[238] Die Mythen erweisen sich als Chiffren ungebändigter Naturgewalten, denen die Menschen sich nicht entziehen können. Davon lässt auch der Autor der *Theogonie* sich leiten. Er verhilft der Natur zu ihrem Recht, hütet sich aber vor Idolatrie. Er anerkennt die Natur als jene transsubjektive Wirklichkeit, von welcher der Mensch sich abhängig wissen soll, »ohne deswegen ihren Mangel an Herz, Verstand und Bewußtsein« zu übersehen, »die sie erst im Menschen bekomm[en]«.[239] Der Naturreligion und dem Pantheismus steht FEUERBACH mit Sympathie gegenüber, ohne sich ihnen anzuschließen: »Die wahre Bildung und wahre Aufgabe des Menschen ist, die Dinge zu nehmen und zu behandeln, wie sie sind, *nicht mehr*, aber *auch nicht weniger* aus ihnen zu machen, als sie sind. Die Naturreligion, der Pantheismus macht aber *zuviel* aus der Natur, wie umgekehrt der Idealismus, der Theismus, der Christianismus *zuwenig* aus ihr macht, sie eigentlich zu gar nichts macht. Unsere Aufgabe ist es, die Extreme, die Superlative oder Übertreibungen des religiösen Affekts zu vermeiden, die Natur als das zu betrachten, zu behandeln und zu verehren, was sie ist – als unsere Mutter.«[240] Es gilt jedoch, diese Mutter nicht mit kindlichen Augen, sondern mit solchen »des erwachsenen, selbstbewußten Menschen«[241] anzusehen. Ungeachtet der Lust, die Natur zu spenden vermag, bleibt sie für FEUERBACH – und uns – ein Inbegriff von Determinanten, von denen menschliche Existenz abhängig bleibt, auch wenn es gelingt, sie fortschreitend zu erkennen.

Anmerkungen

Die in den Zitaten durch Kursivdruck hervorgehobenen Textstellen stammen ausnahmslos von den angeführten Autoren.

1) Feuerbach: *Gesammelte Werke*. Hrsg. von Werner Schuffenhauer, Band 11, Berlin 1972, S. 10.
2) Ibid., S. 9.
3) Ibid., S. 10.
4) »Ludwig Feuerbach und der Ausgang der klassischen deutschen Philosophie«, In: Marx/Engels: *Ausgewählte Schriften*. Band II, Berlin 1964, S. 329.
5) Ibid., S. 328.
6) Ibid., cf. S. 336f.
7) Francesco Tomasoni: *Ludwig Feuerbach und die nicht-menschliche Natur. Das Wesen der Religion: Die Entstehungsgeschichte des Werks*. Rekonstruiert auf der Grundlage unveröffentlichter Manuskripte, Stuttgart-Bad Cannstatt 1990.

[8] Ibid., S. 8.

[9] Ibid., S. 9

[10] Ibid.

[11] Feuerbach: *Gesammelte Werke*, l.c., Band 5, Berlin 1973, S. 16.

[12] Hegel: *Vorlesungen über die Religionsphilosophie*. Hrsg. von Georg Lasson, Leipzig 1930, cf. S. 127-148, wo Hegel das Christentum als »absolute Religion« darstellt.

[13] So heißt es in § 54 der *Grundsätze der Philosophie der Zukunft* von 1843: »Die neue Philosophie macht den Menschen mit *Einschluß der Natur*, als der Basis des Menschen, zum *alleinigen*, *universalen* und *höchsten Gegenstand* der Philosophie – die *Anthropologie* also, *mit Einschluß der Physiologie*, zur *Universalwissenschaft*.« – Deutlich wird hier, daß Feuerbachs Rückverweis auf die Natur als der »Basis des Menschen« nichts daran ändert, daß dieser den »höchsten Gegenstand« seiner damaligen Philosophie bildet.

[14] Tomasoni: *Ludwig Feuerbach und die nicht-menschliche Natur*. l.c., cf. S. 10f.

[15] Ibid., S. 11.

[16] Cf. ibid.

[17] Ernst Bloch: *Das Prinzip Hoffnung*. Kapitel 38-55, Frankfurt am Main 1959, S. 1531.

[18] Feuerbachs 1857 erschienene *Theogonie nach den Quellen des klassischen, hebräischen und christlichen Altertums* stellte seinen letzten Versuch dar, akademisch Fuß zu fassen. Seine Hoffnung, er werde mit der Schrift triumphal auf die Bühne der Religionskritik zurückkehren, blieb jedoch unerfüllt. Die *Theogonie* fand in der Stickluft der nachachtundvierziger Reaktionszeit kaum Resonanz, obwohl ihr Autor dieses Werk und nicht, wie noch heute üblich, das *Wesen des Christentums* als sein Hauptwerk betrachtete. In einem Brief an Wilhelm Bolin vom 20. Oktober 1860 heißt es: »Sie ist ungeachtet des für den oberflächlichen Blick abschreckenden gelehrten antiquarischen Wustes nach meinem Urteil meine einfachste, vollendste, reifste Schrift, in der ich mein ganzes geistiges Leben vom Anfang bis zum Ende reproducirt« (Tomasoni, l.c., S. 16).

[19] Feuerbach: *Gesammelte Werke*, l.c., Band 7, Berlin 1969, S. 180; 268.

[20] Bloch, l.c., S. 1531.

[21] Feuerbach: *Gesammelte Werke*, l.c., Band 6, Berlin 1967, S. 26.

[22] Ibid., S. 26f.

[23] Ibid., S. 27.

[24] Ibid.

[25] Ibid.

[26] Bloch, l.c., S. 1531.

[27] Feuerbach: *Gesammelte Werke*, l.c., Band 6, Berlin 1967, S. 29.

[28] Ibid.

[29] Ibid.

[30] Feuerbach: *Gesammelte Werke*, l.c., Band 10, Berlin 1971, S. 3.

[31] Feuerbach übernimmt die berühmte, von Hegel angefochtene Formulierung aus Schleiermachers *Glaubenslehre* von 1821/2, legt aber Wert auf die Feststellung, daß er sie streng naturalistisch versteht. Angeboren ist Religion dem Menschen nicht im theistischen Sinn, sondern insofern, als sie nichts anderes ausdrückt als sein »Gefühl der Endlichkeit und Abhängigkeit von der Natur« (*Gesammelte*

Werke, l.c. Band 6, Berlin 1967, S. 42; cf. auch ibid., S. 91f.). Feuerbach misst diesem Abhängigkeitsgefühl universelle Bedeutung bei: »Wenn wir die Religionen sowohl der sogenannten Wilden, von denen uns Reisende berichten, als [auch] der kultivierten Völker betrachten, wenn wir in unser eigenes, unmittelbar und untrüglich der Beobachtung zugängliches Innere blicken, so finden wir keinen anderen entsprechenden und umfassenden psychologischen Erklärungsgrund der Religion als das Abhängigkeitsgefühl oder -bewußtsein« (ibid., S. 32). Es ist bemerkenswert, wie sehr Feuerbach von diesen religionswissenschaftlichen Betrachtungen zurückgeführt wird zu den Positionen seines *vormärzlichen Sensualismus*: »Mein Abhängigkeitsgefühl ist kein theologisches, schleiermacherisches, nebelhaftes, unbestimmtes, abstraktes Gefühl. Mein Abhängigkeitsgefühl hat Augen und Ohren, Hände und Füße; mein Abhängigkeitsgefühl ist nur der sich abhängig fühlende, abhängig sehende, kurz, nach allen Seiten und Sinnen abhängig wissende Mensch. Das, wovon der Mensch abhängig ist, abhängig sich fühlt, abhängig weiß, *ist aber die Natur*, ein *Gegenstand der Sinne*« (ibid., S. 53f.).

32) Feuerbach: *Gesammelte Werke*, l.c., Band 10, Berlin 1971, S. 4.

33) Ibid., S. 10f.

34) Ibid. S. 11.

35) Ibid.

36) Ibid.

37) Ibid.

38) Ibid., S. 5. - »Ursprünglich«, lehrt Feuerbach in den Heidelberger Vorlesungen, »drückt die Religion gar nichts aus als das *Gefühl* des Menschen von seinem Zusammenhang, seinem Einssein mit der Natur oder Welt.« Erst auf der Stufe eines ausgebildeten Monotheismus »identifiziert sich die Religion mit der Theologie, mit dem Glauben an ein außer- und übernatürliches Wesen als das wahre, das göttliche Wesen« (*Gesammelte Werke*, l.c., Band 6, Berlin 1967, S. 43).

39) Feuerbach: *Gesammelte Werke*, l.c., Band 10 Berlin 1971, S. 5.

40) Ibid. – Die Heidelberger Vorlesungen werden die angeführte Analyse der archaischen Religionsformen unter Rekurs auf die im *Wesen des Christentums* (l.c., S. 6) ausgesprochene These, dass sich religiöse Gegenstände auch als solche der »psychische[n] Pathologie« behandeln lassen, historisch präzisieren. Man hat diese These heftig befehdet. »Aber«, gibt Feuerbach zu bedenken, »was stellt uns die Naturreligion in ihren stets nur an die wichtigsten Naturerscheinungen sich anschließenden und sie ausdrückenden Festen und Gebräuchen anders dar als eine ästhetische Pathologie?«, die sich auch auf »sehr unästhetische« Weise äußern kann. »Was sind sie anders, diese Frühlings-, Sommer-, Herbst- und Winterfeste, die wir in den alten Religionen finden, als Darstellungen von den verschiedenen Eindrücken, welche die verschiedenen Erscheinungen und Wirkungen der Natur auf den Menschen machen? Trauer und Schmerz über den Tod eines Menschen oder über die Abnahme des Lichtes und der Wärme nach den kalten Tagen des Winters oder über den Erntesegen, Furcht und Entsetzen bei an sich oder wenigstens in der Vorstellung des Menschen entsetzlichen Erscheinungen bei den Sonnen- und Mondfinsternissen – alle diese einfachen, natürlichen Empfindungen und Affekte sind der subjektive Inhalt der Naturreligion« (ibid., S. 43f.). – Auch diesen – astralmythologischen – Gedanken wird Feuerbach in den Heidelberger Vorlesungen konkretisieren, wobei er offenbar anknüpft an ältere Werke wie das 1794 erschiene Buch *Origine de tous les Cultes ou Religion*

universelle von Ch. F. Dupuis, der Religion als das von der Natur in der menschlichen Seele hinterlassene Spiegelbild auslegt. Feuerbach schreibt: »Französische Philosophen haben in den Religionen des Altertums nichts anders gefunden als Physik und Astronomie. Diese Behauptung ist richtig, wenn man darunter *nicht* wie sie eine wissenschaftliche Physik und Astronomie versteht, sondern nur eine *ästhetische* Physik und Astronomie; wir haben in den ursprünglichen Elementen der alten Religionen nur vergegenständlicht die Empfindungen, die Eindrücke, welche die Gegenstände der Physik und Astronomie auf den Menschen machen, solange sie für ihn nicht Objekte der Wissenschaft. Allerdings gesellten sich zur religiösen Anschauung der Natur ... schon bei den alten Völkern ... Beobachtungen, also Elemente der Wissenschaft; allein diese können nicht zum Urtext der Naturreligion gemacht werden« (*Gesammelte Werke*, l.c., Band 6, Berlin 1967, S. 44f.).

41) Feuerbach: *Gesammelte Werke*, l.c., Band 10, Berlin 1971, S. 5.

42) Ibid., S. 6.

43) Ibid.

44) Ibid.

45) Ibid. – Abermals in den Heidelberger Vorlesungen kommt Feuerbach auf die (oft bizarre Formen annehmenden) Tierkulte zurück, die – wie signifikante Himmelserscheinungen in den älteren Gestirndiensten – in dem Maße Bedeutsamkeit erlangen, wie sie »ein den Geschichts- und Religionsforscher interessierendes Objekt werden« (*Gesammelte Werke*, l.c., Band 6, Berlin 1967, S. 56). Auch wenn der Mensch, worauf Feuerbach ausdrücklich hinweist, in den Tieren »*nur sich* geliebt und verehrt (hat)«, so hat, »wenigstens da, wo der Tierkultus ein kulturgeschichtliches Moment bildet, die Tiere wegen ihrer Verdienste um die Menschheit, also seinetwegen, nicht aus bestialischen, sondern humanen Gründen verehrt« (ibid., S. 57).

46) Feuerbach: *Gesammelte Werke*, l.c., Band 10, Berlin 1971, S. 6.

47) Ibid.

48) Ibid.

49) Ibid.

50) Ibid.

51) Ibid., S. 4.

52) Die Frage nach Einheit und Differenz der Funktion von Mythologemen, die – wie im vorliegenden Fall – historisch wie ethnisch weit auseinander liegenden Völkern zuzuordnen sind, ließ sich, soziologisch präzisiert, erst später stellen. Insofern ist das Vorgehen Feuerbachs, der die für ihn »anthropologisch« relevanten Wissenszweige großenteils nur in ihren rohen, rein deskriptiven Anfangsstadien kennenlernte, nicht zu beanstanden. – Gleichwohl zeugen Feuerbachs Schwierigkeiten vom begrenzten Erkenntniswert seiner (sonst zu den Stärken seiner Philosophie zählenden) religionsphänomenologischen Methode. Im Stil älterer Aufklärung begnügt sich Feuerbach damit, Natur als Realfaktor in die Darstellung der Kulturgeschichte aufzunehmen. Feuerbachs Defizite bestätigen das Wahrheitsmoment der traditionell-marxistischen Kritik an seiner Philosophie. Diese Kritik gilt nicht zuletzt seiner idealistischen Geschichtsauffassung, derzufolge epochale Wendepunkte nur von religiösen Veränderungen verursacht werden, während sie doch mit diesen lediglich einhergehen (cf. Engels, l.c., S. 346; 348). Wie schon Hegel, erblickt Feuerbach im geographischen Milieu den ständigen Begleiter der Weltgeschichte, der als phantastisch umgestalteter Natur-

faktor auch in die – gleichwohl autonom ablaufende – Religionsgeschichte hineinspielt. Feuerbach fehlt die *soziologische* Einsicht (ibid., cf. S. 343; 350), dass die Natur (einschließlich ihrer psychischen Effekte) nicht unmittelbar zur Erklärung religiöser Phänomene herangezogen werden darf, sondern stets im Rückgriff darauf, dass sie – als Material gesellschaftlicher Arbeit – eingeht in die ökonomische Basis des Geschichtsverlaufs. »Selbst alle Religionsgeschichte«, schreibt Marx im *Kapital*, »die von dieser materiellen Basis abstrahiert, ist – unkritisch« (Band I, Berlin 1955, S. 389).

53) Feuerbach: *Gesammelte Werke*, l.c., Band 10, Berlin 1971, S. 12.

54) Ibid. S. 15.

55) Ibid.

56) Ibid.

57) Ibid.

58) Ibid., S. 14.

59) Ibid.

60) Ibid., S. 14f.

61) Ibid., S. 15. – Feuerbachs Abwehr des theologischen wie metaphysischen Schöpfungsgedankens greift zurück auf ein für seine frühe Kritik an Hegels *Wissenschaft der Logik* entscheidendes Motiv: die Unmöglichkeit eines Hervorgangs der Natur aus den kategorialen Bestimmungen der absoluten Idee.

62) Ibid., S. 17.

63) Ibid., S. 14.

64) Ibid.

65) Ibid.

66) Ibid., S. 30.

67) Ibid.

68) Ibid., S. 10.

69) Ibid., S. 30.

70) Ibid.

71) Ibid.

72) Ibid.

73) Cf. hierzu auch ibid., S. 40, wo Feuerbach diesem Gedanken grundsätzliche Bedeutung verleiht: »Die Religion hat ... keine andere Aufgabe und Tendenz, als das ... unheimliche Wesen der Natur in ein bekanntes, heimliches Wesen zu verwandeln, die für sich selbst ... eisenharte Natur in der Glut des Herzens zum Behufe menschlicher Zwecke zu erweichen – also denselben Zweck als die Bildung oder Kultur, deren Tendenz ... auch keine andere ist, als die Natur theoretisch zu verständlichen, praktisch zu einem willfährigen, ... menschlichen Bedürfnissen entsprechenden Wesen zu machen, nur mit dem *Unterschiede*, daß, was die Kultur *durch Mittel*, und zwar der Natur selbst abgelauschte Mittel, die Religion *ohne Mittel*, oder, was eins ist, durch die übernatürlichen des Gebetes, des Glaubens, der Sakramente, der Zauberei bezweckt.«

74) Ibid., cf. S. 30f.

75) Ibid., S. 31.

76) Ibid.

77) Ibid.

78) Ibid., S. 32.

[79] Ibid.
[80] Ibid.
[81] Ibid.
[82] Ibid.
[83] Ibid., S. 33.
[84] Ibid.
[85] Ibid.
[86] Ibid., S. 34.
[87] Ibid.
[88] Ibid.
[89] Ibid.
[90] Ibid.
[91] Ibid., S. 36.
[92] Ibid.
[93] Ibid., S. 37.
[94] Ibid.
[95] Ibid.
[96] Ibid.
[97] Ibid.
[98] Cf. zu diesem Freuds Religionskritik vorwegnehmenden Begriff Feuerbachs Schrift *Theogonie*, in: *Gesammelte Werke*, Band 7, Berlin 1969, S. 47-56.
[99] Feuerbach: *Das Wesen der Religion*, l.c., S. 34f.
[100] Ibid., S. 39.
[101] Ibid.
[102] Ibid.
[103] Ibid.
[104] Ibid.
[105] Ibid., S. 42.
[106] Ibid.
[107] Ibid.
[108] Ibid.
[109] Ibid., S. 43.
[110] Ibid.
[111] Ibid.
[112] Ibid.
[113] Ibid. – Nun sieht Feuerbach den kulturgeschichtlich bedeutsamen Übergang von der Naturreligion zu überweltlicher Transzendenz nicht allein darin begründet, daß erstere mit offenkundigen Widersprüchen behaftet ist. Er erinnert ausdrücklich an den soziologischen Zusammenhang monotheistischer Religion mit frühen Staatenbildungen: »So wie der Mensch aus einem nur physikalischen Wesen ein politisches, überhaupt ein sich von der Natur unterscheidendes und auf sich selbst sich konzentrierendes Wesen wird, so wird auch sein Gott aus einem nur physikalischen Wesen ein *politisches, von der Natur unterschiedenes Wesen*. Zur Unterscheidung seines Wesens von der Natur und folglich zu einem von der Natur unterschiedenen Gott kommt daher der Mensch zunächst nur durch seine Vereinigung mit andern Menschen zu einem *Gemeinwesen*, wo ihm von

den Naturmächten unterschiedene, nur im Gedanken ... existierende Mächte, politische, moralische, abstrakte Mächte, die Macht des Gesetzes, der Meinung, der Ehre, der Tugend, Gegenstand seines Bewußtseins und seines *Abhängigkeitsgefühls*, die physikalische Existenz des Menschen seiner ... bürgerlichen oder moralischen Existenz untergeordnet, die Naturmacht, die Macht über Tod und Leben, zu einem Attribut und Werkzeug der politischen und moralischen Macht herabgesetzt wird« (ibid., S. 43f.). – Hierher, fährt Feuerbach fort, gehört auch die Rolle der »ursprünglichen und ältesten Könige«, die von »legitimen« späterer Zeiten zu unterscheiden sind und als »ungewöhnliche, ausgezeichnete, geschichtliche Individuen« nach ihrem Tode häufig als Götter verehrt wurden. Die »Vergötterung ausgezeichneter Menschen«, erklärt Feuerbach, »ist ... die natürlichste Übergangsstufe von den eigentlichen naturalistischen Religionen zu den mytho- und anthropologischen, obwohl sie auch gleichzeitig mit der Naturverehrung stattfinden kann« (ibid., S. 44).

114) Ibid., S. 48.

115) Ibid., S. 49.

116) Ibid.

117) Ibid.

118) Ibid., S. 47.

119) Ibid.

120) Feuerbach: *Vorlesungen über das Wesen der Religionen*. l.c., S. 104.

121) Cf. hierzu Theobald Ziegler: *Die geistigen und sozialen Strömungen des XIX. Jahrhunderts*. Berlin ³1910, S. 309-356.

122) Zitiert nach: Karl Grün: *Ludwig Feuerbach in seinem Briefwechsel und Nachlaß sowie in seiner Philosophischen Charakterentwicklung*. Band 2, Leipzig und Heidelberg 1874, S. 208.

123) Feuerbach: *Das Wesen des Christentums*, l.c., S. 30.

124) Ibid., S. 15.

125) Ibid., S. 16.

126) Feuerbach: *Vorlesungen über das Wesen der Religion*, l.c., S. 28.

127) Ibid., S. 29.

128) Ibid., S. 19.

129) Horkheimer und Adorno nennen die Odyssee eines »der frühesten Zeugnisse bürgerlich-abendländischer Zivilisation« (*Dialektik der Aufklärung*, Frankfurt am Main ²1969, S. 6).

130) In einer historischen Fußnote ihres Werks zählen Horkheimer und Adorno Feuerbach neben Xenophanes, Montaigne, Hume und Salomon Reinach zu jenen Autoren, die im »Anthropomorphismus«, in der »Projektion von Subjektivem auf die Natur«, den »Grund des Mythos« erblicken (ibid., S. 12). Nicht weniger nachdrücklich hätten sie auch hervorheben können, dass bereits Feuerbachs *Theogonie* und nicht erst die Nietzsches Frühschriften folgende »spätromantisch-deutsche Interpretation der Antike« zur »Einsicht in das bürgerlich aufklärerische Element Homers« (ibid., S. 50) gelangt war. Feuerbach erfasst es in der dichterischen, durch Reflexion gebrochenen Form der Darstellung des Sagenstoffs, die sein irdisches Substrat hervortreten lässt. Mit Recht, schreibt Feuerbach, behaupten die Scholiasten, »daß Athene nichts andres ist als des Menschen oder Odysseus' eigner Geist und Verstand. Und zwar ist dies *im Bewußtsein selbst* Homers; freilich hat Homer *dieses Bewußtsein nur als Poet*, nicht als

Scholastiker, nicht als Schulmeister, gehabt und ausgesprochen« (*Gesammelte Werke*, l.c., Band 7, Berlin 1969, S. 198). – Schärfer noch tritt das reflexive Moment mythischen Denkens in Homer darin hervor, daß er – was Feuerbach hervorhebt – das Verhältnis von natürlicher und übernatürlicher Erklärungsweise menschlichen Verhaltens oft in der Schwebe hält: »Kraft der Universalität und Erhabenheit seines Geistes überläßt es ... Homer seinem Leser ..., ob er eine Handlung atheistisch, d.h. aus natürlichen und menschlichen Gründen, oder theistisch, als Wirkung eines Gottes, sich erklären will« (ibid., S. 200).

131) Ibid., S. 302.

132) Ibid., S. 95.

133) Ibid., S. 194.

134) Ibid., S. 195.

135) Thassilo von Scheffer, Vorwort zu: Hesiod, *Sämtliche Werke*, Wiesbaden 1947, S. XXVIII f.

136) Ibid., S. XXIX.

137) Ibid., S. 10.

138) Cf. zu Hesiods kosmologischer Götterlehre die über den gegenwärtigen Stand der Diskussion unterrichtende Studie von Louise Bruit Zaidman und Pauline Schmitt Pantel: *Die Religion der Griechen. Kult und Mythos*. Paris 1991, deutsch von Andreas Wittenburg, München 1994, S. 152-157; 160-162.

139) Schopenhauer, in mancher Hinsicht ein Weggefährte Feuerbachs, vermutet im IV. Teil der *Parerga*, dass »der Theogonie des Hesiodus ein dunkler Begriff von den ersten Veränderungen der Erdkugel und dem Kampfe zwischen der oxydierten, lebensfähigen Oberfläche und den durch sie ins Innere gebannten, unbändigen, die oxydablen Stoffe beherrschenden Naturkräften zum Grunde ... liegen« (*Arthur Schopenhauer sämtliche Werke*, hrsg. von Rudolf Steiner, 11. Band, Stuttgart und Berlin o.J., S. 93). – Die Mythen erklärt Schopenhauer »aus dem spielenden Triebe der Griechen, alles zu personifizieren. Daher wurden schon in den ältesten Zeiten, ja, schon von Hesiodus selbst, jene Mythen allegorisch aufgefaßt. So z.B. ist es eben nur eine moralische Allegorie, wenn er (*Theog.* V. 211ff.) die Kinder der Nacht und bald darauf (V. 226 ff.) die Kinder der Eris aufzählt, welche nämlich sind: Anstrengung, Schaden, Hunger, Schmerz, Kampf, Mord, Zank, Lügen, Unrechtlichkeit, Unheil und der Eid. Physische Allegorie nun wieder ist seine Darstellung der personifizierten Nacht und Tag, Schlaf und Tod (V. 746-765)« (ibid., S. 92).

140) Nachdrücklich hebt Schopenhauer, ganz wie Feuerbach, den tiefverwurzelten *Naturalismus* der antiken Denk- und Lebensart hervor: »Vielleicht kann man den *Geist der Alten* dadurch charakterisieren, daß sie durchgängig und in allen Dingen bestrebt waren, so nahe als möglich der Natur zu bleiben; und dagegen den Geist der neuen Zeit durch das Bestreben, soweit als möglich von der Natur sich zu entfernen. Man betrachte die Kleidung, die Sitten, die Geräte, die Wohnungen, die Gefäße, die Kunst, die Religion, die Lebensweise der Alten und der Neuen« (l.c., S. 91).

141) Thassilo von Scheffer, l.c., S. XXXIII.

142) Feuerbach: *Theogonie*. l.c., S. 3.

143) Ibid.

144) Ibid., S. 234.

145) Ibid., S. 9.

[146] Ibid., S. 14.

[147] So weiß auch Georg Biedermann, ein Feuerbach insgesamt positiv einschätzender, aber die psychoanalytischen Aspekte des Spätwerks übersehender Interpret, an der *Theogonie* lediglich hervorzuheben, daß Feuerbach hier mit der »Quellenaufbereitung« eine Leistung vollbracht habe, »die an Umfang, Präzision und Aussagekraft ... bis heute unübertroffen ist« (*Der anthropologische Materialismus Ludwig Feuerbachs. Höhepunkt und Abschluß der klassischen deutschen Philosophie*. Neustadt am Rübenberge 2004, S. 112). Abgesehen von den »Quellenbelegen«, behauptet Biedermann, enthält die *Theogonie* keine »grundsätzlich neuen«, über das *Wesen des Christentums* hinausgehenden Erkenntnisse« (ibid.).

[148] Feuerbach: *Theogonie*. l.c., cf. S. 27.

[149] Feuerbach: *Das Wesen des Christentums*, l.c., cf. S. 29f.

[150] Ibid., S. 16.

[151] Ibid., S. 52.

[152] Ibid.

[153] Ibid.

[154] Feuerbach: *Theogonie*, l.c., S. 65.

[155] Ibid., S. 228.

[156] Ibid., cf. S. 221.

[157] Ibid., S. 168.

[158] Ibid., S. 169.

[159] Ibid.

[160] Ibid., S. 127. – Was wir das »Schicksal des Menschen« nennen, betont Feuerbach anderswo, ist »nicht der freie, d.h. der leere, der eingebildete, sondern der von dem zeitlichen und räumlichen Standpunkt, von Natur und Geschichte, von Geburt und Geschlecht, von Stand und Alter bestimmte und erfüllte Wille« (ibid., S. 147).

[161] Ibid., S. 92.

[162] Ibid. – Allerdings räumt Feuerbach ein, dass die griechischen Götter sich von den Göttern anderer Völker dadurch unterscheiden, »daß sie nicht nur ein religiöses, d.h. auf die Not und Bedürftigkeit des menschlichen Lebens sich beziehendes, sondern zugleich ästhetisches Interesse befriedigen und eben dadurch noch heute mit Bewunderung und Entzückung die Menschheit erfüllen« (ibid.). Gleichwohl, gibt Feuerbach zu bedenken, sind die Götter »auf der Erde erschienen«, um »vor allen Dingen den Hunger zu stillen, den Durst zu löschen, kurz, der menschlichen Not abzuhelfen« (ibid., S. 92; 93).

[163] Ibid., S. 93.

[164] Ibid., S. 35.

[165] Ibid., S. 87. – Religion ist für Feuerbach phantastisch verarbeitete Natur. Aber er verkennt keineswegs die Rolle historischer, ihre Wirksamkeit stabilisierender Faktoren: »Die Götter entspringen zwar nicht aus politischen Gründen, wie die alten Atheisten irrig behaupteten, aber sie erhalten sich zuletzt nur ... durch Mittel, die ihrem Ursprung und ursprünglichem Wesen direkt widersprechen, durch die Künste und Waffen des politischen und geistlichen Despotismus« (ibid., S. 66).

[166] Ibid., cf. S. 40.

167) Ibid., S. 69f.

168) Ibid., S. 41.

169) Ibid.

170) Ibid.

171) Ibid., S. 33.

172) Ibid., S. 31.

173) Ibid., S. 32.

174) Ibid.

175) Ibid., S. 33.

176) Ibid., S. 183.

177) Ibid., S. 183f.

178) Feuerbach verweist ausdrücklich darauf, dass »das Wort ‚Natur', *φυσις*« als *Allgemeinbegriff* bei Homer »nur ein einziges Mal (»O.« 10, 303)« auftaucht, wo es »nur das äußere Beschaffensein, das Aussehen« (ibid., S. 187) einer Sache bedeutet.

179) Ibid., S. 187.

180) Ibid.

181) Ibid., cf. S. 128, wo Feuerbach von einem »menschheitlichen Polytheismus« spricht.

182) Ibid., cf. S. 239.

183) Ibid., S. 50.

184) Ibid., S. 181f.

185) Ibid., S. 35f. – Was Feuerbach hier über die ernährungsphysiologische Rolle des Blutes andeutet, entstammt seiner ausführlichen Rezension des Buches *Lehre der Nahrungsmittel. Für das Volk* von Jakob Moleschott, Erlangen 1850; in: »Die Naturwissenschaft und die Revolution«, in: *Gesammelte Werke*, Band 10, l.c., S. 347 - 362.

186) Die polemische Schärfe dieser – *cum grano salis* – materialistischen Interpretation der Götter Homers ist wohl letztlich nur auf dem Hintergrund des »Materialismusstreits« der fünfziger Jahre zu verstehen, den Feuerbach, bemüht, seine Anthropologie *physiologisch* zu unterbauen, mit Interesse verfolgt hat.

187) Feuerbach: *Theogonie*. l.c. S. 176. – Cf. hierzu ibid. S. 95f., wo Feuerbach sich auf ein Fragment Hesiods beruft: »So genießen die Götter der alten Welt selbst Fleisch und Brot mit den Menschen, um uns zu zeigen, daß nicht der abgefeimte Geist der Modernen, daß nur der Geist im Bunde mit dem Fleisch, nur der sinnliche, materielle Geist die Götter erzeugt hat.«

188) Ibid., S. 199.

189) Ibid.

190) Ibid. – Cf. hierzu auch die Parallelstelle ibid., S. 171: »Wie mit Achilleus ist es mit Hektor. In der homerischen Mythologie oder Theologie ist es Athene, die diesen unter den Händen jenes tötet, in der homerischen Anthropologie aber sein eigener Mut, der ihn vernichtet.«

191) Ibid., S. 191.

192) Ibid. S. 192.

193) Ibid.

194) Ibid.

195) Dabei ergeben sich lehrreiche *strukturale* Analogien zwischen den Mythen Homers und Naturkulten exotischer Völker, deren Kenntnis Feuerbach ethnographischen Darstellungen seiner Zeit entnimmt.

196) Ibid., S. 193. – Cf. hierzu auch ibid., S. 182: »Das einleuchtendste und zugleich prachtvollste Schauspiel von dem sinnlichen Ursprung der Götter gewährt ,das Herz des Himmels', die ,Quelle des himmlischen Lichtes' (Macrobius, „Somm[ium] Scip[ionis]« 1,20), die Sonne – *der* Gegenstand der Natur, dessen wohltätige Wirkung auf den Menschen, dessen Lichte in den indogermanischen Sprachen selbst das Wort ,Gott' entsprungen ist (Lassen, »Ind[ische] Altertumsk[unde]«, 1. B., S. 755-56); *der* Gegenstand, »dem offenbar selbst der Monotheismus seinen ersten Ursprung verdankt ...« – Noch im *Sol invictus* des Mithrasdienstes wirkt solarer Mythos nach.

197) Ibid.

198) Ibid. – Hierin weicht Feuerbach von Schopenhauer ab, der die Selbstreflexion des Mythos in seiner allegorischen Auslegung historisch früher ansetzt (cf. hierzu Anmerkung139).

199) Ibid.

200) Ibid., S. 193f.

201) Feuerbach bezieht sich hier auf Rudolf Hayms Schrift *Über »das Wesen der Religion« in Beziehung auf »Feuerbach und die Philosophie. Ein Beitrag zur Kritik beider«,* Halle 1847. Haym beanstandet die, wie er meint, unzulängliche Vermittlung zwischen den religionskritischen Positionen des *Wesens des Christentums* und denen des *Wesens der Religion*. Feuerbachs Replik erschien 1848. Enthalten in: *Gesammelte Werke*, l.c., Band 10, S. 333.

202) Ibid.

203) Ibid., S. 334.

204) Ibid., S. 336f.

205) Ibid., S. 337.

206) Ibid., S. 338.

207) Ibid.

208) Ibid.

209) Ibid., S. 338f.

210) Ibid., S. 339.

211) Ibid.

212) Ibid.

213) Ibid., S. 339f. – Hayms Interpretation Feuerbachs, die sich auf § 9 der Schrift *Das Wesen der Religion* (ibid., S. 10) bezieht, verwechselt die hier diskutierte Frage nach den zur Erzeugung von Religion erforderlichen Elementen: Natur *und* Mensch, wobei dieser als Bewußtsein, jene als Gegenstand gegeben ist (ibid., S. 339), mit dem in § 9 kritisierten Geister-, Dämonen- und Teufelsglauben, der behauptet, die Natur werde von geheimnisvollen, von ihr selbst unterschiedenen Mächten »beherrscht« oder »besessen«. »Allerdings«, stellt Feuerbach fest, »ist auch wirklich die Natur auf dem Standpunkte dieses Glaubens von einem Geiste besessen, aber dieser Geist ist des Menschen Geist, seine Phantasie, sein Gemüt, das sich ... die Natur zu einem Symbol und Spiegel seines Wesens macht« (ibid., S. 10).

214) Ibid., S. 340.

215) Ibid., S. 342.

216) Feuerbach: *Theogonie*, l.c., S. 4.
217) Ibid., S. 19.
218) Ibid., cf. S. 10-14; 17f.
219) Ibid., S. 17.
220) Ibid., S. 37.
221) Ibid., S. 39.
222) Ibid., S. 31; cf. auch S. 33. – Freuds Schrift *Die Zukunft einer Illusion* (1927) wird Feuerbachs scharfsinnige Vorwegnahme seiner Einsicht in die »psychische Genese« religiöser Vorstellungen konkretisieren. Letztere geben sich, so Freud, als »Lehrsätze« aus, sind aber »nicht Niederschläge der Erfahrung oder Endresultate des Denkens, es sind Illusionen, Erfüllungen der ältesten, stärksten, dringendsten Wünsche der Menschheit; das Geheimnis ihrer Stärke ist die Stärke dieser Wünsche« (*Gesammelte Werke*, Band XIV, London 1948, S. 352); cf. hierzu ferner S. 356, wo Freud schreibt: »Wir sagen uns, es wäre ja sehr schön, wenn es einen Gott gäbe als Weltenschöpfer und gütige Vorsehung, eine sittliche Weltordnung und ein jenseitiges Leben, aber es ist doch sehr auffällig, daß dies alles so ist, wie wir es uns wünschen müssen.«
223) Feuerbach: *Theogonie*, l.c. S. 286.
224) Ibid., S. 47. – Mit dem Hinweis auf die Rolle der menschlichen *Wunschstruktur* rekurriert Feuerbach auf seine schon während der vierziger Jahre entwickelte Kategorie des *Egoismus*. Darunter versteht er – etwa in den Heidelberger Vorlesungen – ausdrücklich nicht »den moralischen Egoismus, der bei allem, was er tut, selbst scheinbar für andere, nur seinen Vorteil im Auge hat, nicht *den* Egoismus, der das charakteristische Merkmal des Philisters und Bourgeois, der das direkte Gegenteil aller Rücksichtslosigkeit im Denken und Handeln, aller Begeisterung, aller Genialität, aller Liebe ist« (*Gesammelte Werke*, l.c., S. 60). Feuerbach versteht unter »Egoismus« das »seiner Natur und folglich ... seiner Vernunft gemäße Sich-selbst-Geltendmachen, Sich-selbst-Behaupten des Menschen gegenüber allen unnatürlichen und unmenschlichen Forderungen, die die theologische Heuchelei, die religiöse und spekulative Phantastik, die politische Brutalität und Despotie an den Menschen stellen« (ibid., S. 60f.). Feuerbach versteht, wie er näher ausführt, unter »Egoismus« den »nicht moralischen, sondern metaphysischen, d.h. im Wesen des Menschen ohne Wissen und Willen begründeten Egoismus, *den* Egoismus, ohne welchen der Mensch gar nicht leben kann – denn um zu leben, muß ich fortwährend das mir Zuträgliche zueigen machen, das mir Feindliche und Schädliche vom Leibe halten« (ibid., S. 61). Es handelt sich hier, so Feuerbach, um »die Liebe des Menschen *zu sich selbst*«, um »die Liebe zum *menschlichen Wesen*, *die* Liebe, welche der Anstoß zur Befriedigung und Ausbildung aller der Triebe und Anlagen ist, ohne deren Befriedigung und Ausbildung er kein wahrer, vollendeter Mensch ist und sein kann« (ibid.). – Der Feuerbachsche »Egoismus« vereinigt stoische Motive mit solchen der französischen Aufklärung (Helvétius, Holbach), die wiederum den Naturalismus der Schopenhauerschen Willenslehre beeinflusst hat.
225) Feuerbach: *Theogonie*, l.c. S. 54. – Darin, erklärt Feuerbach, besteht der »genetische Sinn« göttlicher Allmacht (ibid., cf. S. 53).
226) Ibid., S. 42.
227) Ibid.
228) Ibid.
229) Ibid., S. 211.

[230] Ibid., S. 43.

[231] Ibid.

[232] Ibid., S. 81f.

[233] Ibid., S. 208.

[234] Ibid., S. 214.

[235] Ibid., S. 55.

[236] Ibid., S. 50.

[237] Ibid., S. 186.

[238] Ibid., cf. S. 187.

[239] Feuerbach: *Vorlesungen über das Wesen der Religion*, in: *Gesammelte Werke*, Band 6, l.c., S. 46.

[240] Ibid.

[241] Ibid., S. 47.

Die Autoren

GIANLUCA BATTISTEL

1971 in Bozen geboren, studierte Philosophie an der Staatlichen Universität Mailand. 2000 erhielt er ein Stipendium für ein Doktoratstudium in Österreich, das er 2002 an der Leopold-Franzens-Universität Innsbruck mit einer Dissertation über »*Feuerbachs Verhältnis zur Philosophie Spinozas*« absolvierte. 2001 hielt er ein Seminar über FEUERBACHs Hauptwerk »*Das Wesen des Christentums*« an der Universität Bicocca in Mailand, im selben Jahr publizierte er einen Artikel über FEUERBACH auf der Zeitschrift »*Quaderni materialisti*«. Seit 2003 ist er Lehrbeauftragter an der Leopold-Franzens-Universität Innsbruck.

BERNHARD BRAUN

geboren 1955 in Hall in Tirol, arbeitet an der Theologischen Fakultät der Universität Innsbruck und in der Erwachsenenbildung. Die Schwerpunkte seiner Arbeit sind: Philosophiegeschichte, Metaphysik, politische Philosophie, Ästhetik. Aus der Erwachsenenbildung sind folgende Bücher entstanden: »*Die zerrissene Welt*«, Thaur 1996; »*Das Feuer des Eros. Platon zur Einführung*«, Frankfurt 2004.

MANUELA KÖPPE

1960 geboren, studierte Philosophie und Sozialtherapie an der Humboldt-Universität zu Berlin und war über mehrere Jahre als wissenschaftliche Mitarbeiterin an der Berlin-Brandenburgischen Akademie der Wissenschaften zu Berlin tätig. Im Sommer 2004 promovierte sie zum Dr. phil. an der Freien Universität Berlin. Von ihren Veröffentlichungen sind besonders hervorzuheben die Bearbeitung der *Bände 20 und 21 des Briefwechsels von Ludwig Feuerbach* sowie folgende Beiträge: »*Zur Entstehung von Ludwig Feuerbachs Schrift 'Über Spiritualismus und Materialismus, besonders in Beziehung auf die Willensfreiheit'*« (2000), »*Ein unbekannter Brief Ludwig Feuerbachs aus dem Jahre 1834*« (2001), »*Louise Dittmar (1807–1884). 'Die Freiheit des Geistes'*« (2002) und zusammen mit DIETER DEICHSEL »*Zur Rekonstruktion des Briefwechsels von Karl Grün (1817–1887)*« (2002). In Vorbereitung befindet sich die Veröffentlichung ihrer Dissertation, die unter dem Titel: »*Karl Grün. Ausgewählte Schriften in 2 Bänden. Mit einer biographischen und werkanalytischen Einführung*« beim Akademie Verlag Berlin in der Reihe Hegel-Forschungen 2005 erscheinen wird.

MANFRED KUGELSTADT

geb. 1958, studierte Philosophie, Germanistik und Amerikanistik in Trier, Austin/ Texas (USA) und Mainz. Nach der Promotion mit einer Arbeit zu KANTs Begriff der Urteilskraft war er als Wissenschaftlicher Mitarbeiter an der Kant-Forschungsstelle des Philosophischen Seminars der Johannes-Gutenberg-Universität Mainz und danach an derjenigen des Instituts für Philosophie der Universität Trier tätig. Seit 2002 ist er Wissenschaftlicher Assistent in Trier, wo er ein Habilitationsprojekt zu KANTs Theorie der Naturwissenschaft bearbeitet (mit einem Schwerpunkt auf KANTs Opus postumum). – Veröffentlichungen zu KANT, SCHOPENHAUER, NIETZSCHE und THOMAS MANN.

REINHARD MARGREITER

geboren 1952, Studium der Philosophie, Geschichte und Germanistik an den Universitäten Innsbruck und Mainz. 1977 Promotion zum Dr. phil., Lehrer an berufsbildenden mittleren und höheren Schulen. 1995 Habilitation in Philosophie, Privatdozent an der Humboldt-Universität Berlin. Vizepräsident der Internationalen Schopenhauer-Vereinigung (seit 1985). Vizepräsident der FREIEN AKADEMIE (von 1998 bis 2002), seit 2002 Mitglied des Wissenschaftlichen Beirates. Arbeitsschwerpunkte: Kultur-, Religions-, Symbol- und Medienphilosophie. Buchpublikationen: »*Ontologie und Gottesbegriffe bei Nietzsche*« (Hain, Meisenheim 1978); »*Heidegger: Technik – Ethik – Politik*« (Mithrsg. K&N, Würzburg 1991); »*Probleme philosophischer Mystik*« (Mithrsg., Academia, St. Augustin 1991); »*Erfahrung und Mystik – Grenzen der Symbolisierung*« (Akademie, Berlin 1997).

VOLKER MUELLER

Jahrgang 1957, Studium der Philosophie 1979 bis 1983 und Forschungsstudium 1983 bis 1986 an der Humboldt-Universität zu Berlin; dort 1986 Promotion zum Dr. phil. 1986 bis 1991 Wissenschaftlicher Assistent an der Humboldt-Universität mit Schwerpunkten in Lehre und Forschung zu philosophischen Problemen der Naturwissenschaften und zur Wissenschafts- und Philosophiegeschichte. Seit 1991 leitende Tätigkeiten als Sozialpädagoge im Humanistischen Freidenkerbund; nebenberuflich Dozent für Sozialrecht. Wissenschaftliche Veröffentlichungen vor allem zur französischen Aufklärung des 18. Jahrhunderts und zu philosophischen Fragen der Wissenschaftsentwicklung; zahlreiche Publikationen zu ethischen, säkular humanistischen und bildungspolitischen Fragen der Gegenwart und zu Geschichte und Aufgaben der freigeistig-humanistischen Bewegung. Buch »*Spuren im Wertewandel*« (2002). Hrsg. von »*Ludwig Feuerbach – Religionskritik und Geistesfreiheit*« (2004). Mitglied mehrerer philosophischer Gesellschaften. Vortragstätigkeit. Seit 1989 in der freigeistigen Bewegung in verschiedenen Funktionen aktiv; jetzt: Vorsitzender des Humanistischen Freidenkerbundes Brandenburg (seit

1995), Vizepräsident der Freien Akademie (seit 1998) und Präsident des Dachverbandes Freier Weltanschauungsgemeinschaften (seit 1999).

MARGIT RUFFING

1959 in Bad Kreuznach geboren, studierte Philosophie, Allgemeine und vergleichende Literaturwissenschaft und Italianistik in Mainz. Nach dem Magisterabschluss 1985 war sie freiberuflich als Redakteurin des Schopenhauer-Jahrbuchs und Mitarbeiterin in einer Werbeagentur tätig, seit 1994 ist sie Mitarbeiterin der Kant-Forschungsstelle am Philosophischen Seminar der Universität Mainz und dort auch in der Lehre tätig. 2002 promovierte sie mit einer Arbeit über SCHOPENHAUERS philosophisches System und übernahm die Leitung der Redaktion der *Kant-Studien*. Sie erarbeitet und veröffentlicht seit Beginn der 1990er Jahre u.a. regelmäßig Bibliographien zur Schopenhauer- und Kant-Literatur.

ALFRED SCHMIDT

geboren 1931 in Berlin, studierte Geschichte, englische und klassische Philologie sowie Soziologie und Philosophie an der Universität Frankfurt/Main und promovierte dort 1960. 1956 bis 1962 war er Lehrbeauftragter an der Akademie der Arbeit in Frankfurt, seit 1965 auch an der Universität. 1972 wurde er auf den Lehrstuhl für Philosophie und Soziologie der Universität Frankfurt berufen (Nachfolge Hork-HEIMER). 1989 wurde er mit der Goethe-Plakette der Stadt Frankfurt, 1998 mit dem Bundesverdienstkreuz ausgezeichnet. 1999 emeritiert. Unter seinen zahlreichen Werken sind besonders zu erwähnen: »*Der Begriff der Natur in der Lehre von Marx*« (1962, 2. Aufl. 1971); »*Die kritische Theorie als Geschichtsphilosphie*« (1976); »*Drei Studien über Materialismus*« (1977); »*Die Wahrheit im Gewande der Lüge – Schopenhauers Religionsphilosophie*« (1986); »*Idee und Weltwille – Schopenhauer als Kritiker Hegels*« (1988); »*Emanzipatorische Sinnlichkeit – Ludwig Feuerbachs anthropologischer Materialismus*« (1973, 3. Aufl. 1988); »*Tugend und Weltlauf – Vorträge und Aufsätze über die Philosophie Schopenhauers (1960-2003)*« (Frankfurt am Main 2004).

FALKO SCHMIEDER

Jahrgang 1970, studierte Kommunikations- und Politikwissenschaft und Soziologie in Dresden und Berlin, promovierte 2004 mit der Arbeit: *Ludwig Feuerbach und der Eingang der klassischen Fotografie. Zum Verhältnis von anthropologischem und Historischem Materialismus*. Er war von Januar 2003 bis September 2004 Mitarbeiter an der Feuerbach-Gesamtausgabe der Berlin-Brandenburgischen Akademie der Wissenschaften, wo er FEUERBACHs Nachlass bearbeitet hat. Ab Oktober 2004 ist er Lehrbeauftragter am Institut für Kommunikationsgeschichte und angewandte Kulturwissenschaften an der Freien Universität Berlin. Seine Forschungsschwerpunkte sind: FEUERBACH, MARX, Kritische Theorie, Medientheorie.

FRIEDER OTTO WOLF

1943 geboren, studierte Philosophie, Anglistik und Politikwissenschaft an der Universität Kiel sowie in Paris und Edinburgh. Von 1966 bis 1971 war er Wiss. Assistent am Philosophischen Institut der Universität des Saarlandes. 1967 promovierte er an der Universität Kiel zum Dr. phil. Später wurde er Assistenzprofessor der Sektion »Geschichte der Psychologie« an der Freien Universität Berlin und habilitierte sich 1973 im Fach Philosophie. Von Mai 1976 bis September 1977 war er als außerordentl. Professor an der Universität Coimbra (Portugal) tätig. 1979 bis 1981 arbeitete er in arbeitspolitischen Forschungsprojekten am Wissenschaftszentrum Berlin und an der Freien Universität Berlin. WOLF war als Redakteur bzw. Redaktionsmitglied für verschiedene Zeitschriften tätig, 1993 bis 2000 war er Mitherausgeber der Zeitschrift *Andere Zeiten – Forum für politische Ökologie und soziale Emanzipation*. 1984 war er als Mitglied der Grünen für eine Legislaturperiode als 'Nachrücker' im Europäischen Parlament tätig, dem er erneut von 1994 bis 1999 angehörte. Im November 1989 war er Mitinitiator der *Eurocom. Gesellschaft für internationale Kommunikation e.V.* (Berlin), und ist seit 1990 als Berater auf diesem Gebiet tätig. Im Oktober 1999 übernahm er die Leitung des *inEcom. Institut für Europäische Kommunikation* (Berlin). Seit 2003 ist er Präsident der *Humanistischen Akademie*, Berlin. Zu seinen zahlreichen Veröffentlichungen zählen u.a. »*Die neue Wissenschaft des Thomas Hobbes. Zu den Grundlagen der politischen Philosophie der Neuzeit*« (1969) und »*Umwege. Politische Theorie in der Krise des Marxismus*« (1983).

SCHRIFTENREIHE DER FREIEN AKADEMIE
Herausgegeben von Jörg Albertz

Band 1: ***Perspektiven und Grenzen der Naturwissenschaft***

mit Beiträgen von WITIGO STENGEL-RUTKOWSKI, OSSIP K.FLECHTHEIM, MANFRED STÖCKLER, BERNULF KANITSCHEIDER, GOTTFRIED KURTH/OLAV RÖHRER-ERTL, LISELOTTE METTLER/HANS SKRABEI, HUBERTUS MYNAREK, WOLFGANG DEPPERT, CHRISTOPH SCHUBERT, PETER KAFKA, ALOIS DREIZEHNTER
189 S., 1980 ISBN 3-923834-00-4 Euro 7,50

Band 2: ***Technik und menschliche Existenz***

mit Beiträgen von JÖRG ALBERTZ, WERNER GEORG HAVERBECK, FELIKS BURDECKI, MARGARETE DIERKS, DIANA WINKLER, WALTER VOLPERT, HEINZ BRANDT, KARL WERNER KIEFFER, HANS SACHSSE
137 S., 1982 ISBN 3-923834-01-2 Euro 7,50

Band 3: ***Die Rolle der Großkirchen in der Gesellschaft der Bundesrepublik Deutschland***

mit Beiträgen von HANS-DIETRICH KAHL, ARTUR OSENBERG, JOHANNES NEUMANN, LEO WALTERMANN, KARL-HEINZ MINZ, HANS-GERNOT JUNG, NATHAN PETER LEVINSON, HADAYATULLAH HÜBSCH, RENATE BAUER, MANFRED LANGNER, UDO FIEBIG, LISELOTTE FUNCKE
221 S., 1983 ISBN 3-923834-02-0 Euro 7,50

Band 4: ***»Judenklischees« und jüdische Wirklichkeit in unserer Gesellschaft***

mit Beiträgen von HANS-DIETRICH KAHL, MARCEL R. MARCUS, MANÈS SPERBER, REINHOLD MAYER, ERNST M. STEIN, PNINA NAVÈ LEVINSON, NATHAN PETER LEVINSON, ANDREAS NACHAMA, JAKOB ALTARAS, CHRISTINE PATZE, HERBERT A. STRAUSS
235 S., 1985, 2.Aufl. 1989 ISBN 3-923834-03-9 Euro 12,50

Band 5/6: ***Lernziele für die Welt von morgen – Neue Ethik für die Wissenschaft***

mit Beiträgen von HARTMUT HEYDER, JOHANNES NEUMANN, JOHANN-GERHARD HELMCKE, MARGARETE DIERKS, HANSJÖRG HEMMINGER, WOLFGANG SCHULTZE, HUBERTUS MYNAREK, KLAUS WELLNER, OTFRIED HÖFFE, HANS SACHSSE, HANS-PETER SCHREIBER, HEINZ SCHULER/KARIN HUMMEL, MANFRED W. WIENAND, HELMUT F. SPINNER
249 S., 1986 ISBN 3-923834-04-7 Euro 12,50

Band 7: ***Wissen – Glaube – Aberglaube***

215 S., 1987 ISBN 3-923834-05-5 vergriffen

Band 8: ***Kant und Nietzsche – Vorspiel einer künftigen Weltauslegung?***

mit Beiträgen von KLAUS WELLNER, JOHANNES HEINRICHS, OSWALD SCHWEMMER, GERHARD VOLLMER, REINHARD MARGREITER, BERNULF KANITSCHEIDER, VOLKER GERHARDT, WIEBRECHT RIES, CURT PAUL JANZ

229 S., 1988 ISBN 3-923834-06-3 Euro 12,50

Band 9: ***Evolution und Evolutionsstrategien in Biologie, Technik und Gesellschaft***

267 S., 1989, 2. Aufl. 1990 ISBN 3-923834-07-1 vergriffen

Band 10: ***Aspekte der Angst in der »Therapiegesellschaft«***

mit Beiträgen von RENATE BAUER, RAFAEL CAPURRO, HANS ZEIER, HORST PETRI, HEINZ WIESBROCK, GERDA LAZARUS-MAINKA, STAVROS MENTZOS, WOLFGANG SCHMIDBAUER, WIEBRECHT RIES, HUBERTUS MYNAREK, RAINER WINKEL

255 S., 1990 ISBN 3-923834-08-X Euro 12,50

Band 11: ***Aufklärung und Postmoderne – 200 Jahre nach der französischen Revolution das Ende aller Aufklärung?***

220 S., 1991 ISBN 3-923834-09-8 vergriffen

Band 12: ***Gesellschaft und Religion***

mit Beiträgen von JOHANNES NEUMANN, HANS-DIETRICH KAHL, VOLKER DREHSEN, KNUT WALF, JOHANNES BROSSEDER, URSULA NEUMANN, JOHANNES HEINRICHS, RAINER FUNK

211 S., 1991 ISBN 3-923834-10-1 Euro 12,50

Band 13: ***Ganzheitlich, natürlich, ökologisch – was ist das eigentlich?***

mit Beiträgen von ROLF RÖBER, JOACHIM RAUPP, KARL F. MÜLLER-REISSMANN, EBERHARD SEIDEL/HEINER MENN, PIERRE FORNALLAZ, FRITZ A. AUWECK, KATHI DITTRICH, GOTTFRIED BÜTTNER

133 S., 1992 ISBN 3-923834-11-X Euro 12,50

Band 14: ***Was ist das mit Volk und Nation? – Nationale Fragen in Europas Geschichte und Gegenwart***

264 S., 1992 ISBN 3-923834-12-8 vergriffen

Band 15: ***Im Spannungsfeld zwischen Individuum und Gemeinschaft***

mit Beiträgen von HARTMUT HEYDER, FRANZ M.WUKETITS, HERO JANSSEN, GABRIELE SAFAI, WERNER LANGE, JOHANNES NEUMANN, URSULA NEUMANN, RAINER WINKEL

157 S., 1993 ISBN 3-923834-13-6 Euro 15,00

Band 16: ***Das Bewußtsein – philosophische, psychologische und physiologische Aspekte***

mit Beiträgen von KLAUS WELLNER, FRANZ SEITELBERGER, ERHARD OESER, JOHANN J. GERSTERING, GEORGES GOEDERT, BARBARA NEYMEYR, ENDRE KISS, RAFAEL CAPURRO, WIEBRECHT RIES, RENATE BAUER

219 S., 1994 ISBN 3-923834-14-4 Euro 15,00

Band 17: ***Wahrnehmung und Wirklichkeit – Wie wir unsere Umwelt sehen, erkennen und gestalten***

mit Beiträgen von JÖRG ALBERTZ, ALF C. ZIMMER, FRANZ SEITELBERGER, ULRICH FREITAG, GUNDEL MATTENKLOTT, WOLFGANG FÖRSTNER, HEIKO NEUMANN/H. SIEGFRIED STIEHL

263 S., 1997 ISBN 3-923834-15-2 Euro 15,00

Band 18: ***Fortschritt im geschichtlichen Wandel***

mit Beiträgen von VOLKER MUELLER, KLAUS WELLNER, PETER JÄCKEL, HANS MOHR, JOHANNES NEUMANN, ERICH HAHN, ENDRE KISS, JOHANN J. GESTERING, GEORGES GOEDERT, ANKE WELLNER, BARBARA NEYMEYR, JÖRG ALBERTZ

254 S., 1998 ISBN 3-923834-16-0 Euro 15,00

Band 19: ***Renaissance des Bösen ?***

mit Beiträgen von FRANZ M. WUKETITS, BERNHARD VERBEEK, WOLFGANG KAUL, PETER MEYER, CHRISTOPH ANTWEILER, MARIA WUKETITS, UDO JESIONEK

159 S., 1999 ISBN 3-923834-17-9 Euro 15,00

Band 20: ***Anthropologie der Medien – Mensch und Kommunikationstechnologien***

mit Beiträgen von OSWALD SCHWEMMER, REINHARD MARGREITER, KAREN JOISTEN, ERWIN FIALA, KLAUS WIEGERLING, EMIL KETTERING, STEFAN WEBER, THEO HUG, REINHARD KNODT, WOLFGANG SCHIRMACHER, WOLFGANG MÜLLER-FUNK

190 S., 2002 ISBN 3-923834-18-7 Euro 15,00

Band 21: ***Werte und Normen – Wandel, Verfall und neue Perspektiven ethischer Lebensgestaltung***

mit Beiträgen von JOHANNES NEUMANN, VOLKER MUELLER, MARTIN KOCH, ROLF LACHMANN, URSULA NEUMANN, CHRISTEL HASSELMANN, DIETER FAUTH
169 S., 2002 ISBN 3-923834-19-5 Euro 15,00

Band 22: ***Staat und Kirche im werdenden Europa – Gemeinsamkeiten und Unterschiede im nationalen Vergleich***

mit Beiträgen von DIETER FAUTH/ERICH SATTER, WILHELM KÜHLMANN, JOHANNES NEUMANN, HANS MICHAEL HEINIG, CHRISTIAN WALTER, CHRISTOPH KÖRNER, ANDREAS M. RAUCH, GERD LÜDEMANN, ALPHONS VAN DIJK, HERBERT SCHULTZE
234 S., 2003 ISBN 3-923834-20-9 Euro 15,00

Band 23: ***Humanität – Hoffnungen und Illusionen***
mit Beiträgen von FRANZ M. WUKETITS, MARIA WUKETITS, ERHARD OESER, MICHAEL SCHMIDT-SALOMON, JEAN-CLAUDE WOLF, MOHSSEN MASSARRAT, KURT WEINKE
115 S., 2004 ISBN 3-923834-21-7 Euro 12,50

Band 24: ***Evolution zwischen Chaos und Ordnung***
mit Beiträgen von PETER ENGELHARD, JÖRG ALBERTZ, FRIEDRICH CRAMER, BARBARA ZIBELL, INGO RECHENBERG, MICHAEL HERDY, THORSTEN HINZ, HEIKO GEUE, MARTIN KOCH, WALTER ÖTSCH
2005 ISBN 3-923834-22-5 In Vorbereitung

Band 25: ***Aufklärung, Vernunft, Religion – Kant und Feuerbach***
mit Beiträgen von VOLKER MUELLER, MANFRED KUGELSTADT, MARGIT RUFFING, BERNHARD BRAUN, REINHARD MARGREITER, MANUELA KÖPPE, FRIEDER OTTO WOLF, GIANLUCA BATTISTEL, FALKO SCHMIEDER, ALFRED SCHMIDT
212 S., 2005 ISBN 3-923834-23-3 Euro 15,00

Vertrieb:

Geschäftsstelle der FREIEN AKADEMIE e.V.
Rüdnitzer Chaussee 48-50, 16321 Bernau
Tel. (03338) 396 30, Fax: (03338) 396 32
E-mail: info@freie-akademie-online.de
Internet: http://www.freie-akademie-online.de